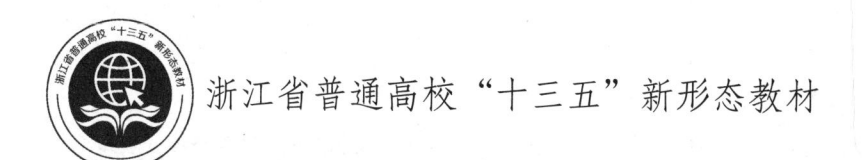

浙江省普通高校"十三五"新形态教材

电子商务企业经营沙盘模拟教程
（第3版）

何 伟 编 著
骆丽红 主 审

电子工业出版社
Publishing House of Electronics Industry
北京·BEIJING

内 容 简 介

本书是浙江省普通高校"十三五"新形态教材,以全国职业院校技能大赛高职组电子商务技能赛项和《网店运营推广职业技能等级标准》(高级)为依据,依托中教畅享(北京)科技有限公司(ITMC)电子商务综合实训与竞赛系统(4.0版本),以仿真的电子商务企业经营管理环境和运营操作流程为主线,分为五大项目:电子商务沙盘网店规划、电子商务沙盘网店开设、电子商务沙盘网店运营、电子商务沙盘实战模拟和电子商务沙盘运营分析。本书简洁、精炼、好读、易懂,便于理解;准确阐明电子商务沙盘虚拟企业经营的理念和规则,务求使经营操作体系全面、完整、准确。本书还配有实训手册,将学习者的技能体验与学习任务紧密结合,体现"做中学、学中做"的思想,利于学生循序渐进地学习,具有较强的实用性。

本书可作为1+X网店运营推广职业技能等级证书(高级)实训模块参考用书、全国职业院校技能大赛高职组电子商务赛项运营推广模块参考用书,也可作为高等职业院校电子商务、跨境电子商务、网络营销与直播电商、移动商务、客户服务、市场营销、连锁经营管理等相关专业的教材,还可供电子商务相关从业者和社会人士阅读参考使用。

本书配有数字资源,以二维码的形式嵌入书中,供学习者即扫即看。

未经许可,不得以任何方式复制或抄袭本书之部分或全部内容。
版权所有,侵权必究。

图书在版编目(CIP)数据

电子商务企业经营沙盘模拟教程 / 何伟编著. —3版. —北京:电子工业出版社,2024.1
ISBN 978-7-121-47242-8

Ⅰ. ①电⋯ Ⅱ. ①何⋯ Ⅲ. ①电子商务－商业企业管理－计算机管理系统－教材 Ⅳ. ①F713.365

中国国家版本馆 CIP 数据核字(2024)第 022881 号

责任编辑:陈　虹　　　文字编辑:张　彬
印　　刷:三河市兴达印务有限公司
装　　订:三河市兴达印务有限公司
出版发行:电子工业出版社
　　　　　北京市海淀区万寿路173信箱　　邮编 100036
开　　本:787×1 092　1/16　印张:16　字数:544千字　插页:42
版　　次:2018年8月第1版
　　　　　2024年1月第3版
印　　次:2024年1月第1次印刷
定　　价:69.00元

凡所购买电子工业出版社图书有缺损问题,请向购买书店调换。若书店售缺,请与本社发行部联系,联系及邮购电话:(010)88254888,88258888。

质量投诉请发邮件至 zlts@phei.com.cn,盗版侵权举报请发邮件至 dbqq@phei.com.cn。
本书咨询联系方式:chitty@phei.com.cn。

前言
PREFACE

2023年6月，商务部电子商务和信息化司发布《中国电子商务报告（2022）》。报告显示，2022年全国电子商务交易额达43.83万亿元，同比增长3.5%；电子商务从业人员达6937.18万人，同比增长3.11%。电子商务保持了较强的发展势头，在激发经济活力、促进灵活就业、提振发展信心等方面做出了积极贡献。

2019年1月24日，国务院印发了《国家职业教育改革实施方案》（简称"职教20条"），明确提出：从2019年开始，在职业院校、应用型本科高校启动"学历证书+若干职业技能等级证书"制度试点（以下称1+X证书制度试点）工作；完善高层次应用型人才培养体系，制订全国职业院校技能大赛、世界技能大赛获奖选手免试入学政策，探索长学制培养高端技术技能人才。

为应对新时代职业教育的新要求，适应职业教育教学改革和课程建设，以及全国职业院校技能大赛高职组电子商务技能赛项需要，结合作者多年实践教学，指导学生参加全国职业院校技能大赛和课证融合教学改革心得，以ITMC电子商务综合实训与竞赛系统（4.0版本）为依据编写了本书，以期使学生在仿真实训中体验电子商务企业经营活动过程，感悟电子商务经营活动的魅力，夯实所学专业知识和技能的基础，进一步增强团队意识，全面提升职业素养。

ITMC电子商务综合实训与竞赛系统（4.0版本）是由中教畅享（北京）科技有限公司研发的电子商务企业经营模拟仿真软件，该系统对于提升学生的决策能力、分析和解决问题的能力、团队协作精神、创新思维能力等具有很好的作用。自2011年问世以来，以电子商务沙盘为平台的全国职业院校技能大赛已经成功举办12次，国内很多高校开设了电子商务沙盘模拟课程。特别是从2015年到2023年，电子商务沙盘系统成为全国职业院校技能大赛高职组电子商务赛项的一个重要组成部分，参赛院校已达数百所之多。

随着电子商务在全球范围内蓬勃发展，新的知识不断涌现，ITMC电子商务综合实训与竞赛系统（网店运营推广）紧跟时代步伐更新到了4.0版本，为了保持教材与时俱进地体现新技术、新规范，作者在第1版、第2版的基础上，对本教材进行了修订，将作者近几年电子商务沙盘模拟经营的理论研究和实践应用成果融入教材，进行了第3版的改版工作。本次更新的主要内容如下：通过项目导学、任务目标、电商小课堂等"德技并修"思政类栏目的设立，对电子商务行业人才进行社会主义核心价值观、职业道德、法律意识与专业素养全方位综合培养，落实立德树人根本任务。教材内容对接电子商务大赛和《网店运营推广职业技能等级标准》（高级），同步开发数字化教学资源和配套实训教材，实现以赛促教、以赛促学、课证融合，教学做一体化。

全书由骆丽红主审，由浙江国际海运职业技术学院何伟编著，编者自2011年开始从事电子商务沙盘教学工作，参加了1+X网店运营推广职业技能等级证书教材编写和培训工作，多次指导学生参加电子商务相关职业技能竞赛，参与全国职业院校技能大赛电子商务技能、关务技能、创新创业等赛项的省赛裁判工作，以及指导学生从事电商创业实践，积累了比较丰富的教学和实战经验。还要感谢温州神器社商贸有限公司魏为波、深圳职业技术大学黄启立为本教材编写提供的大力支持。

本教材入选浙江省普通高校"十三五"新形态教材建设项目，为2015年度浙江省高等教育改革项目"'电子商务'课程立体化综合实践教学创新模式研究"（jg2015392），浙江省教育厅2017年度高等学校访问工程师校企合作项目"以电子商务竞技工作室为依托的高职学生创新创业能力培养模式研究"（FG2017195）、2018年度浙江省教育规划课题"互联网+背景下高职学生微创业模式探索与实践"（2018SCG271），以及2023年浙江省教育厅高职教育"十四五"教学改革项目"基于中国特色学徒制的'院园融合'跨境电商实战型人才培养模式研究"（jg20230395）的研究成果。

由于编者水平有限，书中难免有缺陷和疏漏之处，恳请专家、读者批评指正，以使本书日臻完善。

编　者

目 录
CONTENTS

项目一 电子商务沙盘网店规划 ··· 1

 任务一 洞察市场 ·· 2
  一、走进电商沙盘 ·· 2
  二、市场数据分析 ·· 9
  三、竞争对手分析 ·· 15
 任务二 网店定位 ·· 18
  一、网店经营环境分析 ·· 18
  二、经营类目选择 ·· 23
  三、目标人群定位 ·· 26
 拓展提升 ·· 30
  一、同步测试 ·· 30
  二、电商小课堂 ·· 31

项目二 电子商务沙盘网店开设 ··· 32

 任务一 组建团队 ·· 33
  一、岗位设置 ·· 33
  二、组织团队成员 ·· 36
 任务二 创立网店 ·· 40
  一、办公场所设立 ·· 40
  二、配送中心设立 ·· 43
  三、店铺开设 ·· 44
  四、网店装修 ·· 46

拓展提升 ··· 47
 一、同步测试 ·· 47
 二、电商小课堂 ·· 47

项目三　电子商务沙盘网店运营 ·· 49

任务一　商品运营 ··· 50
 一、选品 ··· 50
 二、商品入库 ·· 54
 三、商品发布 ·· 54

任务二　流量获取 ··· 59
 一、SEO 优化 ·· 59
 二、SEM 推广 ·· 62

任务三　活动营销 ··· 67
 一、团购 ··· 67
 二、秒杀 ··· 68
 三、套餐 ··· 69
 四、促销 ··· 70

任务四　站外推广 ··· 74
 一、站外推广机制 ·· 74
 二、站外媒体投放 ·· 75

任务五　订单管理 ··· 76
 一、订单分发 ·· 77
 二、物流选择 ·· 79
 三、货物出库 ·· 81
 四、货物签收 ·· 84

任务六　财务结算 ··· 85
 一、贷款处理 ·· 86
 二、财务支出 ·· 89
 三、慈善捐款 ·· 93
 四、财务关账 ·· 94

拓展提升 ··· 94
 一、同步测试 ·· 94
 二、电商小课堂 ·· 96

项目四　电子商务沙盘实战模拟 ·· 97

任务一　谋而后动，开拓进取——第1轮经营 ·· 98
　　一、创建网店 ·· 99
　　二、网店经营 ·· 100
　　三、轮末总结研讨 ·· 112

任务二　调查研究，提高实力——第2轮经营 ·· 114
　　一、网店经营 ·· 115
　　二、轮末总结研讨 ·· 129

任务三　差异竞争，多元发展——第3轮经营 ·· 132
　　一、网店经营 ·· 132
　　二、轮末总结研讨 ·· 147

任务四　计划管理，细节取胜——第4轮经营 ·· 150
　　一、网店经营 ·· 150
　　二、轮末总结研讨 ·· 166

任务五　决战胜负，智者为王——第5轮经营 ·· 168
　　一、网店经营 ·· 169
　　二、轮末总结研讨 ·· 186

任务六　经营总结 ·· 189
　　一、岗位评价 ·· 189
　　二、经营分析报告 ·· 192
　　三、收获/感悟报告 ·· 192

拓展提升 ·· 193
　　一、同步测试 ·· 193
　　二、电商小课堂 ·· 194

项目五　电子商务沙盘运营分析 ·· 195

任务一　财务数据分析 ·· 196
　　一、了解财务状况 ·· 196
　　二、财务活动分析 ·· 204
　　三、财务报表分析 ·· 206

任务二　供应链数据分析 ·· 208
　　一、商品动销数据分析 ·· 208
　　二、物流数据分析 ·· 214

任务三 销售数据分析 ·· 218
   一、订单撮合机制分析 ·· 219
   二、流量数据分析 ·· 223
   三、交易数据分析 ·· 232
任务四 竞争数据分析 ·· 237
   一、竞争对手数据分析 ·· 237
   二、网店自身竞争力分析 ······································ 241
拓展提升 ··· 247
   一、1+X 网店运营推广职业技能等级证书（高级）测试题 ············ 247
   二、电商小课堂 ·· 248

项目一　电子商务沙盘网店规划

项目导学

在学习的路上，在生活的路上，在人生的路上，我不知道什么是成功，但我知道什么是失败，放弃就是失败，不放弃就有希望；坚持，才能成功！

任务一　洞察市场

任务目标

1. 了解电子商务沙盘的组成架构及其运营参数。
2. 掌握市场数据分析方法。
3. 掌握竞争对手分析方法。
4. 具备严谨负责的工作态度和勇于探索的创新精神。

任务分析

商家在开店前，通过对整个市场进行分析，可以全面了解整个市场的情况。一般来说，商家可以从行业市场需求、行业市场供给和竞争对手等维度分析整个市场。

一、走进电商沙盘

沙盘模拟的概念最初来自"作战指挥"。在军事题材的电视电影作品中，我们经常看到指挥员们站在一个地形模型前研究作战方案。结合军事战略和战术的变化进行推演，即战争模拟沙盘推演。应用沙盘研究作战情况在我国有着悠久的历史。

沙盘研究作战情况在我国的应用介绍

商场如战场，特别是在当今"互联网+"的时代，如果只凭借想象去描绘电子商务企业如何管理和运作，那么无疑是"空穴来风"；如果仅仅在每门课程中展现企业的局部现状，那么会让学生感到"只见树木，不见森林"。将一家电子商务企业各个关键部门的运作提炼成一个虚拟企业运营，让学生模拟整个电子商务企业日常经营过程中的管理活动，并进行实际演练，无疑可以避免这些缺憾，这就是电子商务沙盘（以下简称电商沙盘）的由来。本书依据中教畅享（北京）科技有限公司（ITMC）研发的"电商沙盘"系统即电子商务综合实训与竞赛系统（4.0 版本）（内部号 96）编写。

【想一想】

同学们见过沙盘吗？请描述一下你见过的沙盘，谈谈它们的作用。

2

（一）电商沙盘认知

中教畅享（北京）科技有限公司研发的"电商沙盘"系统通过对全程电子商务环境下企业运营的逼真模拟，可将全班学生分成若干组，根据组数自动生成共同市场环境下的若干拥有 500（**本书中所有涉及系统的数量均为虚拟，金额单位省略**）虚拟启动资金的虚拟企业，每个虚拟企业依据系统提供的市场数据魔方信息确定企业定位和经营策略，开展模拟经营。

每个虚拟企业由 4 名学生组成，分别担任店长、推广专员、运营主管、财务主管重要职位。每个企业通过租赁办公场所、建立配送中心、装修网店、采购商品设立网上商店；根据运营数据进行搜索引擎优化（SEO），获取尽可能多的自然流量；进行关键词竞价搜索引擎营销（SEM）推广，获取尽可能多的付费流量；针对消费人群开展促销活动，制订商品价格，提升转化率；处理订单，配送商品，结算资金；规划资金需求，控制成本，分析财务指标，调整经营策略，创造最大利润。通过"数个会计年度"的训练，让学生充分了解电子商务企业的经营之道，掌握电子商务企业提升流量、提高转化率的基本技巧，理解大数据环境下的精准营销。

【想一想】

同学们，你准备如何参与电商沙盘模拟经营的学习和实践活动？把你的思路和计划简要说明一下。

登录全国职业院校技能大赛高职组电子商务技能赛项官网（见图 1-1），查阅相关资料。

图 1-1 全国职业院校技能大赛高职组电子商务技能赛项官网

（二）电商沙盘的组成架构

"电商沙盘"系统盘面如图 1-2 所示。

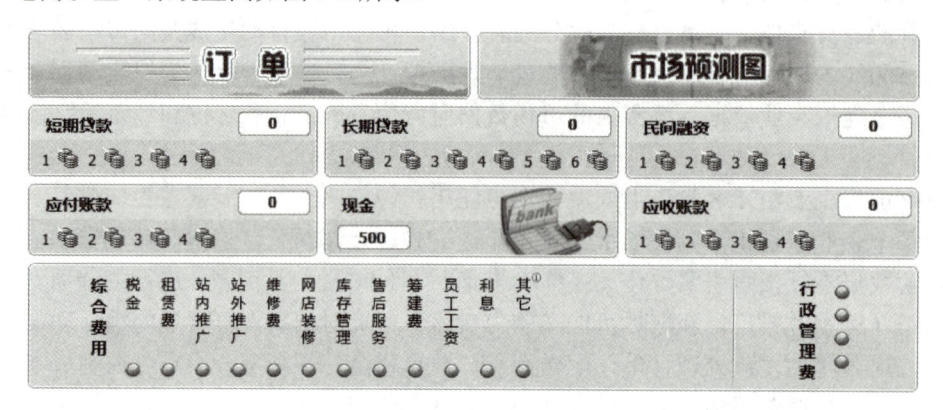

图 1-2 "电商沙盘"系统盘面

系统盘面主要由订单、市场预测图、融资状况、综合费用、行政管理费 5 个部分构成。每个虚拟企业通过操作"电商沙盘"系统的"工作流程""辅助工具"和"经营分析"3 个业务模块，完成每个阶段的运营过程。

"工作流程"模块主要由开店、采购、推广、运营、财务部 5 个部分组成，如图 1-3

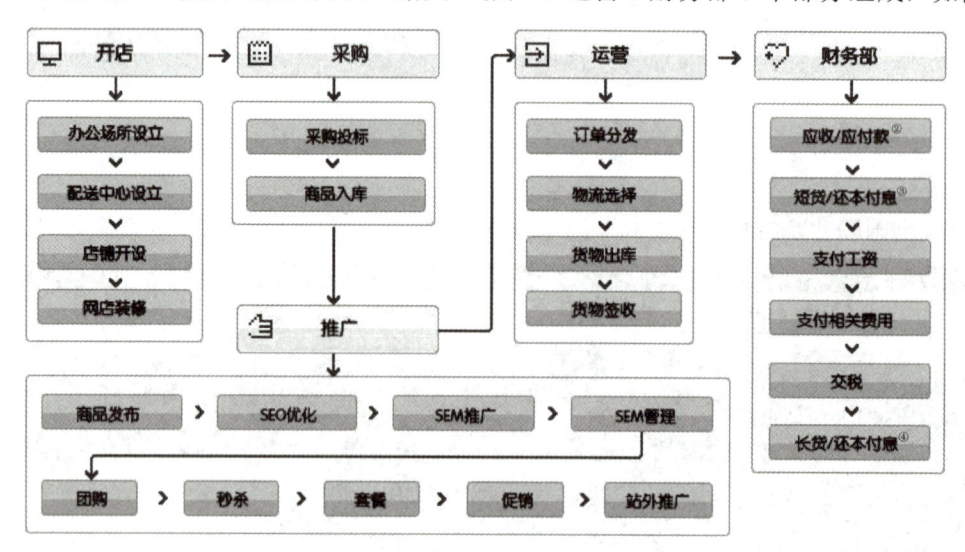

图 1-3 "电商沙盘"系统"工作流程"模块

---

① 正确写法为"其他"，本书软件截图中为"其它"。
② 本书软件截图中，"应收/应付款"为"应收账款/应付账款"。
③ 本书软件截图中，"短贷/还本付息"为"短期借款/还本付息"。
④ 本书软件截图中，"长贷/还本付息"为"长期借款/还本付息"。

所示;"辅助工具"模块包括店铺管理、员工管理、库存管理、仓库信息查询、站外推广信息、×××商城信息、媒体中标信息、采购中标信息、历轮订单列表、我的订单信息、物流信息查询、追加股东投资、物流路线查询、物流折扣管理、排行榜、企业信息等;"经营分析"模块包括市场预测图、现金流量表、财务报表、市场占有率、订单汇总统计、已交货订单统计、未交货订单统计、进店关键词分析、驾驶舱、杜邦分析等。

【议一议】

利用电商沙盘进行网店运营一般有哪些工作?如今各行各业都在"电子商务化",如果你准备在电商领域创业,那么请思考创始人需要具备哪些素养。

议一议
参考答案

(三)电商沙盘运营参数

1. 运营相关参数设置

在"电商沙盘"系统教师端设置与运营相关的参数,这些参数是网店经营的重要依据,如表 1-1 所示。

表 1-1 运营相关参数

项目	期初值
初始现金设置	500
行政管理费	10
供求比例	1.5
利润倍数	3
SEM 限词个数	50
套餐最大商品数量	3
物流最大默认运费	10
最大商品预售数量	20
品牌人群价格上浮动	0.2
综合人群价格上浮动	0.2
低价人群价格上浮动	0.1
犹豫不定人群价格上浮动	0.1
增值税税率	0.17
城市维护建设税税率	0.07
教育费附加	0.03
贷款权益倍数	2

续表

项目	期初值
贷款基数	100
短期贷款利息（/期）	0.05
民间融资利息（/期）	0.15
长期贷款利息（/轮）	0.1
短期贷款还款期限（期）	2
民间融资还款期限（期）	2
长期贷款还款期限（轮）	3

2. 经营时间设置

网店模拟经营一般是 5 轮（10 期），每轮的具体时间安排如表 1-2 所示。

表 1-2　经营时间表

经营流程	第1轮	第2轮	第3轮	第4轮	第5轮
从学生进入系统或进入下一轮到"采购投标"结束之前	5分钟	5分钟	5分钟	5分钟	5分钟
从"采购投标"结束到"站外推广"结束之前	15分钟	15分钟	15分钟	15分钟	15分钟
等待产生订单	1～5分钟	1～5分钟	1～5分钟	1～5分钟	1～5分钟
从"站外推广"结束到本期运营结束	5分钟	5分钟	5分钟	5分钟	5分钟
从"进入下一期"到第2期"采购投标"结束之前	5分钟	5分钟	5分钟	5分钟	5分钟
从第2期"采购投标"结束到第2期"站外推广"结束之前	15分钟	15分钟	15分钟	15分钟	15分钟
等待产生订单	1～5分钟	1～5分钟	1～5分钟	1～5分钟	1～5分钟
从第2期"站外推广"结束到关账	5分钟	5分钟	5分钟	5分钟	5分钟
休息	5分钟	5分钟	5分钟	5分钟	/
经营时间合计	60分钟	60分钟	60分钟	60分钟	60分钟
经营时间总计	300分钟					

3. 经营得分计算

每轮经营结束时都需要进行关账操作。关账时，系统自动提供"利润表"和"资产负债表"，根据得分规则自动计算当轮每组卖家的得分。系统内所有计算均遵循四舍五入原则，并保留小数点后两位。

经营得分=（1+总分/100）×所有者权益×追加股东投资比例

通过对得分规则的解析，企业经营者可以得知企业经营得分主要有 3 个影响因素，分别是总分、所有者权益和追加股东投资比例。一般比赛过程中，企业是不允许追加股东投资比例的，所以在考虑经营得分时主要考虑总分和所有者权益。在平时训练中，为了给新手足够的企业经营操作空间，可以考虑为该企业追加股东投资。

企业如果想取得较高的经营得分，必须通过提高总分和所有者权益来实现。比赛一般以第 5 轮关账后的得分为最终成绩，经营结束时，第 5 轮末的经营得分决定企业经营的效果，排出名次。如果得分相同，则比较各自的所有者权益高低，高者胜出；如果中途破产，则按照破产先后顺序排名，后破产的比先破产的排名靠前；如果中途破产且同时破产，则比较两者的所有者权益高低，高的排名靠前。

总分的构成项目如表 1-3 所示。

表 1-3 总分的构成项目

项目	总分
未借民间融资	+20
开设 B 店	+100
营业成本分摊得分	+（1−营业成本/营业收入）×100
综合费用分摊得分	+［1−（销售费用+管理费用）/营业收入］×100
资金周转率得分	+营业收入/资产总计×100
净利润率得分	+净利润/营业收入×100
资产报酬率（ROA）得分	+利润总额/资产总计×100
权益报酬率（ROE）得分	+净利润/所有者权益合计×100
资金流动性得分： 流动比（CR）=流动资产合计/（短期借款+应付账款+应交税费） 速动比（QR）=（货币资金+应收账款）/（短期借款+应付账款+应交税费）	CR<1 且 QR<0.5　　　资金流动性差　−10 1.5<CR<2 且 0.75<QR<1　资金流动性一般　+50 CR≥2 且 QR≥1　　　　资金流动性好　+100 其他比例　　　　　　　　　　　　　　+0
资产负债率得分	+（1−负债合计/资产总计）×100

4. 破产说明

在模拟经营过程中，出现以下情况时网店即宣告破产：网店所持有的现金不足以支付必须支付的款项，造成现金断流。一般造成现金流断裂的原因包括不能支付贷款本息、员工工资、租赁费、维修费、售后服务费、库存管理费、行政管理费、相关税费、物流费用和网店装修费用等。

（四）全国职业院校技能大赛高职组电子商务技能赛项介绍

全国职业院校技能大赛高职组电子商务技能赛项（以下简称"本赛项"）对接新技术背景下电子商务数字化转型升级新趋势，以培养优秀财经商贸人才、服务电子商务行业人才需求为出发点，贯彻党的二十大"加快发展数字经济，促进数字经济和实体经济深度融合""推动货物贸易优化升级，创新服务贸易发展机制，发展数字贸易，加快建设贸易强国"等精神。坚持国家"十四五"规划中提出的"鼓励商贸流通业态与模式创新，推进数字化、智能化改造和跨界融合，线上线下全渠道满足消费需求""培育新型消费，发展信息消费、数字消费"等方针政策，深入贯彻国家发展数字经济、建设数字中国的总体要求，实现促进中国电子商务行业持续健康发展。

本赛项遵循公开、公平、公正、公益的原则，坚持"以高水平赛事推动职业教育高质量发展"主线，对接产业前沿技术和国家职业标准，以职业需求为导向、以实践能力培养为重点、以产教融合为途径，全面考查参赛选手的职业道德、职业素养和技术技能水平，展示职业教育改革成果，引领职业院校专业建设，以赛促教、以赛促学、以赛促改，深化"三教改革"，推动电子商务从业人员整体水平的提升，充分发挥技能大赛对职业教育"树旗、导航、定标、催化"的作用，推进"岗课赛证"综合育人。

1. 赛项整体内容介绍

本赛项按照国家"十四五"电子商务发展规划中提出的"深化创新驱动，塑造高质量电子商务产业""推进商产融合，助力产业数字化转型""引领消费升级，培育高品质数字生活"等主张，不断深入贯彻落实党中央、国务院关于发展数字经济、建设数字中国的总体要求，将电商产品开发、视觉营销设计、短视频剪辑与制作、网店运营、互联网营销、全渠道营销等岗位（群），以市场需求挖掘、数据化选品、产品供应渠道评估、产品发布渠道测试、网店首页视觉营销设计、产品主图视频编辑与制作、产品详情页视觉营销设计、网店营销方案制订、网店运营推广、网店运营数据分析与应用等典型工作任务的完成质量及职业素养作为比赛内容，全面考查参赛选手的数据分析、产品开发、视觉营销、营销策划、网络营销、数据化运营等专业核心能力及创新意识、规范意识、风险意识、团队协作意识等职业素养。具体的比赛内容包括电商产品开发，分值占比 20%；视觉营销，分值占比 30%；网店营销与运营推广，分值占比 50%。

2023 年赛项规程

2. 网店营销与运营推广模块介绍

网店营销与运营推广模块共 50 分，比赛时间 300 分钟，4 人分工合作完成。本模块比赛任务通过"电商沙盘"系统网店经营的多轮博弈，全面考查网店运营能力及持续盈利能力，采用机考评分的方式对任务实施效果给出符合行业标准的科学评价。

该模块依据网店的可持续发展能力和盈利情况，综合计算经营得分。每个赛场根据各组的经营得分进行排名，第一名 50 分，按照名次递减 2 分，即第二名 48 分，依次类推。一旦发现参赛团队有违规操作行为，则该模块记为 0 分。

二、市场数据分析

市场是企业运转的核心，对市场精确的、敏感的把握是决定虚拟企业经营所用策略的根本。只有了解市场的特点，才能让计划更有针对性，才能在这个基础上去分析竞争对手的思路，最后决定采用哪种战略。例如，进行市场目标人群选择时，销售什么商品，主攻哪类人群，开局是什么，最终目标是什么等都需要进行分析。

进行市场数据分析可以帮助网店经营者科学选择主营类目和确定网店定位，合理制订运营目标和推广策略，规避和降低经营风险。市场数据分析主要包括类目属性分析、市场需求分析和市场供给分析。

（一）类目属性分析

在选择类目的时候，不能为了追求效果而盲目进行选择。要综合考量店铺的商品布局，对商品进行分析，站在商品的角度选择适合自己店铺的类目，这样不但有利于店铺的分类选品，也有利于店铺的日常经营。

1. 品类结构分析

在模拟经营过程中，各虚拟企业需要在规定的时间内经营 5 轮（10 期）。随着时间的推移，经营过程一共出现 4 个类目的 13 种商品，分别是家具类的桌子、床、柜子；家电类的油烟机、平板电视、热水器和空调；服装类的裤子、西装和连衣裙；珠宝类的项链、手链和戒指。

2. 商品生命周期分析

商品进入市场后，它的销量和利润都会随着时间的推移而改变，呈现一个由少到多再到少的过程，如同人的生命，由诞生、成长到成熟，最终走向衰老和死亡，这就是商品的生命周期现象。

商品生命周期（Product Life Cycle，PLC）是指商品从进入市场开始，直到最终退出市场为止所经历的市场生命循环过程，也就是商品的市场寿命。"电商沙盘"系统商品生命周期如表 1-4 所示。所有商品都具有特定的流行趋势，一般来讲都会是一个凸形的模型，消费者总是对新鲜事物感兴趣，在所有商品的需求模型中，最高点会出现在商品出现的第 2 期，后期市场出现替代品，新的商品也就分流了现有商品对消费者的吸引力，从而导致该商品之后的需求量持续下滑。直到商品退出市场，标志着生命周期的结束。

电商运营有其特殊性，需要通过打造热销单品来抢占搜索流量入口，在品类开始起量前，就需要加大推广投入，策划相应的营销活动，以便占领销售先机。因此掌握品类热销的节奏就变得尤其重要。

表1-4 "电商沙盘"系统商品生命周期

商品	商品生命周期									
	1-1	1-2	2-1	2-2	3-1	3-2	4-1	4-2	5-1	5-2
桌子										
油烟机										
裤子										
项链										
床										
平板电视										
西装										
手链										
柜子										
热水器										
连衣裙										
戒指										
空调										

3. 消费者结构分析

"电商沙盘"系统给出了4类目标人群，分别是综合人群、品牌人群、犹豫不定人群、低价人群，其特征如表1-5所示，成交顺序为品牌人群→低价人群→综合人群→犹豫不定人群。

表1-5 4类目标人群特征

目标人群	价格浮动区间	进入市场时间	成交关键条件
品牌人群	市场预测价的0~1.2倍	从第3轮第2期开始	品牌人群成交指数
综合人群	市场预测价的0~1.2倍	从商品进入市场开始	综合人群成交指数
低价人群	市场预测价的0~1.1倍	从商品进入市场开始	商品价格
犹豫不定人群	市场预测价的0~1.1倍	从商品进入市场开始	团购价格最低 秒杀价格最低 促销优惠力度最大

（二）市场需求分析

市场需求分析是指估算市场规模的大小及商品的潜在需求量。估算市场规模即估算市场容量，其目的主要是研究目标类目或商品的整体规模。简单来说，可以理解为在一定时间内，一个类目或一种商品在某个范围内的市场销售额。市场销售额是有时间维度限制的，对于"电商沙盘"系统来说可以是一期、一轮或整个经营周期。

在电商运营过程中，销售目标的设定尤其重要。销售目标定得过高容易导致销售团队压力过大，还会积压库存、占用资金，导致库存周转变慢；销售目标定得过低会错过市场机会，不利于企业的成长。所以，估算市场容量有助于设定科学的销售目标。

1. 商品需求数量和价格趋势分析

众所周知，知己知彼方能百战不殆，市场预测是企业市场营销活动中不可缺少的环节，其预测结果的准确性将对企业经营决策的成败起到至关重要的作用。因此经营一家电子商务企业需要熟悉自身的业务能力，了解竞争对手，了解市场信息。特别是实训对抗之前，要细心研究系统公布的市场预测图，测算未来一定时期内的市场供求趋势，从而为企业的营销决策提供科学的依据。现根据系统给出的各商品数据预测图，制作整个经营周期内13种商品需求数量预测表（见表1-6）和价格预测表（见表1-7），了解各商品需求数量（见图1-4）和价格的大致走势。

表1-6　13种商品需求数量预测表

商品	不同时期的需求数量									
	1-1	1-2	2-1	2-2	3-1	3-2	4-1	4-2	5-1	5-2
桌子	140	158	154	126	74					
油烟机	250	272	258	208	122					
裤子	1400	1406	1343	1211	1011	743	406			
项链	100	134	157	169	169	158	136	102	57	
床		130	163	182	187	178	154	117	66	
平板电视			210	240	250	240	210	160	90	
西装				670	695	688	651	583	483	353
手链					70	106	133	152	163	165
柜子						80	108	132	153	169
热水器						230	267	297	322	
连衣裙							750	785	808	
戒指									90	107
空调										80

表1-7　13种商品价格预测表

商品	不同时期的价格									
	1-1	1-2	2-1	2-2	3-1	3-2	4-1	4-2	5-1	5-2
桌子	56.00	54.88	53.76	52.64	51.52					
油烟机	32.00	29.44	27.20	24.96	23.04					
裤子	8.00	7.68	7.36	7.04	6.80	6.56	6.24			
项链	80.00	79.20	78.40	77.60	76.80	76.00	75.20	74.40	73.60	
床		40.00	36.80	34.00	31.20	28.80	26.40	24.40	22.40	
平板电视			24.00	21.60	19.44	17.52	15.84	14.16	12.72	
西装				16.00	15.36	14.72	14.08	13.60	13.12	12.48
手链					72.00	68.40	64.80	61.92	58.32	55.44
柜子						60.00	55.20	51.00	46.80	43.20
热水器						20.00	18.00	16.20	14.60	
连衣裙							12.00	11.52	11.04	
戒指									52.00	49.40
空调										36.00

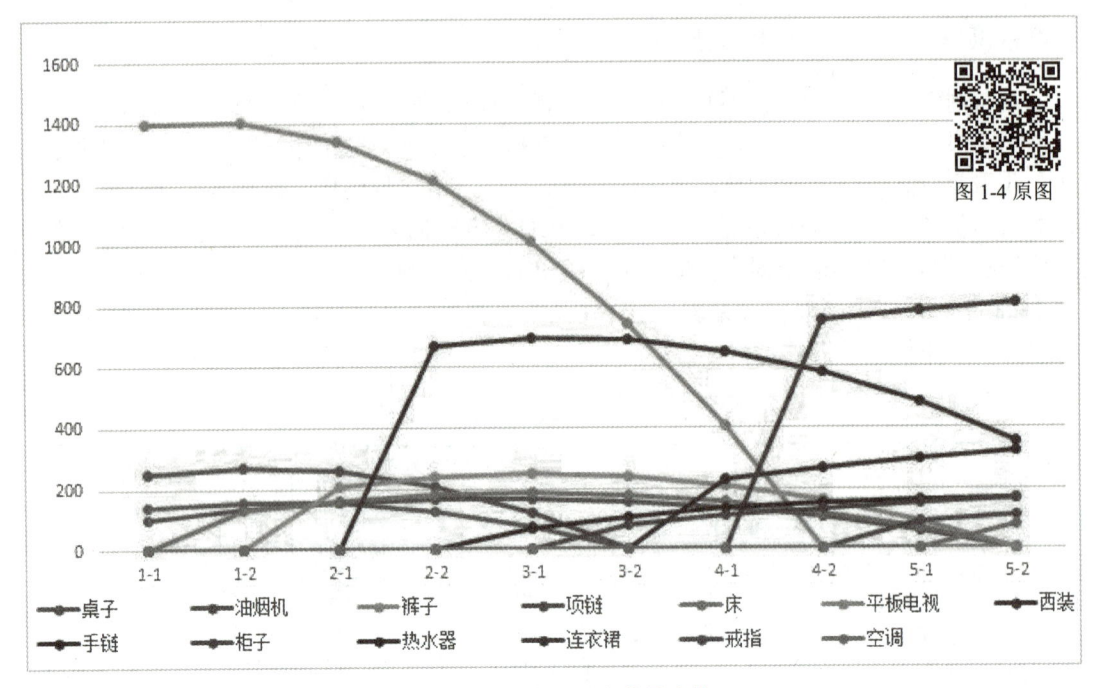

图 1-4　13 种商品需求数量走势

从图 1-4 可以看出，市场上的商品在不断地更新换代，新的商品总会取代旧的商品，而每种商品在它的流行期间都会经历一个凸形的需求模型，从出现到黄金时期，再到被其他商品取代。

2. 市场销售额趋势分析

通过"电商沙盘"系统"经营分析"模块下的"市场预测图"页面，卖家可以查看和分析各类目商品在各轮的市场需求，通过计算、汇总得出各类目各轮市场总销售额预测值，如图 1-5 所示。

行业（类目）热门程度往往与市场总需求关系密切。然而在电子商务环境中，发展前景并不仅仅取决于商品的持续销售额，选择热门类目（商品）由于竞争对手多并不代表肯定可以成功，选择冷门类目（商品）也不代表没有发展前景。与线下市场一样，有计划地规划和实现目标，不断增强自身竞争力才是关键所在。因此分析行情必须全面，在做出商品选择决策时，也需要有一定的市场敏感度，究竟是选择热门行业（类目）的商品参与竞争，还是选择冷门行业（类目）的商品来打造自己的特色，都需要卖家谨慎果断。

卖家可以根据图 1-6（各轮各种商品市场总销售额预测值）和图 1-7（各期各种商品市场总销售额预测值）尝试分析行业热销商品、营销手法、消费人群、网店的经营现状，完成目标市场的数据分析。

	第1轮	第2轮	第3轮	第4轮	第5轮
■家具	21711.04	27098.08	19573.28	19614.00	15939.60
■家电	16007.68	22433.28	11875.68	14998.00	13537.40
■服装	21998.08	29129.92	32551.44	28628.32	28705.92
■珠宝	18612.80	25423.20	37277.60	35846.24	32814.76

图 1-5　各类目各轮市场总销售额预测值

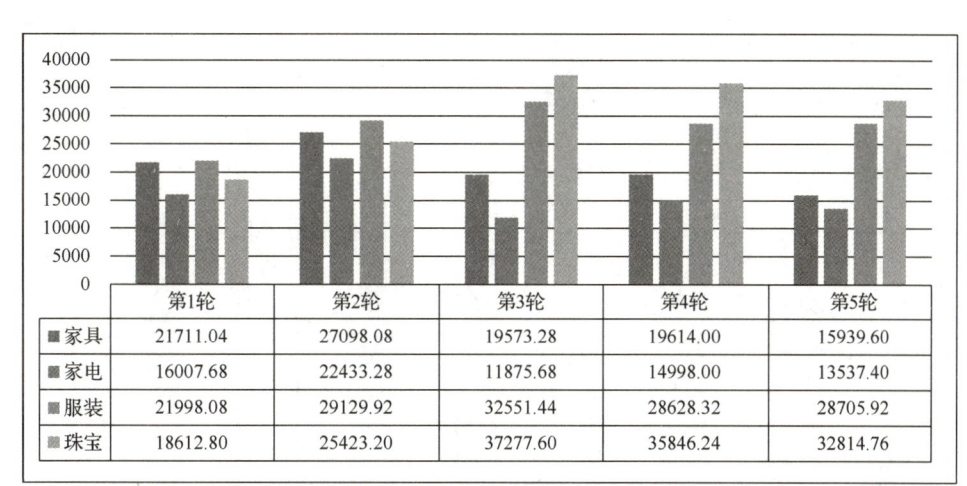

图 1-5 原图

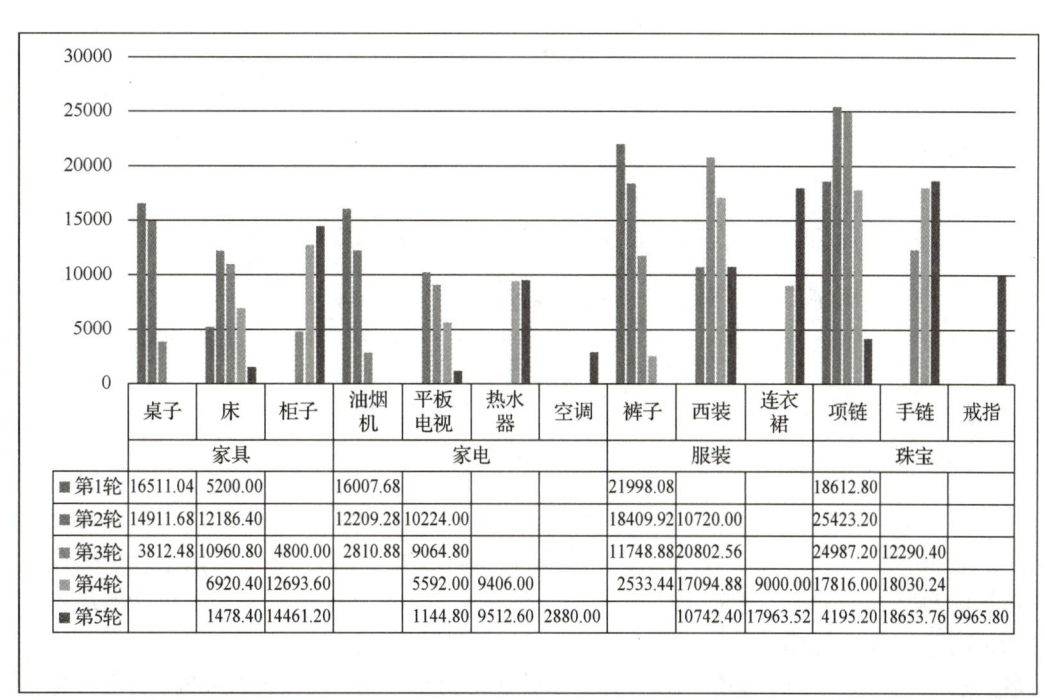

	桌子	床	柜子	油烟机	平板电视	热水器	空调	裤子	西装	连衣裙	项链	手链	戒指
	家具			家电				服装			珠宝		
■第1轮	16511.04	5200.00		16007.68				21998.08			18612.80		
■第2轮	14911.68	12186.40		12209.28	10224.00			18409.92	10720.00		25423.20		
■第3轮	3812.48	10960.80	4800.00	2810.88	9064.80			11748.88	20802.56		24987.20	12290.40	
■第4轮		6920.40	12693.60		5592.00	9406.00		2533.44	17094.88	9000.00	17816.00	18030.24	
■第5轮		1478.40	14461.20		1144.80	9512.60	2880.00		10742.40	17963.52	4195.20	18653.76	9965.80

图 1-6　各轮各种商品市场总销售额预测值

图 1-6 原图

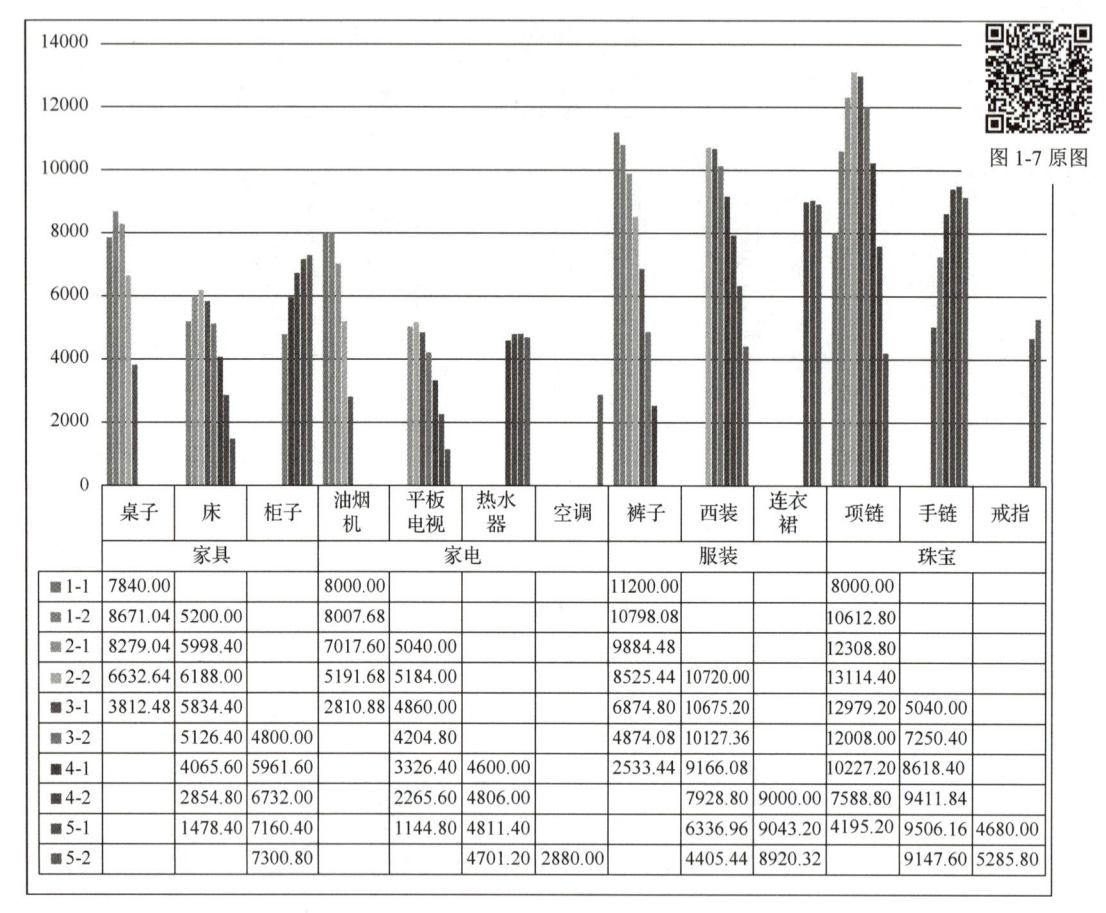

	桌子	床	柜子	油烟机	平板电视	热水器	空调	裤子	西装	连衣裙	项链	手链	戒指
	家具			家电				服装			珠宝		
1-1	7840.00			8000.00				11200.00			8000.00		
1-2	8671.04	5200.00		8007.68				10798.08			10612.80		
2-1	8279.04	5998.40		7017.60	5040.00			9884.48			12308.80		
2-2	6632.64	6188.00		5191.68	5184.00			8525.44	10720.00		13114.40		
3-1	3812.48	5834.40		2810.88	4860.00			6874.80	10675.20		12979.20	5040.00	
3-2		5126.40	4800.00		4204.80			4874.08	10127.36		12008.00	7250.40	
4-1		4065.60	5961.60		3326.40	4600.00		2533.44	9166.08		10227.20	8618.40	
4-2		2854.80	6732.00		2265.60	4806.00			7928.80	9000.00	7588.80	9411.84	
5-1		1478.40	7160.40		1144.80	4811.40		6336.96	9043.20	4195.20	9506.16	4680.00	
5-2			7300.80			4701.20	2880.00	4405.84	8920.32		9147.60	5285.80	

图 1-7　各期各种商品市场总销售额预测值

（三）市场供给分析

市场供给是指在一定时期内、一定条件下、一定市场范围内可提供给客户的某种商品或劳务的总量。市场供给可以分为实际的供给量和潜在的供给量。实际的供给量是指在预测时市场的实际供给能力，潜在的供给量是指在预测期（商品生命周期内）可能增加的供给能力。实际的供给量和潜在的供给量之和近似为市场总供给量。

"电商沙盘"系统中的市场供给指的是系统实际的供给量。它的大小和市场需求量有关，系统初始设置中市场供求比例为1.5：1，也就是说每个经营期每种商品的市场供给量是需求量的1.5倍。具体来说，在"电商沙盘"系统采购投标环节的市场供应信息中，商品的市场供应量是该商品市场预测图中相应数值的1.5倍并<u>向下取整</u>。

例如，在某次经营中，第2轮第1期裤子的市场需求预测数量通过查表1-6（也可在"电商沙盘"系统"经营分析"模块下的"市场预测图"页面查询）可得1343，那么该期裤子的市场供给数量为1343×1.5的结果2014.5向下取整，得出2014。

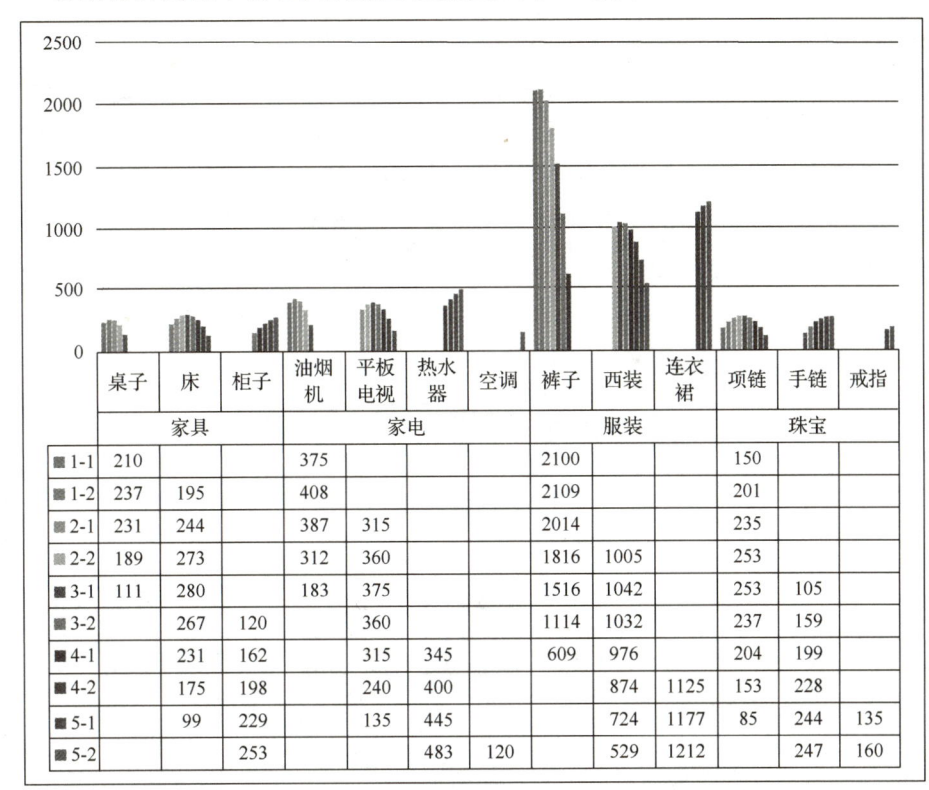

各期各种商品市场总供给数量预测值如图1-8所示。

	桌子	床	柜子	油烟机	平板电视	热水器	空调	裤子	西装	连衣裙	项链	手链	戒指
	家具			家电				服装			珠宝		
1-1	210			375				2100			150		
1-2	237	195		408				2109			201		
2-1	231	244		387	315			2014			235		
2-2	189	273		312	360			1816	1005		253		
3-1	111	280		183	375			1516	1042		253	105	
3-2		267	120		360			1114	1032		237	159	
4-1		231	162		315	345		609	976		204	199	
4-2		175	198		240	400			874	1125	153	228	
5-1		99	229		135	445			724	1177	85	244	135
5-2			253			483	120		529	1212		247	160

图1-8 各期各种商品市场总供给数量预测值

图1-8原图

三、竞争对手分析

竞争无时不在,无处不在;商场中的竞争更是关系到企业自身的利益。分析竞争对手的目的是了解对手,洞悉对手的市场策略等。具体而言,一方面是完善自身,另一方面是应对竞争对手的挑战。竞争对手分析又称竞争者分析,是指对竞争对手的现状和未来动向进行分析。其具体内容包括:识别现有的直接竞争者和潜在竞争者;收集与竞争者有关的情报并建立数据库;对竞争者的战略意图和各层面的战略进行分析;识别竞争者的长处和短处;洞察竞争者未来可能采用的战略和可能做出的反应。

如何锁定自己的竞争对手,并快速对竞争对手进行分析,制订相关的对战策略,在运营网店的过程中尤为重要。

(一)竞店分析

卖家可以通过"电商沙盘"系统"辅助工具"模块下的"×××商城信息""排行榜"页面分析竞店的销售和资金链状况,思考如何对自己的网店进行优化。卖家可以从以下两方面进行竞店分析。

1. 竞店的整体情况分析

卖家可以通过"电商沙盘"系统"辅助工具"模块下的"×××商城信息"页面查看竞店的相关信息，分析竞店的基本情况，包括交易额度、订单量、人气、视觉值、上架商品基本信息和促销设置情况，如图 1-9 所示。分析竞店每期做的促销活动、每期的销售额等。通过对比，找出自己网店的不足之处并进行全面优化。

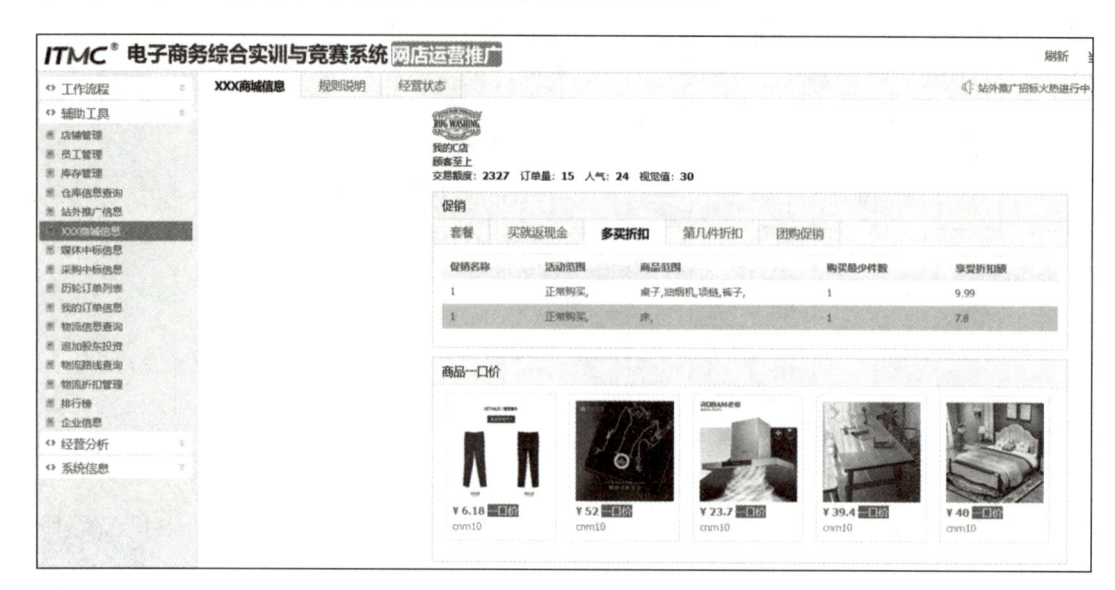

图 1-9　×××商城信息示例

2. 排行榜分析

卖家可以通过"电商沙盘"系统"辅助工具"模块下的"排行榜"页面查看竞店的净利润排行和慈善排行等情况，如图 1-10 所示。分析竞店的资金链健康状态，为下期经营的采购决策提供依据。

（二）竞品分析

1. 商品基本信息分析

对竞店上架商品基本信息进行全面分析对比，如一口价、商品数量、SEO 关键词、商品物流信息、售后保障信息、是否开启秒杀等。通过初步分析，找出网店之间销量和 SEO 免费流量存在差距的原因，发现自己网店的优势和不足，并考虑怎样进行改进。

2. 商品流量信息分析

在站外推广活动正在进行中时，在"×××商城信息"页面搜索商品关键词，查询商品在该关键词的 SEO 排名和 SEM 排名。通过进一步分析，找出网店之间销量和 SEO 免费流量存在差距的原因，发现自己网店的优势和不足，并考虑怎样进行改进。

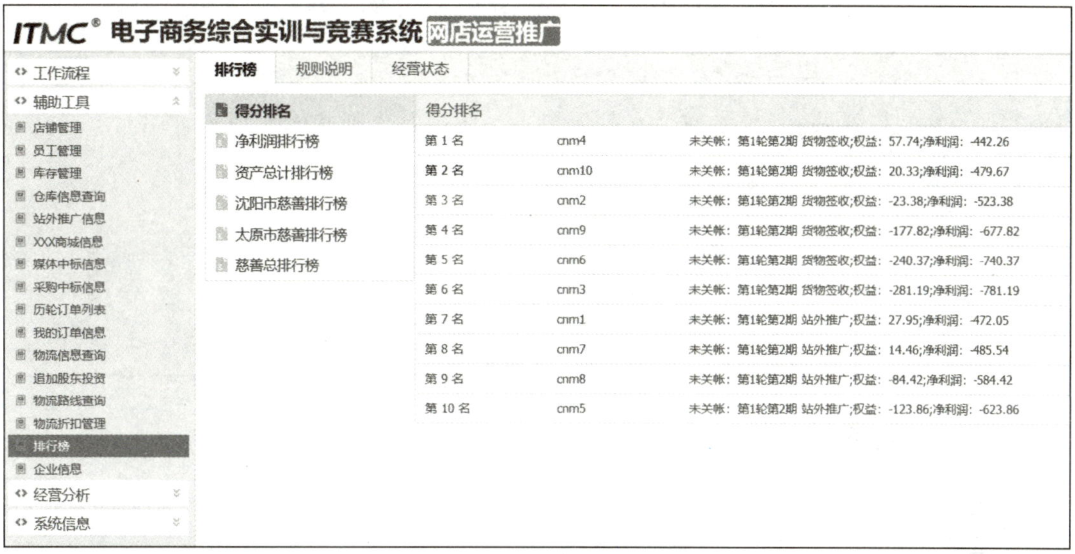

图 1-10 排行榜示例[①]

3. 促销活动分析

在站外推广活动正在进行中时，在"×××商城信息"页面选择要查看的竞店，查询该店铺的套餐、买就返现金、多买折扣、第几件折扣、团购促销等具体信息。通过初步分析，将自己网店中的商品促销活动和竞店商品促销活动进行对比，并做出相应调整。

4. 站外推广分析

通过站外推广活动来圈定竞争对手。通过媒体影响力引流品牌人群（站外推广为投广告），在"媒体中标信息"页面查看商品的媒体中标信息，和竞店商品站外推广方案进行对比，并做出相应调整，制订 B 店站外推广计划。

5. 市场占有率分析

在当期站外推广活动结束后，在"市场占有率"页面选择需要查询的经营时期和商品，查询该商品下不同人群的竞品市场占有率，分析竞品的绩效情况，结合竞品促销活动分析、流量分析和站外推广分析，规划下一期（轮）的经营方案。

---

① 正确写法为"未关账"，本书软件截图中为"未关帐"。

任务二　网店定位

任务目标

1. 掌握经营环境分析方法。
2. 掌握经营类目选择方法。
3. 掌握目标人群定位方法。
4. 具备系统思考和独立思考的能力。

任务分析

网店经营的成功是与前期的精准定位分不开的，网店定位越清晰，越能给网店经营带来良好开端。商家可以通过经营环境分析、经营类目选择和目标人群定位实现网店的精准定位。

在分析完整个行业（类目）的大数据及商品数据之后，经营者就可以确定开店方向了，开什么样的网店代表进入什么行业（类目）。每个行业（类目）都有自己精彩而痛苦的一面：大类目有更多空间但极辛苦，小类目较轻松但空间有限。在正式推开"电商沙盘"这扇大门之前，请一定要慎之又慎地选择自己要开的网店，要根据认知水平和已有资源进行匹配。踏入一个陌生的领域前要做好苦战的准备，最好是对供应链有一定控制力，这样开起店来才没有后顾之忧。

对网店进行定位的过程就是寻找网店差别化的过程，即寻找差别、识别差别和显示差别的过程；就是根据目标市场上同类商品的竞争状况，针对买家对该类商品某些特征或属性的重视程度，结合自身的情况，为自己的网店及所经营的商品塑造有针对性的、强有力的、与众不同的鲜明个性或形象，并将这种个性或形象生动有力地传递给目标买家，求得买家认同，从而使得买家在众多网店中一眼就认出你的网店。

一、网店经营环境分析

（一）网店财务初始状态认知

初始利润表如表1-8所示，初始资产负债表如表1-9所示。

表 1-8　初始利润表

利润表			
项目	表达式	上轮值	当轮值
营业收入	+	0	
减：营业成本	−	0	
营业税金及附加	−	0	
销售费用	−	0	
管理费用	−	0	
财务费用	−	0	
营业利润	=	0	
加：营业外收入	+	0	
减：营业外支出	−	0	
利润总额	=	0	
减：所得税费用	−	0	
净利润	=	0	

表 1-9　初始资产负债表

资产负债表						
资产				负债及所有者权益		
项目	表达式	上轮值	当轮值	项目	表达式	上轮值	当轮值
流动资产				流动负债		
货币资金	+	0	500	短期借款	+	0	
其他应收款	+	0		应付账款	+	0	
应收账款	+	0		预收账款	+	0	
存货				应交税费	+	0	
原材料	+	0		流动负债合计	=	0	
在途物资	+	0		非流动负债		
库存商品	+	0		长期借款	+	0	
发出商品	+	0		非流动负债合计	=	0	
流动资产合计	=	0	500	负债合计	=	0	
非流动资产				所有者权益		
固定资产原值				实收资本	+	0	500
土地和建筑	+	0		未分配利润	+	0	
机器和设备	+	0				
减：累计折旧	−	0				
固定资产账面价值	=	0				
在建工程	+	0				
非流动资产合计	=	0		所有者权益合计	=	0	500
资产总计	=	0	500	负债和所有者权益总计	=	0	500

1. 资产初始状态

资产初始状态下，企业的资产包括流动资产和非流动资产。资产的初始金额为 500，其中流动资产的初始金额为 500，非流动资产的初始金额为 0。

（1）流动资产。在"电商沙盘"系统中，流动资产包括货币资金（现金）、应收账款、存货等，其中存货又细分为库存商品和发出商品。流动资产的初始金额为 500，其中货币资金的初始金额为 500，应收账款的初始金额为 0，存货的初始金额为 0。

① 货币资金（现金）。现金是企业中流动性最强的资产之一。

② 应收账款。应收账款是指企业在正常的经营过程中作为卖方因销售商品、提供劳务等业务，应向买方收取的款项。赊销是信用销售的俗称，指用赊欠的方式销售，卖方与买方签订购货协议后，卖方销售商品给买方，而买方按照协议在规定日期付款或以分期付款的形式付清货款。"电商沙盘"系统中没有涉及应收账款，买家签收货物后即刻到账。

③ 存货。存货在"电商沙盘"系统中细分为库存商品和发出商品。

（2）非流动资产。非流动资产包括固定资产和在建工程，"电商沙盘"系统中不涉及此项内容。

2. 负债初始状态

负债包括流动负债和非流动负债。负债的初始金额为 0，其中流动负债的初始金额为 0，非流动负债的初始金额为 0。

（1）流动负债。流动负债包括短期借款、应付账款、应交税费。

① 短期借款。短期借款是指企业根据生产经营的需要，从银行或其他金融机构借入的偿还期在 1 轮（2 期）以内的借款，包括短期贷款和民间融资。

② 应付账款。应付账款是指企业在正常的经营过程中作为买方因购买商品、接受劳务等业务，应向卖方支付但尚未支付的款项。应付账款的账期单位为期，1 个账期为 1 期。当应付账款的账期为 0 时，需支付到期的应付账款的款项。"电商沙盘"系统中，商品采购的应付账期为 0，所以都是采购后就付款。

③ 应交税费。应交税费是指企业根据在一定时期内取得的营业收入、实现的利润等，按照现行税法规定，采用一定的计税方法计提的应缴纳的各种税费。应交税费包括企业依法缴纳的企业所得税、增值税、城市维护建设税、教育费附加。

（2）非流动负债。"电商沙盘"系统里的非流动负债仅指长期借款，长期借款初始金额为 0。长期借款是指企业从银行或其他金融机构借入的期限为 3 轮的借款。

短期贷款和长期贷款共享最大贷款额。

3. 所有者权益初始状态

所有者权益是指企业资产扣除负债后，由所有者享有的剩余权益。所有者权益的来源包括所有者投入的资本、其他综合收益、留存收益等，通常由实收资本和未分配利润等构成。实收资本是指企业实际收到的投资人投入的资本，根据企业收到的股东注资总额填列。未分配利润是企业留待以后年度分配或待分配的利润，是企业历年未分配利润的积累。为便于直观反映企业当年盈利情况，把未分配利润分解成以前年度未分配利润和当年净利润。因此，在"电商沙盘"系统中，所有者权益由实收资本、未分配利润和当年净利润构成。未分配利润根据截至上年末企业的利润结存情况填列，当年净利润根据本年度利润表中的净利润填列。

由此可以看出，所有者权益的金额与利润有关，企业盈利增加，所有者权益就会增加。企业的初始所有者权益为500，包括实收资本500，未分配利润0。

（二）网店经营环境分析

经营初期，各经营团队的经营策略既是明确的，又是待定的。之所以说经营策略是明确的，是因为各经营团队在开展经营活动之前，经营者一般会制订几套基本的经营方案及经营的基本思路，以避免经营过程中乱了阵脚；之所以说经营策略是待定的，是由于经营尚未开始，经营者对市场信息及竞争对手的信息尚不可知，对经营环境缺乏了解，因此具体的经营策略很难提前确定。在经营过程中，竞争环境不断变化，也需要经营者根据环境的变化适时、适当地调整企业经营策略。

在经营过程中，按照经营过程的推进情况，经营团队可从以下3个方面分析经营环境。

1. 经营初期环境分析

（1）竞争对手实力预估。合理预估竞争对手的实力，一方面有利于经营者调整好自身的经营心态，做到经营过程中遇事不慌乱；另一方面有利于经营者对前期经营策略的合理决策。例如，若预估竞争对手实力不强，则企业在扩张速度上可以更积极；如果预估竞争对手实力相当，竞争激烈，则企业在扩张速度上应该偏向保守。需要注意的是，即便竞争对手实力不强，为降低不可预见的风险，企业在初期也应选择保守经营。

（2）分析各人群市场的需求量及价格水平。对各类人群需求量的分析有助于经营者选择目标市场，制订合适的营销策略。

2. 经营过程中的环境分析

这一阶段的环境分析将贯穿于企业的整个经营周期，包括从第1轮经营开始至第5轮经营结束，尤其是第1轮和第2轮，经营策略变化较多，市场竞争环境不确定性较大，因此更需要经营者关注竞争对手的经营策略，以便寻求企业发展机会。

（1）关注各企业的经营状态。具体来看，经营者要关注竞争对手的价格策略、慈善策略、人群策略等。一是了解各企业的价格策略，经营者可在"辅助工具"模块下的"×××商城信息"页面查看各企业的定价、促销情况，从而推断各企业的价格策略及销售意图，特别是媒体招标开始时，相关数据将显示得最清晰和最真实；二是关注各企业的慈善策略，特别是第1轮第1期，经营者可在"辅助工具"模块下的"排行榜"和"企业信息"页面查看各企业的慈善情况，了解各企业的慈善投标金额，从而判断哪些企业主打综合人群；

三是关注各企业的人群策略，经营者通过慈善信息及"经营分析"模块下的"市场占有率"页面确定各企业的主打消费人群和经营策略。

（2）寻求各商品消费人群的市场机会。各商品在零售市场上均有4类消费人群，企业经营过程中应适当关注各类消费人群的市场机会。通常在经营的第1轮、第2轮，由于需要关注的市场信息量并不大，各企业都会有比较充裕的时间关注各类消费人群的交易情况，并与竞争对手展开博弈。但在经营的中后期，随着部分企业的破产退出，市场信息量加大，在有限的经营时间里，企业往往会忽略或无暇顾及对交易细节的分析，因此经营者应该在经营过程中有针对性地关注一些交易细节，寻求交易机会。

3. 每轮经营结束后的环境分析

每轮经营结束后，各企业应将重点放在对各组财务报表、市场占有率的分析研究上。经营者通过对财务报表数据的分析，来对各企业的经营绩效、发展潜力、竞争态势等进行预测，为下一轮经营策略的制订提供参考。

（1）各企业财务报表分析。从财务报表中可以分析各企业的经营状态，如可以获得各企业的盈亏情况、商品库存情况、现金与贷款情况及权益等，掌握这些信息有利于了解各企业的竞争地位及发展潜力。

（2）竞争态势分析。由于市场容量有限，一般来说，破产的企业越多，后续的竞争程度越不激烈。影响竞争程度的因素还包括各企业的市场占有率、商品库存、综合评价指数、SEO和SEM的转化率等。因此，每轮经营结束后，经营者需要分析竞争局面，了解剩余企业的数量、现有企业的所有者权益高低、商品库存、市场占有率、资金状况等因素，对下一轮的竞争态势进行预测。

（3）综合评价指数（简称综合指数）分析。企业经营者需要时时关注各企业的综合评价指数，原因在于：一方面，企业综合评价指数高低直接影响综合人群的交易；另一方面，企业综合评价指数的高低也会影响其他人群的成交，特别是前两轮。

需要注意，企业综合评价指数的计算公式如下：

综合评价指数=卖家企业信誉度/市场总信誉度×140+卖家店铺总人气/市场店铺总人气×60+卖家总媒体影响力/市场总媒体影响力×100+卖家社会慈善/市场社会慈善×100+卖家店铺视觉值/市场店铺视觉值×100+卖家B2C模式（B店开设完成为20，未完成为0）+卖家办公城市影响力（办公场所驻地影响）+卖家员工经验值+卖家员工业务能力

可见，在企业原始积累的前两轮中，综合评价指数和卖家企业信誉度、卖家店铺总人气、卖家社会慈善、卖家员工经验值、卖家员工业务能力有密切关系，特别是卖家企业信誉度、卖家店铺总人气和卖家社会慈善对综合评价指数的影响占主导地位。

（4）发展潜力分析。判定企业的发展潜力，需要综合考虑企业的整体经营状况，其中有3个指标比较重要：一是企业的综合评价指数，综合评价指数高有利于企业扩大综合人群的销售比例，获得高额的利润；二是企业所有者权益，所有者权益高说明企业前期经营

业绩较好，且企业的融资能力较强；三是企业的商品库存，库存说明了企业可供销售的商品数量多少，如果商品数量多且企业能够把商品销售出去，则企业具备较强的成长力。

二、经营类目选择

（一）经营类目特征分析

1. 商品需求数量特征

"电商沙盘"系统内置的虚拟市场在商品数量需求上，生活必需品永远大于奢侈品，如各类消费者对裤子的需求量远高于对项链的需求量；但生活必需品的流行周期比奢侈品短，销售价格更低，也就是说奢侈品的增值、保值力更强。

2. 购买力决定商品需求

例如，裤子、西装、连衣裙等的成本较低，相对的销售价格就比项链、手链低，所以裤子等商品对消费者的购买力要求相对较低，这类商品在流行时需求数量就会相对较大。

3. 商品具有生命周期

所有商品都具有特定的流行趋势。消费者总是对新鲜事物感兴趣，在"电商沙盘"系统所有商品的需求模型中，最高点会出现在商品出现的第 2 期，后期市场出现替代品，新的商品也就分流了现有商品对消费者的吸引力，从而导致该商品在之后的需求持续下滑。

（二）类目选择方法

商家在全面考察网络市场的整体趋势后，要结合行业趋势和网店实际情况选品。选品不仅影响网店盈利能力，还是整个网店的定位与发展的决定性因素。类目可以根据市场趋势，结合自身条件进行选择。

1. 根据市场趋势选择类目

市场趋势调研是网店开设前非常重要的一个环节，网店的商品也必须是符合市场发展趋势的。可以通过结合目前市场上的商品需求来选择网店所要经营的类目，市场需求量越大说明消费者的购买需求越大。

（1）判断市场容量情况。并不是类目越大越好，往往一些比较大的类目竞争也比较大，其市场处于一个相对饱和的状态，获取流量的难度也会比较大。需要选择有充分市场需求的类目，同时这个类目在当前市场容量下有机会进入，可以带来比较客观的销量。

在模拟经营过程中，各网店需要在规定的时间内完成 5 轮（10 期）经营。随着时间的推移，经营过程一共出现 4 个类目的 13 种商品，合计销售额 473 776.32，如图 1-11 所示。通过对市场预测图进行分析，经营者可得知家具类目总销售额占比 21.94%；家电类目总

销售额占比 **16.64%**；服装类目总销售额占比 **29.76%**；珠宝类目总销售额占比 **31.66%**。经营者通过市场预测图和数据魔方分析，可以找到自己的网店需要经营的类目和商品。

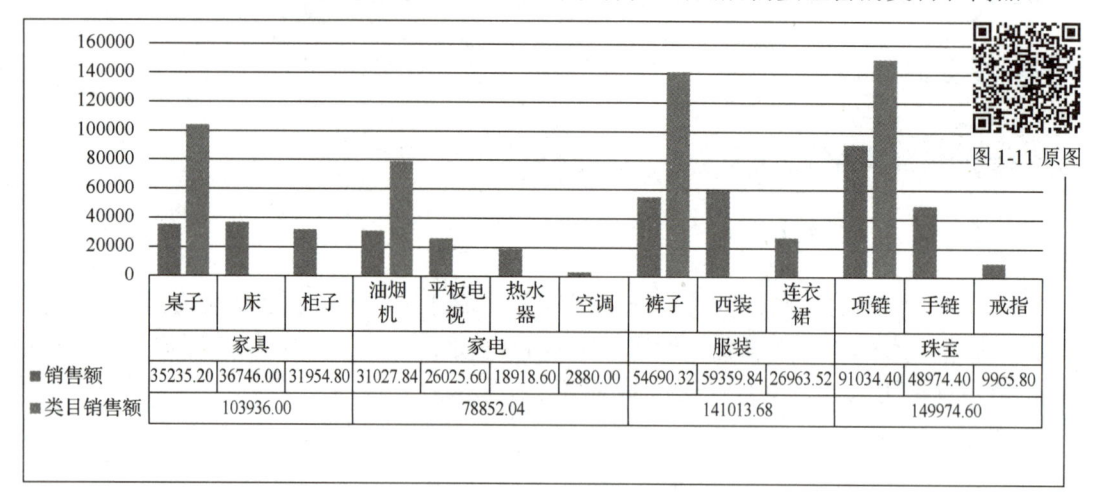

	家具			家电				服装			珠宝		
	桌子	床	柜子	油烟机	平板电视	热水器	空调	裤子	西装	连衣裙	项链	手链	戒指
销售额	35235.20	36746.00	31954.80	31027.84	26025.60	18918.50	2880.00	54690.32	59359.84	26963.52	91034.40	48974.40	9965.80
类目销售额		103936.00			78852.04				141013.68			149974.60	

图 1-11 5 轮经营期 13 种商品总销售额

（2）结合商品的销售情况。在选择类目时，需要通过目前主流的电子商务平台查询该类目下商品的销量情况，通过销量看市场需求情况，分析购买人群。网店运营的最终目的还是销售，可以先根据同类商品的销售情况做出初步判断。

2. 结合自身条件选择类目

结合自身条件选择类目主要考虑的是网店的资金链状况。在选择网店所经营的类目时就要考虑后续所要投入的商品成本，不同类目的商品所需成本差异较大，如服装类商品单价低，投入的成本也较低，而珠宝类商品投入的成本则较高，因此在选择类目时要考虑自身的经济条件。

（三）商品定位

在模拟经营过程中，很多人将经营不善归结为销售订单太少、SEM 推广费用太高、站外媒体费用太高、贷款能力不够等，但这些往往是表面现象。商品定位极易被忽视，很多学生在经营时业绩不佳，但仍然按照原来的思路操作，该进入的商品市场没有进入，该放弃的商品还在"鸡肋"式地经营，甚至到结束时，仍然没有明白"为什么我没有利润"。

运用"电商沙盘"系统的精髓在于能深刻体验并理解网店运营中"采、供、销、人、财、物"之间的逻辑关系，从而引申到认识计划、决策、战略、流程和团队合作等方面的知识。如不能"透彻剖析"各商品的定位，度量每个商品对企业的"贡献"并随时修正经营，无疑将使企业经营陷于混乱。

波士顿矩阵分析是一种进行商品定位的好方法。该方法主要考察两个指标。一是相对市场占有率。在"电商沙盘"系统中，根据笔者的经验，某业务销售额在所有企业中居前30%，可以认为是高市场份额，反之为低市场份额。二是市场增长率。市场增长率=（当轮总销售额-上轮总销售额）/上轮总销售额×100%，若大于30%属高增长率，否则定义为低增长率。根据以上两个指标，将一个平面分成4个象限，分别定义为问题型业务——种子业务、明星型业务——增长业务、金牛型业务——成熟业务、瘦狗型业务——萎缩业务，如图1-12所示。

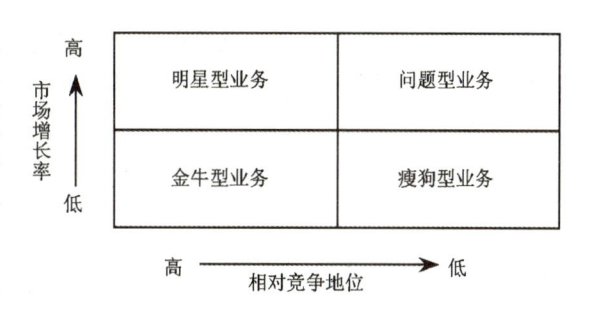

图1-12 波士顿矩阵

1. 问题型业务——种子业务

这类业务指高增长率、低市场份额的业务。这个领域中多为投机商品，带有较大的风险。这些商品可能利润很高，但占有的市场份额很低。发展问题型业务，意味着企业需要投入大量的现金。问题型业务非常贴切地描述了对待这类业务的态度，必须慎重回答"是否继续或扩大投资，发展该业务"这个问题。只有符合企业长远发展目标、企业具有资源优势、有能够增强企业核心竞争力的业务才能得到肯定的回答。

2. 明星型业务——增长业务

这个领域中的商品处于快速增长的市场且占有支配地位的市场份额，但是否会产生正向资金流，取决于采购费用、推广费用、物流费用等对资金的需求量。明星型业务是由问题型业务发展起来的，可以视为高速增长市场中的领导者，将成为企业未来的金牛型业务。因为市场还在高速成长，企业必须继续投资，以保持与市场同步增长，并击退竞争对手。企业如果没有明星型业务就失去了希望。

3. 金牛型业务——成熟业务

处在这个领域中的商品会产生大量现金，但未来的增长前景是有限的。它是成熟市场中的领导者，是企业现金的来源。由于市场已经成熟，企业无须大量投资来扩大市场规模；同时作为市场中的领导者，该业务享有规模经济和高边际利润的优势，因而能给企业带来大量的现金流。企业往往用金牛型业务的利润来支付相关账款。

4. 瘦狗型业务——萎缩业务

这类业务不能产生大量现金，也不需要投入资金，未来没有发展的希望，通常是微利甚至亏损的，但可能由于情感的因素，很多企业经营者不愿放弃，或者因为其他业务没有开发出来，只能依靠现有的瘦狗型业务勉强度日。正确的做法是采用收缩战略，及时转移到更有利的领域中。

【议一议】

在"电商沙盘"5轮经营期内，13种商品分别属于波士顿矩阵中的哪一类？

三、目标人群定位

买家是商品的消费者，是店铺创造最大收益的根本来源。没有买家，店铺就不会有销售额，更不会有利润。谁能留住买家，谁就能得利；谁能赢得更多的买家，谁就是市场竞争中的王者。

目标人群就是会购买网店商品的人群。进行目标人群定位是为了寻找目标市场及消费人群，能帮助网店有目的地挑选货源，更精准地定位买家。下面分别对"电商沙盘"系统给出的4类目标人群进行介绍。

（一）人群分类

1. 品牌人群

通过媒体影响力、商品一口价、商品评价及城市影响力计算出品牌人群成交指数，根据买家对物流方式、售后服务的要求确定具备成交资格的卖家，从而计算出每个具备成交资格的卖家的品牌人群成交百分比（卖家在订单交易过程中获得订单的概率），系统根据品牌人群成交百分比确定成交卖家。

品牌人群成交指数=（卖家总媒体影响力/市场总媒体影响力）×60+商品均价/（商品一口价+商品均价）×10+商品评价/符合要求的卖家的商品评价之和×20+卖家办公城市影响力/符合要求的卖家办公城市影响力之和×10

品牌人群成交百分比=品牌人群成交指数/符合要求的品牌人群成交指数之和

品牌人群按品牌人群成交百分比成交。卖家若想具备成交资格，企业信誉度不能为负数，且必须支持买家对物流方式、售后服务的要求；有约15%的买家需要售后服务。

商品评价=所有订单商品评价之和/订单总数量

备注：每张订单正常交货的商品评价为5，发货拒收违约为4，未发货违约为3。

城市影响力：在该城市每成交一次，城市影响力加1。

2. 综合人群

通过综合评价指数、商品一口价、商品评价及城市影响力计算出综合人群成交指数，根据买家对物流方式、售后服务的要求确定具备成交资格的卖家，从而计算出每个具备成交资格的卖家的综合人群成交百分比，系统根据综合人群成交百分比确定成交卖家。

综合人群成交指数=（综合评价指数/市场综合评价指数之和）×60+商品均价/（商品一口价+商品均价）×10+商品评价/符合要求的卖家的商品评价之和×20+卖家办公城市影响力/符合要求的卖家办公城市影响力之和×10

综合人群成交百分比=综合人群成交指数/符合要求的综合人群成交指数之和

卖家若想具备成交资格，企业信誉度不能为负数，且必须支持买家对物流方式、售后服务的要求；有约15%的买家需要售后服务。

3. 低价人群

根据买家对物流方式、售后服务的要求确定具备成交资格的卖家，再根据商品价格由低到高的顺序确定成交卖家。若商品价格相同，则买家继续按照以下顺序依次判断是否成交：

（1）媒体影响力最高；
（2）综合评价指数最高；
（3）店铺视觉值最高；
（4）总媒体影响力最高；
（5）社会慈善最高；
（6）店铺总人气最高。

卖家若想具备成交资格，必须支持买家对物流方式、售后服务的要求；有约15%的买家需要售后服务。

4. 犹豫不定人群

犹豫不定人群分团购、秒杀和促销3个部分的需求，按团购、秒杀、促销的顺序独立判断成交的卖家。

卖家成交条件：组织相应团购、秒杀和促销活动；促销后价格低于所有卖家的商品一口价最低价。

（1）团购。犹豫不定人群有50%的概率会参与团购活动，参与团购的买家会自动选择团购价格最低的店铺参团；系统根据是否达到最少成团数量判断是否成团，若成团则认定买卖双方交易完成。

只要有买家参团，无论最后是否成团，卖家的店铺人气和商品人气都会加1；若成交，则店铺人气和商品人气都会加2。

（2）秒杀。没有参与团购的犹豫不定人群有50%的概率会参与秒杀活动，参与秒杀的买家会自动选择秒杀价格最低的店铺进行交易。

秒杀交易达成，则卖家的店铺人气和商品人气都会加4。

（3）促销。没有参与团购和秒杀的犹豫不定人群必定会参与促销活动，并选择优惠后价格最低的促销方式完成交易。

若团购价格、秒杀价格或促销优惠后价格相同，则买家继续按照以下顺序依次判断是否成交：

（1）媒体影响力最高；

（2）综合评价指数最高；

（3）店铺视觉值最高；

（4）总媒体影响力最高；

（5）社会慈善最高；

（6）店铺总人气最高。

促销交易达成，则卖家的店铺人气和商品人气都会加2。卖家若想具备犹豫不定人群的成交资格，必须支持买家对物流方式的要求。

（二）人群定位

1. 密集单一人群

企业可只销售一种商品，并向某一特定的消费人群提供该商品，如表1-10所示。但由于没有一种商品的生命周期包含5轮经营期，因此该策略在经营过程中的可行性不高，不建议使用。

表1-10 密集单一人群

人群	商品												
	桌子	油烟机	裤子	项链	床	平板电视	西装	手链	柜子	热水器	连衣裙	戒指	空调
品牌人群													
综合人群													
低价人群													
犹豫不定人群													

2. 有选择的专门化

可选择若干人群，这些人群符合企业发展需要且都能盈利，如表1-11所示。但由于没有一种商品的生命周期包含5轮经营期，为了保证策略的实施，在原商品（浅色）的生命周期结束前，用新商品（深色）替代原商品继续实施有选择的专门化策略。

表 1-11　有选择的专门化

人群	商品											
	桌子	油烟机	裤子	项链	床	平板电视	西装	手链	柜子	热水器	连衣裙	戒指	空调
品牌人群								■					
综合人群							■						
低价人群			■			■							
犹豫不定人群					■								

3. 市场专门化

为满足某类消费人群的各种需要，可实行同一类销售策略，如表 1-12 所示。

表 1-12　市场专门化

人群	商品											
	桌子	油烟机	裤子	项链	床	平板电视	西装	手链	柜子	热水器	连衣裙	戒指	空调
品牌人群													
综合人群													
低价人群	■	■	■	■	■	■	■	■	■	■	■	■	■
犹豫不定人群													

4. 商品专门化

网店可向各类消费人群集中销售一种商品，如表 1-13 所示。但由于没有一种商品的生命周期包含 5 轮经营期，为了保证策略的实施，在原商品（浅色）的生命周期结束前，用新商品（深色）替代原商品继续实施商品专门化策略。

表 1-13　商品专门化

人群	商品											
	桌子	油烟机	裤子	项链	床	平板电视	西装	手链	柜子	热水器	连衣裙	戒指	空调
品牌人群				■				■					
综合人群				■				■					
低价人群				■				■					
犹豫不定人群				■				■					

5. 完全覆盖所有人群

可用各种商品满足各类消费人群的需要，如表 1-14 所示。

表 1-14 完全覆盖所有人群

人群	商品												
	桌子	油烟机	裤子	项链	床	平板电视	西装	手链	柜子	热水器	连衣裙	戒指	空调
品牌人群													
综合人群													
低价人群													
犹豫不定人群													

拓 展 提 升

一、同步测试

1. "电商沙盘"系统中，进行市场趋势分析的数据工具有（　　）。
   A. 数据魔方　　　　　　　　B. 市场预测图
   C. ×××商城信息　　　　　D. 排行榜

2. "电商沙盘"系统中，进行关键词分析的数据工具有（　　）。
   A. 数据魔方　　　　　　　　B. 进店关键词分析
   C. ×××商城信息　　　　　D. 以上都是

3. "电商沙盘"系统中，进行竞争对手分析的数据工具有（　　）。
   A. 媒体中标　　B. 排行榜　　C. 市场占有率　　D. 以上都是

4. 人群的成交顺序为（　　）。
   A. 品牌人群→低价人群→综合人群→犹豫不定人群
   B. 品牌人群→综合人群→低价人群→犹豫不定人群
   C. 低价人群→综合人群→犹豫不定人群→品牌人群
   D. 低价人群→品牌人群→综合人群→犹豫不定人群

5. "电商沙盘"系统判断低价人群成交的第一要素是（　　）。
   A. 根据买家对物流方式、售后服务的要求确定具备成交资格的卖家
   B. 根据商品价格由低到高的顺序确定成交卖家
   C. 评价大于 5 且最高
   D. 综合评价指数最高

6. 卖家企业信誉度为负数，（　　）能成交。
   A. 品牌人群　　B. 综合人群　　C. 低价人群　　D. 以上都能

7. 犹豫不定人群分团购、秒杀和促销 3 个部分的需求，按（　　）独立判断成交的卖家。

　　A. 团购、秒杀、促销的顺序　　B. 秒杀、团购、促销的顺序
　　C. 促销、秒杀、团购的顺序　　D. 随机顺序

二、电商小课堂

电子商务在服务国家战略中心中将发挥更大的作用

中国互联网络信息中心（CNNIC）发布的第 52 次《中国互联网络发展状况统计报告》显示，截至 2023 年 6 月，我国网民规模达 10.79 亿人，其中网络购物用户规模达 8.84 亿人。国家统计局的数据显示，2022 年全国电子商务交易额达 43.83 万亿元，跨境电子商务进出口总额达 2.11 万亿元。据电子商务交易技术国家工程实验室、中央财经大学中国互联网经济研究院、中国国际电子商务中心的测算，2022 年，中国电子商务从业人数达 6937.18 万人，同比增长 3.11%。商务部主办"2022 中国电子商务大会"，指引电子商务创新发展方向；牵头指导举办"全国网上年货节""双品网购节"等活动，指导各电商平台对"618""双 11"等促消费活动加大投入力度，激发线上消费潜力。在民族文化自信不断增强及消费市场提质升级背景下，国潮品牌继续引领新消费方向，国产品牌更加注重提升产品品质和品牌核心竞争力，老牌国货和新国货成为主力军。商务大数据监测显示，2022 年上半年，国产品牌线上市场占有率达 68.8%，网络零售额前 10 名的品牌中有 9 个是国产品牌。

电子商务作为促消费、保民生、稳外贸的重要力量，保持了较强发展势头，在激发经济活力、促进灵活就业、提振发展信心等方面有积极贡献。在表彰的全国脱贫攻坚先进个人和先进集体名单中，可以清晰地看到电子商务在脱贫攻坚中的重要作用，不仅有 2 家电商平台企业［阿里巴巴（中国）有限公司、上海寻梦信息技术有限公司（拼多多）］获得了"全国脱贫攻坚先进集体"称号，还涌现出了 8 个立足电商的先进个人和先进集体。电子商务无接触、线上化的独特优势契合经济社会发展的要求，在促进消费和助力经济提质升级方面发挥了重要作用。

我国已连续 10 年保持全球规模最大的网络零售市场地位，电子商务创新发展将继续为我国消费市场成长壮大提供重要动力。未来，电子商务将在增强我国经济发展韧性、服务构建新发展格局、实现高质量发展中发挥更大的作用。

【点评】

　　经过 20 多年的发展，我国的电子商务已广泛渗透到经济社会的各个领域，其市场发展状况正逐步从快速增长向稳定发展转变。虽然目前我国经济社会发展面临着众多挑战，但是相信电子商务将会更好地发挥其在促消费、保民生、稳外贸、助扶贫、扩就业等方面的作用，从而更好地服务和融入国家战略，推动我国经济社会的高质量发展。

项目二　电子商务沙盘网店开设

项目导学

思路决定出路，格局决定结局。

企业为什么需要战略？根本原因是资源有限。

战略没有好坏，只有适合与不适合，适合自己的战略就是最好的战略。

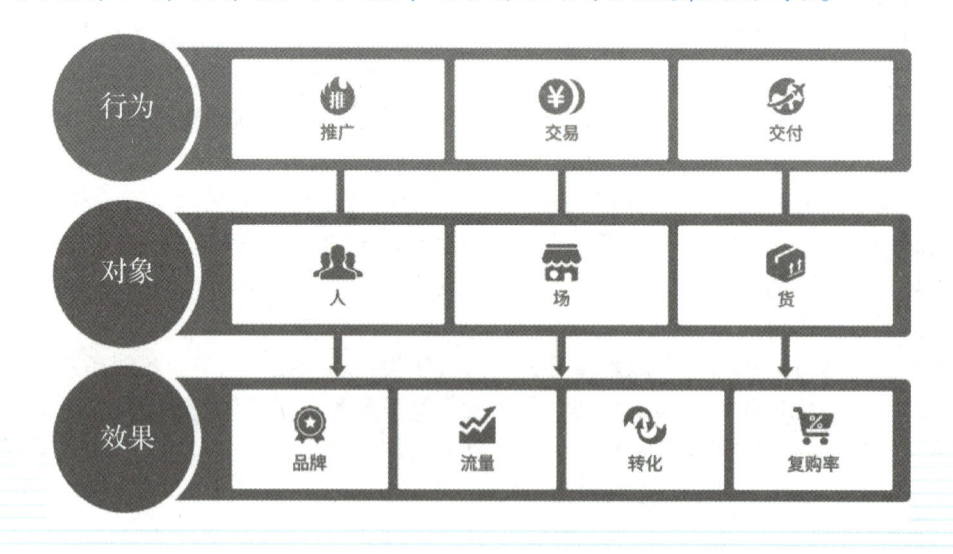

行为	推广	交易	交付
对象	人	场	货
效果	品牌	流量	转化	复购率

电子商务沙盘网店开设 项目二

任务一　组建团队

任务目标

1. 掌握虚拟企业各岗位的职责。
2. 结合岗位职责并根据个人特长选择适合的岗位。
3. 组建网店经营管理团队，建立协调沟通机制。
4. 具备团队协作能力和爱岗敬业的职业精神。

任务分析

为了顺利实现网店既定销售计划及任务，有必要建立一个完整的、富有卓越销售力和工作效率的销售团队，以使整个网店正常运作，进而保证销售计划和销售目标顺利实现。

一、岗位设置

（一）虚拟企业组织架构

一个企业要保证有执行力，必须做到"事事有人做，事事都做好"。"电商沙盘"系统将企业的组织架构进行简化，根据日常事务安排，相应设置了店长、推广专员、运营主管、财务主管4个岗位，体现了电商企业运营活动的主要环节——战略制订、采购管理、营销推广、运营管理和财务管理，是一个传统电商企业的缩影。虚拟企业的组织架构如图2-1所示。

【想一想】

你适合什么岗位的工作？为什么？

33

图 2-1　虚拟企业的组织架构

（二）企业中各个角色的岗位职责

虚拟企业和真实企业一样，设置了店长、推广部门、运营部门、财务部门等重要岗位和部门，它们之间的相互合作对企业的绩效有重大影响。

1. 店长的职责

店长是企业的总负责人，是整个团队的领导者和带头人，主要职责如下。

（1）对企业的一切重大经营运作事项进行决策，包括企业定位、经营策略、财务、业务范围、推广策略等。

（2）制订发展战略，分析竞争格局，确定经营指标，制订业务策略。

（3）主持企业的日常业务活动，负责企业运营。

（4）进行全面预算管理，合理分配资金，负责项目的投融资计划及审核财务状况。

（5）管理团队协同，分析企业绩效，定期报告运营情况，提交期报告、轮报告，分析企业盈利（亏损）状况。

【议一议】

作为新任管理层，你们将如何经营该企业？

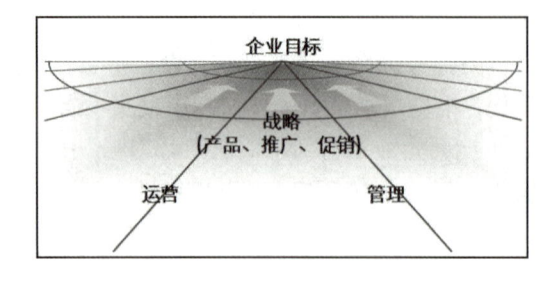

备注：在"电商沙盘"系统中，店长发挥最大职能，如果其所带领的团队在模拟对抗中意见相左，则由店长拍板。

2. 推广专员的职责

只有扩大销售并及时收回货款才能使企业实现利润，赢得生存和发展的机会。也就是说，实现营业收入是企业生存和发展的关键。

推广专员的主要职责如下。

（1）进行市场调查分析，及时掌握市场商品供应变化情况，对相关信息资料进行收集、整理与归纳，编制采购计划。

（2）参与制订企业的营销战略，根据营销战略制订企业商品营销组合策略和营销计划，经批准后组织实施。

（3）合理制订引流计划，选择 SEO 关键词，制订 SEM 推广策略。

（4）合理制订促销策略，合理投放媒体广告。

（5）定期对市场营销环境、目标、计划、业务活动进行核查分析，及时调整销售策略和计划，制订预防和纠正措施，确保企业已采购商品能够取得匹配的客户订单，完成营销目标和营销计划。在稳定企业现有商品销售的情况下，积极拓展新商品销售渠道。

（6）督促运营部门按时交货，监督货款的回收，分析销售绩效。

在人员充足的前提下，可以为推广专员增加一个助手，主要负责市场调研工作，掌握其他企业的经营信息，以帮助领导进行决策。在模拟经营过程中，每个企业都可以有意识地安排一名人员监控竞争对手的情况，明确竞争对手的动向。该人员应学会如何获取竞争对手的信息，并将信息加工、整理后反馈给推广专员或店长，从而为企业战略、战术发展提供参考依据。通过助手岗位模拟，使学生认识到社会竞争中可能存在商业间谍，要学会防范。

【议一议】

推广专员的助手该如何工作？

3. 运营主管的职责

运营主管的主要职责如下。

（1）分发订单，将订单整理、分类后，根据到达城市，选择适当的配送中心。

（2）选择物流，将已经指定配送中心的订单整理、分类，选择适当的物流方式；合理选择物流方式及注意物流费用折扣问题。

（3）货物出库，根据订单的到货期限，合理安排商品出库；如果当前配送中心库存不足，则进行库存调拨作业。

（4）在订单要求的到货期限之内到达的订单，代替买家签收货物，签收后货款直接到账。

（5）库存管理，期末或轮末及时清查库存，及时向推广专员反馈货物库存情况，特别是预售货物的数量。

（6）对尚未到达买家的订单进行跟踪，把相关数据反馈给财务主管。

4. 财务主管的职责

如果说资金是企业的"血液"，那么财务部门就是企业的"心脏"。财务主管的主要职责如下。

（1）在店长的领导下处理企业核算、监督、管理财务工作，负责对企业的销售经营、资金运行情况进行核算。

（2）制订和管理税收政策方案及程序。

（3）组织企业相关部门开展经济活动分析，组织编制企业财务计划、成本计划，支付各项费用，努力增收节支、提高效益，做好现金预算，管好、用好资金。

（4）建立健全企业内部核算的组织、指导和数据管理体系，以及和财务管理相关的规章制度，监督企业遵守董事会决议。

【议一议】

财务主管除了记账、盘面操作，还有没有更重要的工作？

二、组织团队成员

没有完美的个人，但是可以有完美的团队。每个人都有不同的天赋特质，管理者必须了解团队成员的个性特征和行为方式，才能将正确的人放到正确的位置做正确的事，挖掘每个人的潜能，从而有效地提升员工的绩效。同时，团队成员之间通过了解彼此的性格和行为特征，也可以认识彼此的差异、有效沟通、避免或化解冲突，在互信和互动的基础上团结协作、优势互补，使团队发挥出"1+1+1+1>4"的整体力量，形成高效团队。

（一）招兵买马（组建经营管理团队）

通过学生自荐或教师推荐，有意向当店长的学生上台发表竞选店长演讲，全班学生投票推选出 10 位店长。然后各位店长通过宣讲自己的经营思路或经营理念，招兵买马，组建各自的虚拟电子商务公司。至此，一个教学班级的成员分为 10 组，每组一般为 4 人，这样教学现场就组成了 10 个互相竞争的虚拟企业。每个团队在企业经营开始之前应确定自己企业的名称，并用一句话概括企业宗旨和经营理念。

在组建经营管理团队时主要应该注意以下几个方面。

（1）能力互补。团队是紧密合作的关系，团队成员要信息共享，强调集体绩效。团队成员之间可以通过性别、性格、成绩和行为方式等进行互补。

（2）责任明确。团队强调个人责任，也强调集体责任。团队有总体目标，有明确的分工，每个团队成员并非只是简单地做完自己的本职工作，还需要承担集体责任。

（3）目标清晰。团队应该有清晰的目标，这个目标就是团队存在的理由。每个团队成员都需要对这一团队目标做出承诺。

（4）相互信任。每个团队成员应能开诚布公地说出自己的感受，用语言和行动来支持自己的团队，在经营中体现公平，既为自己也为别人的利益工作，表现出自己的才能。

（二）角色分工与岗位认知

团队是一个集体，只有分工明确、效率出色，才能在处理事务时达到预期效果。团队成立后，由本企业的店长发表就职演说。小组内部自行讨论，根据每个人的特点，确定个人扮演的角色及其承担的任务，并按照要求进入各个部门。各个角色对自己的岗位职责建立清晰的认识后，根据工作分工和工作现场做位置调整。

店长要有一定的领导能力，富有主见，善于团结，对团队工作全面负责，能够公平、公正地对待团队中的每个成员。

推广专员要头脑灵活，反应机敏，善于观察，判断力强。

运营主管要态度认真，勤于动手，做事有条理，善于思考。

财务主管要认真仔细，肯吃苦，工作有条理，积极负责。

【做一做】

现在你们是一个团队，有了自己的网店。请你发挥奇思妙想，为自己的网店起个名字，设计一个响亮的创业口号，先声夺人，并把创意记录在表 2-1 中。

表 2-1 创立网店

网店名称			组别	
创业口号				
团队分工	职务	姓名		主要职责
主要成员	店长			
	推广专员			
	运营主管			
	财务主管			

团队将带领企业在变化的市场中进行开拓，应对激烈的竞争。企业能否顺利经营下去取决于团队是否有正确决策的能力。每个团队成员应尽可能利用自己的知识和经验做出决策，不要因匆忙行动而陷入混乱。

经过几次完整的模拟操作后，团队成员之间有了更深刻的了解，可以根据成员特点调整岗位，力求每个人都能各展所长，各尽其才；也可以轮换岗位，体验不同的工作，有利于提高每个人对不同岗位的认知，进行个人职业定位。

【玩一玩】

如何做决策

决策是企业管理中的一项重要活动，是管理的核心。管理功能实质上是决策方案实施过程的体现。因此，决策贯穿于管理过程的始终，也是组织各级、各类管理人员的主要工作，只是决策的重要程度或影响范围不同而已。决策具有目标性、选择性、满意性、过程性、动态性、可行性的特点。当某人拿到一个项目时，他需要根据决策的特点，确定项目的目标，然后做出让企业满意、可执行、可多重选择的决策。

在棋界有句话："一招不慎，满盘皆输；一招占先，全盘皆活。"它喻示着一个道理，无论做什么事情，成功与失败取决于决策的正确与否。科学的经营决策能使企业充满活力、兴旺发达，而错误的经营决策会使企业陷入被动、濒临险境。

针对决策如何制订这一话题，下面一起来做个游戏。

决策模拟——合同执行决策

甲乙两家公司经多次谈判达成了一个一揽子交易合同，这个合同分6笔交易。在实施合同的过程中，双方遵循以下市场规则（以出红黑牌为例，红牌为守约，黑牌为欺诈）。

- 规则1：6笔交易要一笔一笔地做，做完一笔再做下一笔。
- 规则2：每次交易双方要同时出牌。若双方均为红牌，则各得20万元；若双方均为黑牌，则各亏30万元；若一方为红牌、另一方为黑牌，则红方亏50万元，黑方得50万元。其中，第3轮和第6轮损益值要加倍。
- 决策目标：为股东赢得最大的利润。
- 游戏目标：在模拟比赛中胜出，即获得盈利最多的小组胜出。
- 模拟练习方式：每组4~5人模拟为董事会；
  每项决策由董事会成员集体表决做出；
  由各小组自由选择交易对象，分对儿进行模拟。
- 模拟练习时间：决策10分钟，组内总结5分钟。

- 决策练习步骤：组建决策模拟小组；各自画好表格（见表2-2），以便记录交易过程和结果；交易双方各自写下决策思维过程；在第三方的协助和公证下进行交易，并可委托第三方记录每笔交易结果；整个交易结束后，双方先各自总结经验教训，然后全班集中进行交流。

表2-2　决策模拟记录表

交易双方	第1轮	第2轮	第3轮（加倍）	第4轮	第5轮	第6轮（加倍）
甲方	决策：	决策：	决策：	决策：	决策：	决策：
	损益：	损益：	损益：	损益：	损益：	损益：
乙方	决策：	决策：	决策：	决策：	决策：	决策：
	损益：	损益：	损益：	损益：	损益：	损益：

甲方得分：　　　　　　　　　　　　　　　　　　　　　　　　乙方得分：

总结交流：从决策过程、经验教训和启示3个方面展开。

任务二 创立网店

任务目标

1. 能够结合网店定位，制订办公场所选址和人员招聘计划。
2. 能够根据市场需求特点和销售计划确定选址建仓策略。
3. 能够根据网店运营规划进行网店的开设和店铺装修。
4. 具备创新思维和敢闯会创的创业精神。

任务分析

随着互联网的发展，在网上开店早已不是什么新鲜事，但是要想让网店长久运营下去，网店开设是非常重要的一个环节。网店开设首先要解决的就是制订合理的网店开设方案，做好办公场所设立、选址建仓、店铺开设与装修等工作。

一、办公场所设立

前已述及，虚拟企业共设置店长、推广专员、运营主管和财务主管 4 个角色，如图 2-2 所示。团队以店长的身份进入系统，修改密码，然后就可以准备创立一家网店了。

图 2-2 网店运营角色

每个团队即将创建一家拥有 500 现金资产的网店，主要从事 C 店（类似于淘宝店）在线销售，将来会筹建新的店铺即 B 店（类似于天猫店）。因为是新开设的店铺，所以网店的各项指标如企业信誉度、人气、媒体影响力、视觉值等都为 0。

办公场所设立包括选择办公城市、选择办公场所类型和招贤纳士3个部分。需要注意的是，只能设立一个办公场所。

（一）选择办公城市

运营主管根据不同城市的影响力、租金差、工资差等信息选择合适的办公城市。目前，系统只开放哈尔滨、沈阳、北京、石家庄、银川、太原、拉萨、重庆、上海、南京、杭州、长沙、贵阳、广州和海口15个城市。当然，教师可根据实际课程设置需要，在教师端开放更多的城市。城市影响力关系到综合评价指数的计算。

办公城市选择过程需要考虑以下因素。

（1）每期办公室租金=租赁价格×（1+租金差）。

备注： 租金差是指不同城市之间的租金差别百分比。

（2）每期员工工资=基本工资×（1+工资差）×（1+工资增长率）。

备注： 工资差是指不同城市之间的工资差别百分比。

表2-3列出了一些城市的办公场所相关数据。

表2-3 一些城市的办公场所相关数据

区域	城市	租金差	工资差	城市影响力	是否支持邮寄
东北	哈尔滨	30%	10%	3	不限制
	沈阳	20%	20%	2	不限制
华北	北京	60%	30%	6	不限制
	石家庄	20%	20%	2	不限制
	太原	20%	10%	2	不限制
华东	上海	60%	40%	6	不限制
	南京	50%	30%	4	不限制
	杭州	60%	40%	7	不限制
华南	广州	40%	40%	4	不限制
	海口	0	20%	1	不限制
华中	长沙	20%	20%	2	不限制
西北	银川	0	0	1	不限制
西南	拉萨	0	0	1	不限制
	重庆	20%	20%	3	不限制
	贵阳	20%	10%	2	不限制

（二）选择办公场所类型

运营主管根据办公场所的容纳人数、租赁价格、维修费用等信息选择合适的办公场所。

办公场所分为两类，一类是普通办公室，另一类是豪华办公室，如图 2-3 所示。

普通办公室：面积 50，容纳人数 10，租赁价格 96，维修费用 4，管理费用 0，搬迁费用 5

豪华办公室：面积 150，容纳人数 20，租赁价格 160，维修费用 8，管理费用 0，搬迁费用 26

图 2-3　办公场所类型

运营主管可以根据经营需求改变办公场所类型（改建），将普通办公室改建为豪华办公室需要支付租金差额，将豪华办公室改建为普通办公室不退还租金差额；也可以将办公室在不同城市之间进行搬迁，搬迁时需要支付搬迁费用，不同办公室搬迁费用不同，搬迁至租金高的城市需补充相应差价，搬迁至租金低的城市不退还差价。

【练一练】

某企业办公城市选择杭州，办公场所类型选择普通型，需要支付多少租赁费和维修费？

（三）招贤纳士

确定好办公城市和办公场所类型后，店长需要根据网店的经营策略招聘一定数量和职称的员工。选择员工主要考虑 3 个方面，即员工的基本工资、业务能力、工资增长率。员工的业务能力和职称挂钩，职称分为初级经理、中级经理和高级经理。员工的业务能力关系到企业综合评价指数的计算；员工的经验值关系到企业综合评价指数的计算，员工的经验值每期加 1。

员工具体参数指标如表 2-4 所示。

表 2-4　员工具体参数指标

类别	基本工资	工资增长率	业务能力
初级经理	7	10%	2
中级经理	15	/	6
高级经理	22	/	10
配送员	7	/	0
仓库管理员	6	/	0

【练一练】

① 某企业办公城市选择杭州，办公场所类型选择普通型，招聘了1个初级经理、1个中级经理、1个高级经理，第1期结束需要支付多少工资？

② 某电商企业第1轮第1期所在的办公城市为北京，办公场所类型为普通型，招聘了1个初级经理、1个中级经理、1个高级经理。由于企业扩张需要，办公城市需要搬迁到杭州，办公场所需要改建成豪华办公室，请问该企业还需要支付多少改建费、搬迁费、维修费及员工工资？

二、配送中心设立

配送中心是指从事货物配备（集货、加工、分货、拣选、配货）和送货作业的现代流通设施。配送中心设立的位置与数量需要考虑商品需求人群所在地、物流成本。为提升消费者体验、降低成本、提高物流速度，网店可采用分仓服务模式，多点仓库就近配送。与办公城市一样，目前，系统只开放哈尔滨、沈阳、北京、石家庄、银川、太原、拉萨、重庆、上海、南京、杭州、长沙、贵阳、广州和海口15个城市。当然，教师也可根据实际课程设置需要，在教师端开放更多的城市。

运营主管可根据市场需求及不同城市的租金差、物流费用、工资差、是否支持邮寄等信息选择合适的城市设立配送中心，并设置配送区域，如图 2-4 所示。根据实际经营需要可以改变配送中心类型（改建），也可以将配送中心在不同城市之间搬迁，还可以租赁两个或两个以上配送中心或者退租。需要注意的是，每个城市只能建立一个配送中心。

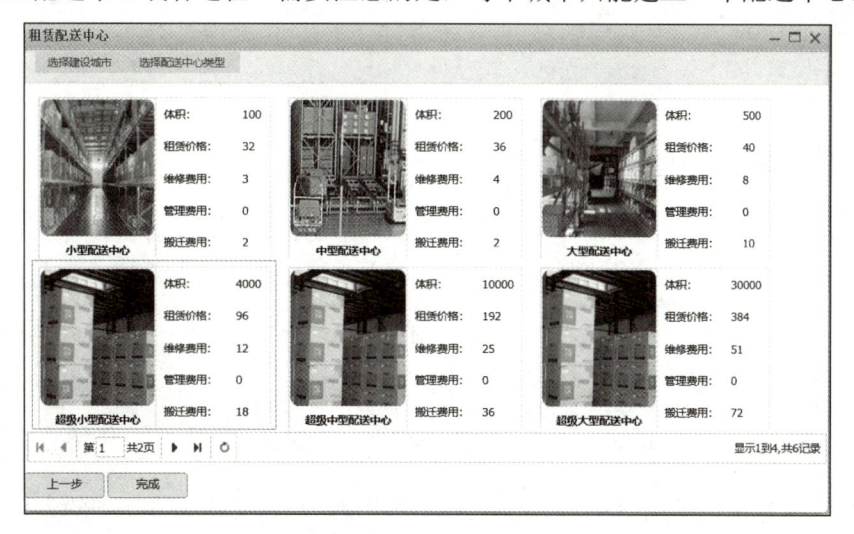

图 2-4 配送中心类型

每期配送中心租金=租赁价格×（1+租金差）

建立配送中心包括租赁、改建、搬迁、退租、设配区5个功能模块。

（1）租赁：在约定的期间，出租人将资产使用权让与承租人以获取租金的行为。"电商沙盘"系统中，约定期限为一期，即每期支付一次租金，网店租赁的只是配送中心的使用权，配送中心不属于网店的资产。网店可根据面积、租赁价格、维修费用、管理费用及搬迁费用租赁合适的配送中心。

（2）改建：如果在网店经营过程中发现租赁的配送中心小了，导致后面采购的商品无法入库，那么可以把原来租赁的小的配送中心改为大的配送中心，这时网店只需要再支付两类配送中心的租金差就可以了；如果在网店经营过程中发现租赁的配送中心大了，导致租金浪费，那么可把大的配送中心改为小的配送中心，此时当期的租金差不退还，但是从下一期开始按照小的配送中心的租金收取。

运营主管可根据经营需求进行配送中心改建。

（3）搬迁：配送中心从一个城市搬到另一个城市。运营主管根据经营需求可以改变配送中心所在的城市；搬迁需要支付一定的搬迁费用，若搬迁至租金高的城市则需补充相应差价，若搬迁至租金低的城市则不退还差价，搬迁时仓库必须空置。

（4）退租：把已经租赁的但空闲的配送中心退掉。如果不选择退租，不管配送中心是否闲置，系统都会默认为续租。退租时，仓库必须空置，若在期中退租，则需支付整期租金。

（5）设配区：配送中心建好后，要设定该配送中心负责配送的城市，否则系统会默认为空，即该配送中心只负责商品入库，无法向任何城市配送货物，所以设配区这一步一定要做，如果在设置配送中心时忘了设配区，也可以随时回到配区页面进行配区的设置。

运营主管需要为每个配送中心设置默认的配送区域及物流公司。若多个配送中心选择的默认配送区域里包含若干相同的城市，则在这些城市中按照租赁配送中心的先后顺序选择默认的配送中心。

【练一练】

某电商企业第1轮第1期配送中心城市选择石家庄，由于企业扩张需要，配送中心需要从小型改建成大型，请问该企业还需要支付多少改建费及员工工资？

三、店铺开设

"电商沙盘"系统模拟的是电子商务企业的运营，运营是离不开店铺的。根据对现实情况的分析，系统把店铺分成两类，即C店（个人店铺、集市店铺）和B店（商城店铺）。

其中，C 店的建立无须资金，B 店的建立需要一定的周期和时间。运营主管应根据模拟网店的经营需求开设 C 店或开设（筹建）B 店。

开设 C 店：因为"电商沙盘"系统主要用于对网店的运营进行练习，因此对 C 店的开设步骤进行了简化，只需要添加店铺名称、经营宗旨及描述 3 个部分的内容，并进行简单设置即可，如图 2-5 所示。C 店不可以进行站外媒体推广。

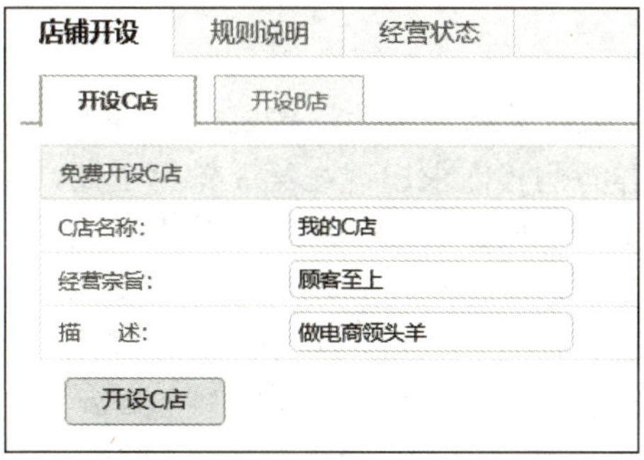

图 2-5　开设 C 店

【知识拓展】

由于多数淘宝店是以个人身份注册的，人们常常把淘宝网称为 C2C 平台，把淘宝店称为 C 店。2016 年，淘宝推出了"淘宝企业店"，鼓励个人卖家将网店升级为捆绑企业身份的网店。按照 2019 年 1 月 1 日起实施的《中华人民共和国电子商务法》，月经营额度超过 3 万元的网店需要提供对应的企业营业执照等资质。所以用 C2C 来标注淘宝网店就显得不太合适了。但是，由于习惯和网店定位问题，许多人还是喜欢把淘宝店称为 C 店。

开设（筹建）B 店：因为"电商沙盘"系统主要用于对网店的运营进行练习，因此对 B 店的开设步骤也进行了简化，如图 2-6 所示。B 店可以进行站外媒体推广，从而获得品牌人群订单。运营主管在经营过程中可以根据实际经营需要选择开设或关闭店铺。

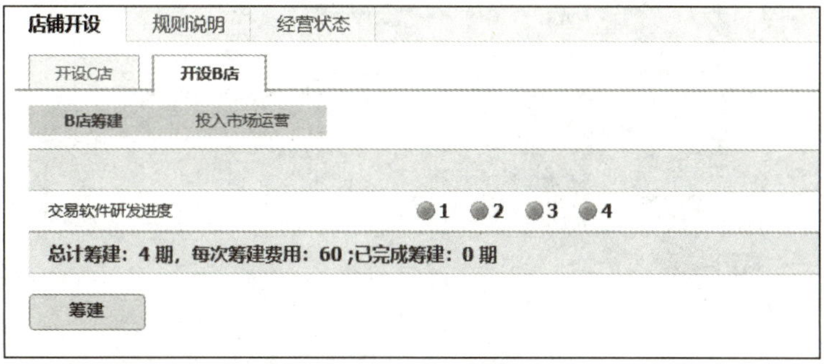

图 2-6　开设（筹建）B 店

45

【知识拓展】

和免费入驻淘宝店不同，入驻天猫平台会收取一定的费用，同时也会获得阿里巴巴更多的流量支持。目前在淘宝网进行商品搜索的时候，会有很大比例的网页返回天猫商城的商品。由于所有天猫平台中的网店都是以企业身份入驻的，因此人们习惯把天猫店称为 B 店。

"电商沙盘"系统的 B 店开设是收费的，需要有 4 期的筹备周期，最快在第 2 轮第 2 期筹建完成。但是品牌人群的购买需求出现在第 3 轮第 2 期，所以在 B 店的筹建上，经营者可以根据网店现金流状况合理安排进度。等到品牌人群需求出现后，市场竞争的焦点很可能在综合人群和品牌人群上，为此需要 B 店和 C 店协同发展。如果把经营的重任只放在 C 店，将会失去 B 店的品牌人群订单，既不利于差异化竞争，也等于放任竞争对手发展，将自身置于危险之中。综上所述，可以采取以下几种策略：一是在 C 店有优势的情况下，可扶持 B 店的发展；二是 C 店和 B 店采用不同的运营策略，差异化发展，在人群组合、商品定价上相互配合，避免自己的 C 店和 B 店自相竞争；三是 C 店和 B 店采用不同的引流策略，根据运营绩效和竞争态势，在 SEM 和 SEO 上各有侧重，将淘词和选词相互配合。

四、网店装修

网店装修是指对店铺的招牌、自定义模块、自定义页面，以及商品分类、宝贝详情页等内容进行美化装饰的过程。"电商沙盘"系统对网店装修的过程进行了简化，虚拟企业只需要花费一定的金钱就可以进行网店装修。网店装修分为简装修、普通装修及精装修，每种装修的费用及获得的视觉值不同；店铺的视觉值每期都会下降 10。

根据经营需求，若需提升店铺的视觉值可以对店铺进行适当装修，视觉值的高低主要影响综合人群成交。店长可以根据实际经营需要对 C 店、B 店进行装修模板选择，如图 2-7 所示。"网店装修"模块是网店每期均需完成的工作。

图 2-7　网店装修模板选择

拓展提升

一、同步测试

1. 租金差和工资差都最低的城市是（　　）。
   A. 拉萨　　　　B. 银川　　　　C. 海口　　　　D. A 和 B

2. 某网店办公城市设立在北京，办公场所类型选择普通型，已知北京的租金差为 60%，普通办公室的租赁价格为 96，维修费用为 4，则需要支付的租赁费和维修费分别为（　　）。
   A. 96 和 4　　B. 153.6 和 6.4　　C. 153 和 6　　D. 153 和 4

3. 筹建 B 店一共需要支付（　　）。
   A. 60　　　　B. 120　　　　C. 180　　　　D. 240

4. 某网店配送中心设立在沈阳，选择小型配送中心，已知沈阳的租金差为 20%，小型配送中心的租赁价格为 32，维修费用为 3，则需要支付的租赁费和维修费分别为（　　）。
   A. 32 和 3　　B. 38.4 和 3.6　　C. 38 和 4　　D. 38 和 3

5. 某网店配送中心设立在沈阳，选择小型配送中心，现在根据网店发展情况需要改建为超级小型配送中心。已知沈阳的租金差为 20%，小型配送中心的租赁价格为 32，维修费用为 3；超级小型配送中心的租赁价格为 96，维修费用为 12，则需要支付的租赁费和维修费分别为（　　）。
   A. 64 和 8　　B. 76.8 和 10.8　　C. 77 和 11　　D. 77 和 9

6. 精装修的视觉值为（　　）。
   A. 5　　　　B. 10　　　　C. 15　　　　D. 20

7. 店铺的视觉值每期都会下降（　　）。
   A. 5　　　　B. 10　　　　C. 15　　　　D. 20

二、电商小课堂

腾讯：难得的创业团队

1998 年的秋天，深圳市腾讯计算机系统有限公司被注册，之后又吸纳了 3 个股东。5 个创始人的 QQ 号，据说是 10001~10005。为避免彼此争夺权力，5 个伙伴约定清楚：各展所长、各管一摊。

保持稳定的一个关键因素就在于搭档之间的"合理组合"。CEO（首席执行官）是温和谦逊的腾讯"掌门"；CTO（首席技术官）爱好技术；COO（首席运营官）好玩、开放、富有激情和感召力；CIO（首席信息官）是一个非常随和、有自己的观点但不轻易表达的人，是有名的"好好先生"；CAO（首席行政官）是一个十分严谨又非常张扬的人，能在不同的状态下激起大家的热情。

在企业迅速壮大的过程中，要保持创始人团队的稳定合作尤其不易。在这个背后，工程师出身的 CEO 一开始对于团队合作的理性设计功不可没。从股份构成上看，5 个人一共凑了 50 万元，其中 CEO 出资 23.75 万元，占了 47.5%的股份。主要资金都由 CEO 出，他自愿把所占的股份降到一半以下，"要他们的总和比我多一点点，不要形成垄断、独裁的局面。"同时，他自己又一定要出主要的资金，占大股，"如果没有一个主心骨，股份大家平分，到时候也肯定会出问题。"在 CEO 看来，未来的潜力要和应有的股份匹配，不匹配就要出问题。如果拿大股的人不干事，干事的人股份又少，就会产生矛盾。

【点评】

创业团队是一种特殊的群体，是由两个或两个以上具有共同的创业理念、价值观和创业愿景，相互信任，为了共同的创业目标，团结合作，共同承担创建新企业的责任而组建的工作团队。选择合理的创业模式，组建卓有成效的创业团队是创业成功的重要基础。创业团队工作绩效大于所有成员独立工作绩效之和。没有团队的创业也许并不一定会失败，但要创建一个没有团队而具有高成长值的企业却极其困难。

在中国的民营企业中，能够像腾讯这样由性格不同、各有特长的人组成一个创业团队，并在成功开拓局面后还能保持着长期默契合作的是很少见的。腾讯的成功之处，就在于其从一开始就很好地设计了创业团队的责、权、利。能力越强，责任越大，权力越大，收益也就越多。

项目三　电子商务沙盘网店运营

项目导学

只有懂得规则，才能游刃有余。
只有认真对待，才能收获满满。
只有积极参与，才能分享成就。
只有善于思考和总结，才能获得更大的收获与提高。

用户	商品	品牌	流量	转化	复购率
卖给谁	卖什么	让更多人知道	让更多人来	让更多人买	让更多人反复买
用户画像	品类管理	购物场景	营销策划	深耕交易	高效交付

任务一　商品运营

任务目标

1. 能够根据选品原则，筛选并确定目标商品。
2. 能够按照采购计划进行采购投标，并合理选择采购策略。
3. 能够将采购商品入库，并根据实际情况进行配送中心扩建等操作。
4. 能够根据商品信息进行商品发布，并制订合理的物流和售后策略。
5. 能够详细分析商品定价的影响因素，不断优化现有商品价格。
6. 具备信息收集和分析的能力。

任务分析

商品是网店的基石，是一个店铺"修炼内功"的重中之重。在选品之后就是制订采购计划，完成采购投标和商品入库，分析市场环境、竞争对手和自身店铺的情况，制订合理的商品定价与商品发布策略。

一、选品

选品是指商家通过对市场需求和竞争情况的分析，选择合适的商品进行销售的过程。选品既要考虑商品的市场需求，又要考虑商品本身的成长空间、竞争情况、利润和价值。

（一）选品的原则

1. 市场需求原则

众所周知，有市场需求的商品才能带来可观的市场销量，市场需求不足的商品在后期很难有销量上的突破。选品的首要原则是考虑目标人群的需求，从市场需求和市场容量的角度出发，基于市场需求考虑选品。例如，进入"数据魔方"模块，查看目标人群对商品的市场需求信息，具体包括需求城市、市场平均价格和需求数量等，如表 3-1 所示。

表 3-1　某次网赛第 1 轮第 1 期市场需求信息

商品名称	需求城市	市场平均价格	品牌人群需求数量	综合人群需求数量	低价人群需求数量	犹豫不定人群需求数量
桌子	北京	58.24	0	16	36	21
桌子	沈阳	57.68	0	18	28	18
油烟机	北京	34.56	0	33	59	31
油烟机	沈阳	32.64	0	31	63	35
项链	北京	80	0	28	44	28
裤子	北京	7.76	0	232	307	210
裤子	沈阳	8.72	0	195	345	210

2. 商品优势原则

（1）商品货源优势。在选品时，首先，考虑商品的货源优势，应有完整的、可持续的供应链，保证商品的持续供应。其次，商品的成本要合理，有一定的成本优势，保证销售的利润空间。

（2）商品竞争优势。面对激烈的竞争环境，在选品时要选取具有竞争优势的商品。商品的竞争优势包含多个方面，如商品成本优势（如表 3-2 所示的付款折扣）、商品市场占有率优势等。依靠商品成本优势获得高于同行业其他商品的盈利能力，通过商品市场占有率优势取得竞争优势。

表 3-2　付款折扣信息

数量要求	信誉要求	付款账期	付款折扣
50	50	0	0.95
70	60	0	0.9
100	100	0	0.9
150	120	0	0.85
160	150	0	0.85
200	200	0	0.8
300	200	0	0.6

（二）采购投标

1. 采购中标规则

采购中标规则包括：系统自动评判中标店铺；采购竞标时，同一种商品按照出价的高低依次进行交易。如果竞标价格相同，则与供应商的关系值高的优先成交；如果竞标价格相同，与供应商的关系值也相同，则媒体影响力高的优先成交；之后按照社会慈善高低、销售额高低、投标提交的先后顺序等来依次进行判断。

市场供应信息包括公司、商品、促销方式、数量、单位体积、最低价格（/件）。

公司是指供应商的公司名称。

商品是指该供应商提供的商品种类。

促销方式是指同种商品一次性采购数量和企业信誉度都达到供应商的促销方式要求时，可以享受的价格和账期上的优惠。如图3-1所示，项链的促销方式如下：数量大于160、信誉度大于150、享受账期0、享受折扣0.85。当一次性购买项链的数量大于160且信誉度大于150的时候，可以按照采购价格的85%进行采购。享受账期为0，表示只能现金采购，不能赊账，即在沙盘运营中是不会产生应付账款的。制订采购方案时，可以结合供应商的促销方式进行采购。

供应信息

	公司	商品	促销方式	数量	单位体积	最低价格（/件）
1	黄金电子城	油烟机	数量大于:50 信誉度大于:50 享受账期:0 享受折扣:0.95	375	5	8.00
2	时尚服装厂	裤子	数量大于:100 信誉度大于:100 享受账期:0 享受折扣:0.90	2100	3	2.00
3	中意家具城	桌子	数量大于:70 信誉度大于:60 享受账期:0 享受折扣:0.90	210	10	14.00
4	周大福珠宝商	项链	数量大于:160 信誉度大于:150 享受账期:0 享受折扣:0.85	150	2	20.00

图3-1　某次网赛第1轮第1期市场供应信息

数量是指一次性采购同种商品的多少。

单位体积是指每件商品所占的空间。

最低价格（/件）是指供应商所能接受的商品的最低采购价格，如果买家的出价低于该价格，那么即使供应商有库存也不会成交。

备注：信誉度=1×履约订单数−$\sum[i=0,n]$（违约订单数为n）。

2. 制订采购投标方案

"电商沙盘"系统中的采购投标是指网店根据数据魔方的市场需求数据，选择合适类目的商品进行经营，根据供应商提供的商品促销方式、数量、单位体积、最低价格等制订采购投标方案，通过公开竞标的方式获得该种商品的过程。

网店的经营都是从采购开始的。"电商沙盘"系统中的网店需要先采购商品，再销售商品，赚取差价。在制订采购投标方案时，需要确定合适的采购城市，中标后的商品必须存入该城市的配送中心。如果存入其他城市的配送中心，则需要先存入该城市的配送中心再进行调拨。

"采购投标"是网店每期均需完成的工作。

假设商品退单率得分和保修得分相同，如果商品点击率得分、商品点击量得分、商品转化率得分和商品转化量得分都大于平均数，那么商品绩效最高，接近100。也就是说，网店商品（单品）的订单量越大于平均数，商品绩效就越接近100。因此，应在综合考虑网店的资金状况、市场需求、经营策略、竞争对手的预估报价和配送中心信息的情况下，尽可能**按照绩效达标量采购**。

下面以项链为例计算绩效达标量。

根据表 3-1 所示的市场需求信息，项链的综合人群需求数量为 28，低价人群需求数量为 44，犹豫不定人群需求数量为 28。假设参加比赛的小组数 10 个，将上述 3 类人群的需求汇总，可以得到该期内每组的平均订单数=3×5÷10=1.5（四舍五入为 2）。系统中，商品在某类人群下的单期订单数为 5；计算单个订单数量时，遵循四舍五入原则，也就是说，各组的项链平均订单数要大于或等于 2，即每组平均需要卖出 2 单。

再以综合人群为例，单个订单中项链的最大数量=28÷5=5.6（四舍五入为 6），也就是说，其中一个订单中最多包含 6 件项链；另一个订单中的项链至少有 1 件，因此绩效达标量最少为 7（6+1）件，如表 3-3 所示。

表 3-3　商品绩效达标量计算示例

商品名称	需求城市	品牌人群需求数量	综合人群需求数量	低价人群需求数量	犹豫不定人群需求数量
项链	北京	0	28	44	28
单个订单中项链的最大数量	/	/	6	9	6
绩效达标量	/	/	≥7	≥10	≥7

【练一练】

根据表 3-1 所示的市场需求信息，计算桌子、油烟机和裤子的绩效达标量。

【想一想】

如图 3-2 所示，结合表 3-1 所示的市场需求信息，思考这家网店第 1 轮第 1 期采购投标方案背后的经营思路。

	采购城市	商品	总体积	数量	单位价格	合计金额
1	沈阳市	桌子	160	16	14.02	224.32
2	沈阳市	油烟机	140	28	8.01	224.28
3	沈阳市	项链	24	12	20.68	248.16
4	沈阳市	裤子	450	150	2.01	301.5

图 3-2　某次网赛第 1 轮第 1 期采购投标方案示例

如果网店没有采购需求，那么卖家可以不制订采购投标方案，直接选择跳过。网店跳过采购投标的原因，要么是网店的库存充足，暂时不需要采购；要么是网店的资金不足，无法进行采购。

二、商品入库

"电商沙盘"系统根据规则自动评判采购中标网店，然后网店运营主管对采购投标成功的商品执行入库操作。只有在有配送中心的城市并且配送中心的可用容量大于入库商品的体积时才可以进行商品入库，因为采购的商品必须全部入库。

1. 正常入库

如果入库商品的体积小于或等于配送中心的可用容量，那么可以进行商品入库操作。商品入库后，卖家需要到"辅助工具"模块下的"库存管理"页面查询商品库存相关信息。

2. 配送中心扩建

如果入库商品的体积大于配送中心的可用容量，那么配送中心需要先行扩建，然后才可以进行商品入库。网店也可以新建一个配送中心，通过库存调拨来完成所有商品的入库操作。

3. 跳过入库

如果网店采购方案未中标，则可以单击"跳过入库"按钮，跳过入库操作，如图 3-3 所示。

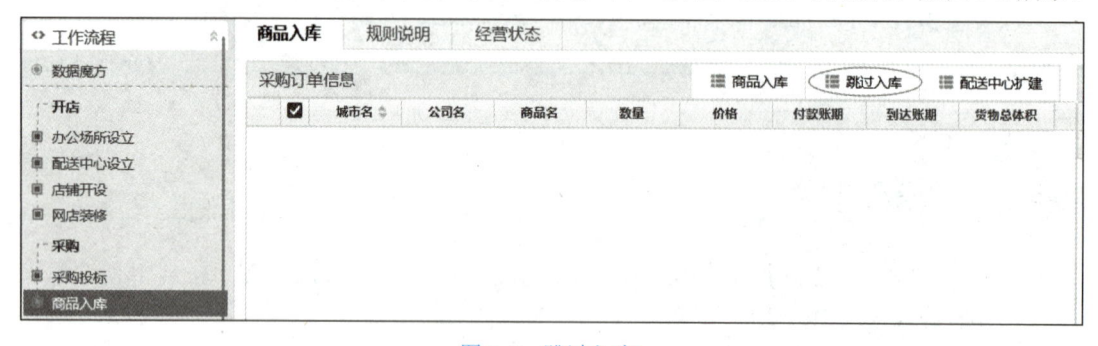

图 3-3　跳过入库

三、商品发布

商品发布是指企业在网店中进行商品上架。商品发布包含发布新商品、修改商品信息、商品上架/下架 3 个方面。

1. 发布新商品

在"电商沙盘"系统中,发布新商品主要指填写商品基本信息、商品物流信息和选择售后保障信息,如图3-4所示。

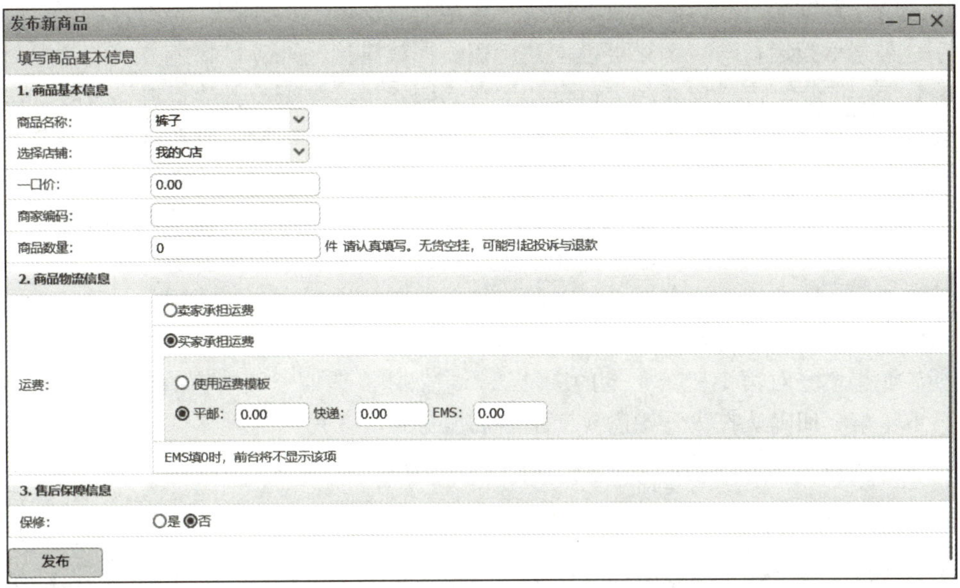

图3-4 发布新商品

(1)填写商品基本信息。卖家选择需要上架的商品,根据目标人群设置相应的价格,依据入库商品的数量及想要预售的数量填写商品数量。

若发布新商品时,设为卖家承担运费,则商品价格=商品一口价;若商品价格>市场平均价格×(1+不同人群价格浮动率),则为违规价格,对于违规价格,系统不提示,但不能成交。若发布新商品时,设为买家承担运费,则商品价格=(商品一口价×购买数量+总运费)/购买数量;若商品价格>市场平均价格×(1+不同人群价格浮动率),则为违规价格。不同人群价格浮动率于期初在教师端设置,具体价格浮动率如表3-4所示。

表3-4 不同人群价格浮动率

人群	价格浮动率
品牌人群	上浮0.2
综合人群	上浮0.2
低价人群	上浮0.1
犹豫不定人群	上浮0.1

商品发布数量=库存数量+预售数量。若产生交易,则必须按照买家要求的到货期限交货,否则将承担违约责任。

备注：商品价格不能违规；商品数量不能多于库存数+20。

（2）填写商品物流信息。卖家可以选择卖家承担运费或买家承担运费。卖家承担运费时，买家只需按商品一口价支付给卖家，配送完成后由卖家支付物流公司的实际运费。卖家可以采用任意物流方式运输，只要在买家规定的时间内到达即可，否则将承担退单的违约责任。买家承担运费时，卖家可以创建运费模板或直接输入各种物流方式的运费，买家会根据其选定的物流方式按商品一口价和运费一同支付给卖家。创建运费模板时，卖家可分别设置各种物流方式的默认运费及每超过一件需要增加的运费；每超过一件需要增加的运费不能高于默认运费的50%，且默认运费最高不能超过10。如果不创建运费模板，那么可以直接输入各种物流方式的运费，此运费为整单（若干件）的运费，运费最高不能超过10。

（3）选择售后保障信息。在"电商沙盘"系统中，售后保障指的是保修。保修会产生售后服务费，会影响对保修有要求的人群的成交和商品绩效。

每件商品的售后服务费为0.5，在确认交货后的下一期开始交纳售后服务费，**连续交纳3期**。如果卖家对第1轮第1期的项链选择了保修，该期一共出售的项链数量为6，那么从第1轮第2期确认收货开始需要交纳售后服务费（在每期的"支付相关费用"环节支付），一直交到第2轮第2期。所需交纳的售后服务费=6×0.5×3=9。

2. 修改商品信息

卖家可以根据经营需要修改商品信息，如图3-5所示。每期结束，系统会自动保留上一期商品的价格信息，所以卖家需要每期修正商品的价格信息，以免因为没有及时修改导致价格违规而无法成交；或者商品出售价格过低，降低网店的利润。每期结束，系统会自动修改卖家商品的库存数量，所以卖家需要每期修正商品的库存数量，以免因为没有及时修改导致配送中心的库存商品无法销售。

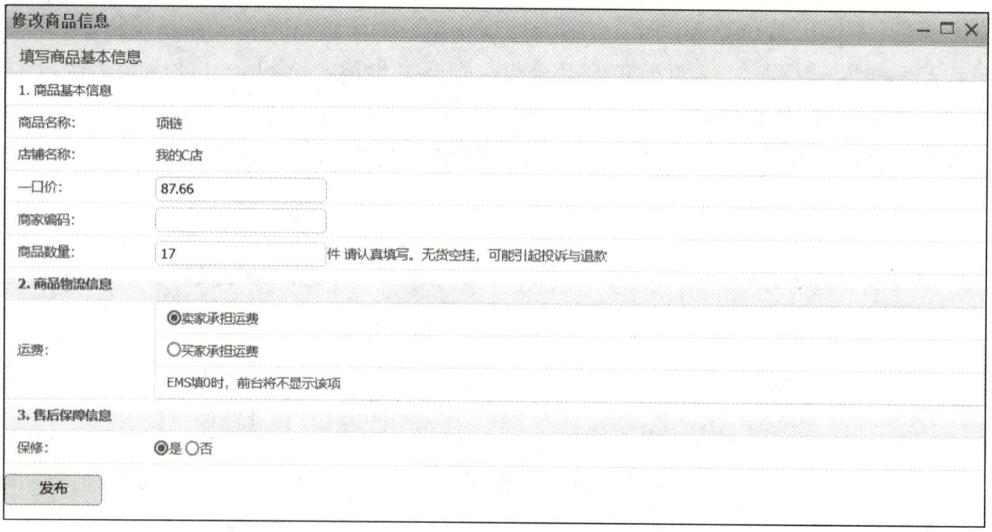

图3-5 修改商品信息

另外，团购订单数据与库存没有关联，相当于一种预售机制，系统不会自动修改商品信息页面的商品数量，需要卖家在下一期手动修改。

3. 商品上架/下架

商品上架是指将商品发布在"电商沙盘"系统的网店内进行销售，买家和其他网店都可以看到该商品的信息。商品发布成功后会默认处于上架状态。商品下架是指将原来在"电商沙盘"系统的网店内销售的商品撤下后，买家和其他网店都看不到该商品的信息，如图3-6所示。

图3-6 上架/下架商品信息对比

商品必须上架后才可以进行销售。所以卖家在"站外推广"结束前需要检查准备销售的商品是否处于上架状态。

【想一想】

图 3-7 所示为某次网赛第 1 轮第 1 期某小组销售数据，思考为什么这家网店第 1 轮第 1 期"站外推广"结束后，"商品发布"模块中桌子的库存数量为 2，谈谈你对此的看法。

图 3-7 某次网赛第 1 轮第 1 期某小组销售数据

任务二　流量获取

任务目标

1. 能够根据推广需求制订 SEO 策略，提高网店的曝光率，获取免费流量。
2. 能够根据推广需求制订 SEM 策略，提高网店的曝光率，获取站内付费流量。
3. 具备团队协作能力和数据分析能力。

任务分析

根据"销售漏斗"原理，只有较多的引流才会有较高的销量。卖家要根据网店的经营目标分析市场情况，结合商品特性、竞争对手策略预判等制订推广策略，实施 SEO 优化（与系统叫法一致）和 SEM 推广，获取流量。

一、SEO 优化

在"电商沙盘"系统中，SEO 优化是指通过优化自身商品的标题关键词，尽可能匹配买家的搜索习惯，从而在买家搜索某个关键词、系统展示与该关键词相关的商品时，使自己网店的商品取得靠前的自然排名的过程。关键词的选取直接影响进店流量，进而影响商品销售。

"SEO 优化"模块是网店每期均需完成的工作，至少要完成一款商品的 SEO 优化。

（一）SEO 标题优化

1. 标题编写原则

标题要简单、直接，突出卖点；要让买家即使看一眼，也能知道商品的特点。每个标题最多 7 个关键词，每个关键词最少 2 个字，并限定在 10 个字以内；如果所设关键词超过 7 个，则保存前 7 个。注意，这里设置的关键词是自然流量的关键。

2. 标题编写规范

标题中不要堆砌一些无关的词；避免使用大量的类似或重复标题；不要使用特殊符号，

59

关键词之间用分号（;）隔开。尽量让自己的商品标题多样化，多加些属性关键词。

3. 选词

网店获取免费流量的方式是撰写正确、合理的商品标题。标题需要选用合适的词语，即关键词。关键词会直接决定标题给商品带来的引流能力，所以选择匹配的关键词特别重要。选词是指通过优化标题关键词，尽可能匹配买家的搜索习惯。卖家可以从词库里选择关键词，也可以对词库关键词进行分析、归纳、总结后再填写，如图3-8所示。

图 3-8　选词示例

（二）SEO 商品排名

卖家想要通过自然流量获取订单，就要提高 SEO 关键词排名得分和商品绩效[①]。

SEO 商品排名得分=SEO 关键词排名得分×0.4+商品绩效×0.06

1. SEO 关键词排名得分

SEO 关键词排名得分=关键词搜索相关性（数据魔方提供）×SEO 关键词匹配方式得分

SEO 关键词匹配方式分为完全匹配、高度匹配、部分匹配和不匹配。当买家搜索的关键词与卖家设置的关键词完全相同时，称为完全匹配；当买家搜索的关键词是卖家设置的关键词的子集时，称为高度匹配；当买家搜索的关键词与卖家设置的关键词有一部分相同时，称为部分匹配；当买家搜索的关键词与卖家设置的关键词完全不同时，称为不匹配。

当 SEO 关键词匹配方式为完全匹配时，SEO 关键词匹配方式得分为 1；当 SEO 关键词匹配方式为高度匹配时，SEO 关键词匹配方式得分为 0.5；当 SEO 关键词匹配方式为部

---

① "电商沙盘"系统中，SEO 关键词排名得分的满分为 10；商品绩效的满分为 100。

分匹配时，SEO 关键词匹配方式得分为 0.2；当 SEO 关键词匹配方式为不匹配时，SEO 关键词匹配方式得分为 0。匹配方式得分示例如表 3-5 和表 3-6 所示。

表 3-5　SEO 关键词匹配方式得分示例 1

卖家商品标题	买家搜索关键词	匹配方式	得分
项链	项链	完全匹配	1
项链	钻石项链	高度匹配	0.5
项链	装饰链/项圈	部分匹配	0.2
项链	钻石/周大生	不匹配	0

表 3-6　SEO 关键词匹配方式得分示例 2

卖家商品标题	买家搜索关键词	匹配方式	得分
可折叠餐桌	可折叠餐桌	完全匹配	1
可折叠餐桌	折叠/餐桌	高度匹配	0.5
可折叠餐桌	折叠圆桌	部分匹配	0.2
可折叠餐桌	梳妆台	不匹配	0

例如，卖家设置标题关键词为"夏装；裤子"，匹配方式如下：当买家搜索的关键词为"夏装；裤子"时，匹配方式为完全匹配；当买家搜索的关键词为"夏装"或"裤子"时，匹配方式为高度匹配；当买家搜索的关键词为"男款裤子"或"夏装外套"这一类型时，匹配方式为部分匹配。

2. 商品绩效

商品绩效=商品点击率得分+商品点击量得分+商品转化率得分+商品转化量得分+商品退单率得分+保修得分

商品绩效各项得分如表 3-7 所示。

表 3-7　商品绩效各项得分

项目	内容	得分
商品点击率得分	商品点击率≥商品平均点击率	20
	商品点击率<商品平均点击率	（商品点击率/商品平均点击率）×20
商品点击量得分	商品点击量≥商品平均点击量	10
	商品点击量<商品平均点击量	（商品点击量/商品平均点击量）×10
商品转化率得分	商品转化率≥商品平均转化率	20
	商品转化率<商品平均转化率	（商品转化率/商品平均转化率）×20
商品转化量得分	商品转化量≥商品平均转化量	10
	商品转化量<商品平均转化量	（商品转化量/商品平均转化量）×10
商品退单率得分	商品退单率	（1-商品退单率）×30
保修得分	提供	10
	不提供	0

这里基于某关键词模拟买家的一次搜索，设 M 为组数，SEO 商品排名得分前 $M×0.6$ 名的卖家的商品会被展现，数据魔方的该关键词的展现量会加 $M×0.6$（不足 $M×0.6$ 家时加实际家数），前 $M×0.6$ 名卖家的商品的展现量会各加 1；SEO 商品排名得分前 $M×0.4$ 名的卖家的商品会被点击，数据魔方的该关键词的点击量会加 $M×0.4$（不足 $M×0.4$ 家时加实际家数），前 $M×0.4$ 名卖家的商品的点击量会各加 1；模拟买家按照本次模拟搜索代表人群（4 类人群中的一类）的成交条件与 SEO 商品排名进入前 $M×0.4$ 名的卖家进行撮合交易，如果符合条件，则会有一个订单成交，数据魔方的该关键词的转化量会加 1，该卖家的商品的转化量会加 1。

3. SEO 相关术语

商品展现量：该商品被展现的次数。
商品点击量：该商品被点击的次数。
商品点击率：商品点击量/商品展现量。
商品转化量：商品最终的成交订单数量。
商品转化率：商品转化量/商品点击量。
商品退单量：商品累计退单的数量。
商品退单率：商品退单量/商品转化量（订单数）。
商品绩效：与该商品的点击率、点击量、转化率、转化量、退单率、保修相关。
商品平均点击率：商品点击量之和/商品展现量之和。

图 3-9 所示为某次网赛第 1 轮第 1 期某小组桌子的销售数据，可以看到商品展现量为 4834，商品点击量为 644，商品点击率为 13.32%（644÷4834=0.1332，保留至小数点后四位，遵循四舍五入原则），商品转化量（订单数）为 12，商品退单量为 0，商品退单率为 0（0÷12=0），是否保修为 True（该商品开启了保修服务）。

图 3-9　销售数据示例

二、SEM 推广

在"电商沙盘"系统中，SEM 是指卖家对与自己所销售商品相关的关键词竞价，在买家搜索其中某个关键词时，展示与该关键词相关的自身商品，并取得靠前的搜索排名。关键词的选取及出价将直接影响进店流量，进而影响商品销售。简单地说，网店通过 SEM 推广，可以让买家直接了解店铺商品，争取实现交易。

（一）SEM 推广计划

卖家在进行推广时需要先制订推广计划。每个卖家最多可以制订 4 个推广计划，每个推广计划可以添加多个商品。如果把推广计划看成小组，那么添加商品就像添加小组成员。

1. 推广账户管理

如果 SEM 推广账户余额为 0（见图 3-10）或负数（经营过程中会出现负数情况），则无法进行 SEM 推广，必须先充值。

图 3-10　推广账户余额为 0

卖家根据网店推广需求设定每期的推广预算，然后单击"我要充值"按钮进行充值操作，增加推广预算。也可以通过单击"我要提现"按钮对推广账户余额进行提现操作，削减推广预算。提现的数值必须是整数，否则系统会报错。

2. 新建推广计划

在"电商沙盘"系统中，每个卖家都必须至少新建一个推广计划，否则在后续操作中，系统会提示"SEM 推广操作没有完成！不允许进行该操作！"，如图 3-11 所示。

图 3-11　SEM 推广操作提示

新建推广计划包括推广计划名称和每期限额的设置两项操作，如图 3-12 所示。推广计划名称可以根据卖家的喜好设置，一般可以按照商品生命周期命名，如新品、利润款等；也可以命名为 1、2、3、4；或者以店铺类型命名，比如 C 店命名为 C、B 店命名为 B。"每期限额"处，可以根据卖家的需求设定商品的每期推广预算，避免超出买家的可承受范围；每期限额的系统初始值是 50，卖家可以根据实际需要修改，但数值必须是整数。

3. 调整推广计划

一旦建立推广计划后就不能删除，只能通过单击"暂停推广计划"和"开始推广计划"按钮对推广计划进行调整。

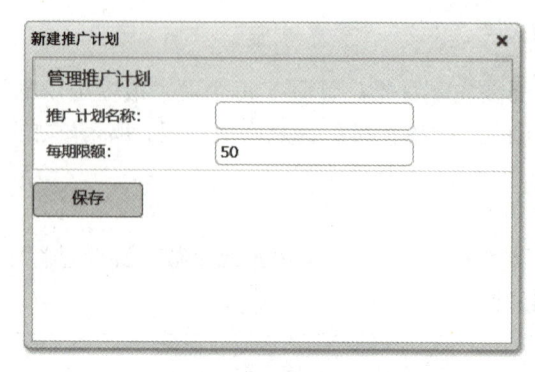

图 3-12　新建推广计划

（二）SEM 推广排名

这里基于某关键词模拟买家的一次搜索，设 N 为组数，SEM 商品排名得分前 $N×0.4$ 名的卖家的商品会被展现，数据魔方的该关键词的展现量会加 $N×0.4$（不足 $N×0.4$ 家时加实际家数），前 $N×0.4$ 名卖家的商品的展现量会各加 1；SEM 商品排名得分前 $N×0.3$ 名的卖家的商品会被点击，数据魔方的该关键词的点击量会加 $N×0.3$（不足 $N×0.3$ 家时加实际家数），前 $N×0.3$ 名卖家的商品的点击量会各加 1；模拟买家按照本次模拟搜索代表人群（4 类人群中的一类）的成交条件与 SEM 商品排名进入前 $N×0.3$ 名的卖家进行撮合交易，如果符合条件，则会有一个订单成交，数据魔方的该关键词的转化量会加 1，该卖家的商品的转化量会加 1。

1. 关键词匹配方式

SEM 关键词匹配方式分为精确匹配、中心匹配、广泛匹配。精确匹配时，只有当买家搜索的关键词与卖家投放的关键词完全相同时才能被搜索到；中心匹配时，当买家搜索的关键词是卖家投放的关键词的子集时也能被搜索到；广泛匹配时，当买家搜索的关键词与卖家投放的关键词有一部分相同时即可被搜索到。

例如，设置为精确匹配时，卖家投放"裤子"，当买家搜索"裤子"时可搜索到卖家的商品；设置为中心匹配时，卖家投放"裤子"，当买家搜索"夏装裤子"时可搜索到卖家的商品；设置为广泛匹配时，卖家投放"夏装裤子"，当买家搜索"短款裤子"时可搜索到卖家的商品。

2. 商品绩效

SEM 商品绩效公式与 SEO 商品绩效公式相同。

3. 竞价价格

竞价价格是指为使商品取得靠前的排名而为某关键词所出的一次点击的价格。

SEM 商品排名得分=质量分×竞价价格
质量分=关键词搜索相关性（数据魔方提供）×0.4+商品绩效×0.06

"电商沙盘"系统中，SEM 推广采用的拍卖形式以广义第二价格拍卖为主。所谓广义第二价格拍卖是指如果搜索引擎有多个 SEM 广告位，那么第一名按照第二名的价格加一个最小竞价单位（0.01）进行扣费，第二名按照第三名的价格加一个最小竞价单位进行扣费，第三名按照第四名的价格加一个最小竞价单位进行扣费，以此类推。

卖家实际为某个 SEM 关键词的一次点击支付的费用=该关键词排名下一名的竞价价格×（下一名的质量分/卖家的质量分）+0.01

例如，卖家 A 与卖家 B 都选取了"中式餐桌"这个关键词进行 SEM 推广，并且在该关键词的搜索排名中卖家 A 排名第一，卖家 B 排名第二。卖家 A 竞价价格为 1.5，卖家 B 竞价价格为 1。卖家 A 该词的质量分为 10，卖家 B 该词的质量分为 8。那么卖家 A 实际为该关键词一次点击支付的费用=1×（8/10）+0.01=0.81。

（三）SEM 推广管理

1. 新建推广组

卖家在进行推广时需要在推广计划下建立推广组，每个推广计划包含若干推广组，每个推广组对应一个商品，同样每个商品也只对应一个推广组。针对同一个商品的不同关键词设定不同的竞价价格，可以更好地达到 SEM 推广效果。

卖家可以通过单击"我要推广"按钮新建推广组。新建推广组包括推广组名称、默认竞价、推广商品和推广计划的设置 4 项操作，如图 3-13 所示。推广组名称可以根据卖家的喜好设置，一般为了方便记忆，可以按照商品名称（或商品关键词）命名，或者在商品名称后面加店铺名。例如推广组名称是"裤子 C"，表示新建推广组的推广商品是裤子，推广店铺是我的 C 店。

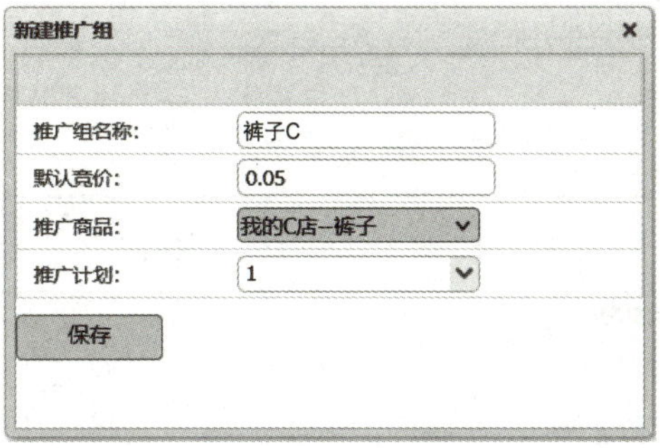

图 3-13　新建推广组

2. 推广组管理

根据推广计划，卖家可以调整推广组，进行 SEM 管理，如图 3-14 所示。具体包括单击"我要推广"按钮继续增加推广组;选择需要调整的推广组,单击"暂停推广组"按钮,将正在推广的商品暂停推广;选择处于暂停推广状态的推广组,单击"开始推广组"按钮,将暂停推广的商品恢复推广;如果推广组名称、默认竞价和推广计划名称需要调整,那么可以通过单击"修改"按钮完成相关操作。

图 3-14 SEM 管理

如果卖家需要调整推广组商品的关键词,那么通过单击"关键词"按钮,可以对 SEM 关键词进行删除、淘词、批量出价和修改操作,如图 3-15 所示。单击"删除"按钮,去掉不需要的关键词;单击"淘词"按钮,挑选需要增加的关键词;单击"批量出价"按钮,批量修改关键词的默认竞价和匹配方式,如图 3-16 所示;单击"修改"按钮,调整单个关键词的默认竞价和匹配方式。

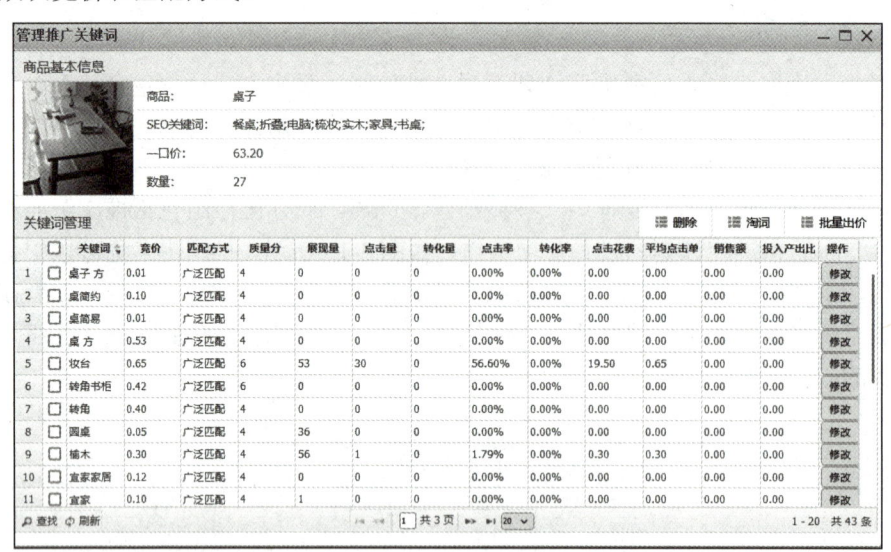

图 3-15 管理推广关键词

图 3-16 批量修改关键词的默认竞价和匹配方式

任务三 活动营销

任务目标

1. 能根据网店运营需求，制订并实施可行的团购策略，增加网店的转化量。
2. 能根据网店运营需求，制订并实施可行的秒杀策略，增加网店的转化量。
3. 能根据网店运营需求，制订并实施可行的套餐策略，增加网店的转化量。
4. 能根据网店运营需求，制订并实施可行的促销策略，增加网店的转化量。
5. 具有遵守电子商务平台规则的工作意识。
6. 具备诚信服务、德法兼修的职业素养。

任务分析

流量是网店运营的基础，转化是网店运营的核心。提升网店营销转化率是一项整体的运营工作，而营销活动是提升营销转化率的一个主要手段。卖家可通过团购、秒杀、套餐、促销等营销活动提升网店营销转化率。

一、团购

在"电商沙盘"系统中，团购是指卖家根据经营需求针对某种商品的团购活动，用来吸引犹豫不定人群购买，以期增加店铺人气和商品人气。

团购价格=商品价格×团购折扣

折扣：买家享受的折扣额按照卖家填写的折扣数值计算。例如，卖家填写团购折扣为8，买家购买商品即可享受八折（80%）。

收益：获得店铺人气2、商品人气2。

对象：犹豫不定人群。

要求：最多购买数量为 20，最少购买数量为 10，一个商品只能发布一次团购活动。

根据营销活动计划，卖家可以设置团购活动，如图 3-17 所示。具体包括添加、删除、修改和上架/下架操作。只有处于上架状态的团购活动，买家才能参与。

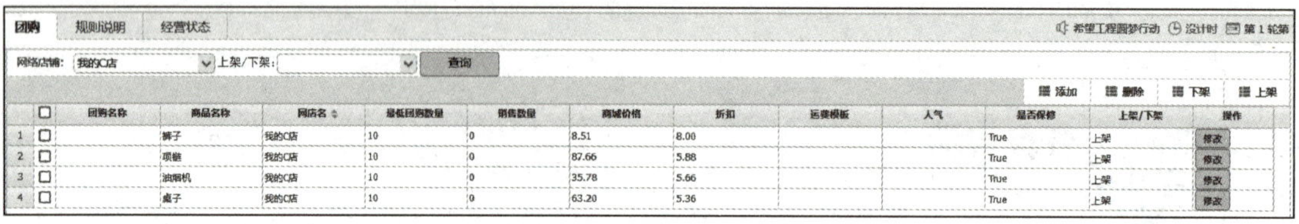

图 3-17　设置团购活动

卖家单击"添加"按钮，可以增加新的团购活动，如图 3-18 所示。卖家需要填写团购名称、选择团购的商品、设置团购折扣和填写最少购买数量，不用设置商家编码。对不需要的团购活动，卖家可以单击"删除"按钮进行删除；对暂时不需要的团购活动，卖家可以单击"下架"按钮，进行下架处理；对需要微调的团购活动，卖家可以单击"修改"按钮，修改团购的基本信息。

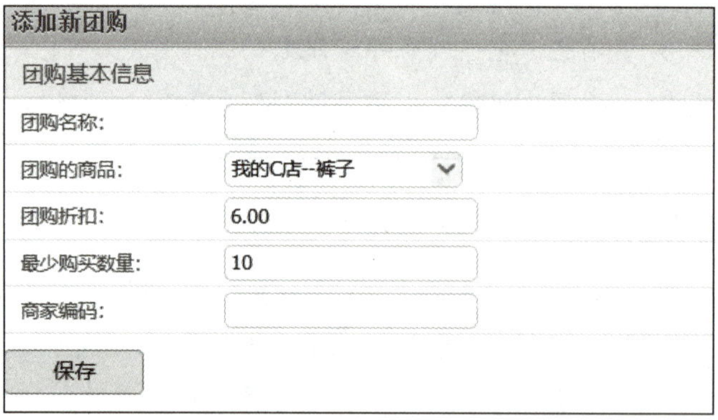

图 3-18　添加新团购

二、秒杀

在"电商沙盘"系统中，秒杀是指卖家根据经营需求，发布若干折扣为五折的商品促销活动，用来吸引买家抢购，迅速增加店铺人气和商品人气。

秒杀价格=商品价格×50%

折扣：卖家对某个商品开启秒杀，买家购买商品即可享受五折（50%）。

收益：获得店铺人气 4、商品人气 4。

对象：所有人群。

根据营销活动计划，卖家可以设置秒杀活动，如图 3-19 所示。具体包括开启秒杀和结束秒杀操作。

图 3-19　设置秒杀活动

卖家可以选择需要设置秒杀活动的商品，单击"开启秒杀"按钮，增加新的秒杀活动；卖家也可以选择需要取消秒杀活动的商品，单击"结束秒杀"按钮，关闭该商品的秒杀活动。

三、套餐

在"电商沙盘"系统中，套餐是指卖家根据经营需求，对多种商品进行的组合搭配，用来吸引买家抢购，增加店铺人气和商品人气。套餐可组合多种商品搭配出售（一个套餐最多包含 3 种商品）。

套餐价格=套餐内所有商品的单价之和

套餐内商品的单价由卖家设置，但是套餐内除引流商品外，其余套餐内商品不能高于当地商品一口价。

引流商品一口价+运费>套餐内引流商品单价+套餐运费

例如，卖家设置正常购买商品 A 一口价为 5，运费为 2；卖家提供的套餐内商品 A 单价为 4、商品 B 单价为 3，套餐运费为 2。某买家欲购买商品 A，则商品 A 为引流商品。

【判定 1】　卖家正常购买一件商品 A 总共花费 5+2=7；购买卖家提供的套餐内商品 A 花费 4+2=6；7>6，则判定 1 成功；否则判定失败，买家放弃购买套餐。

【判定 2】　判定 1 成功后判定商品 B 是否低于当地商品一口价，如果高于当地商品一口价，则判定失败，买家放弃购买套餐；否则判定成功，买家购买套餐。

收益：获得店铺人气 2、商品人气 2。

对象：所有人群。

注意：套餐数量的预售上限为 1000，不受库存数量限制，套餐商品只生成一个订单。

根据营销活动计划，卖家可以设置套餐活动，如图 3-20 所示。具体包括添加新套餐、修改和上架/下架操作。只有处于上架状态的套餐活动，买家才能参与。

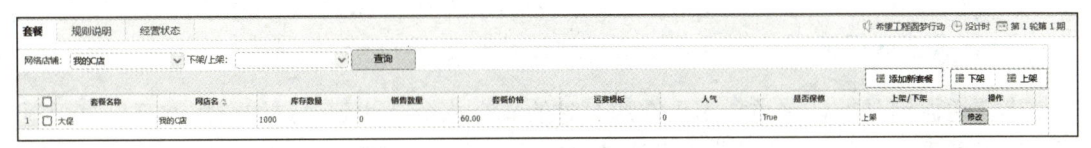

图 3-20　设置套餐活动

卖家单击"添加新套餐"按钮，可以添加新的套餐活动，如图 3-21 所示。卖家选择套餐商品（在添加套餐列表处单击"添加"按钮，选择商品、设置单价、数量默认是 1）、填写套餐名称、选择活动网店、设置套餐价格和填写套餐件数，然后选择套餐物流信息和售后保障信息。

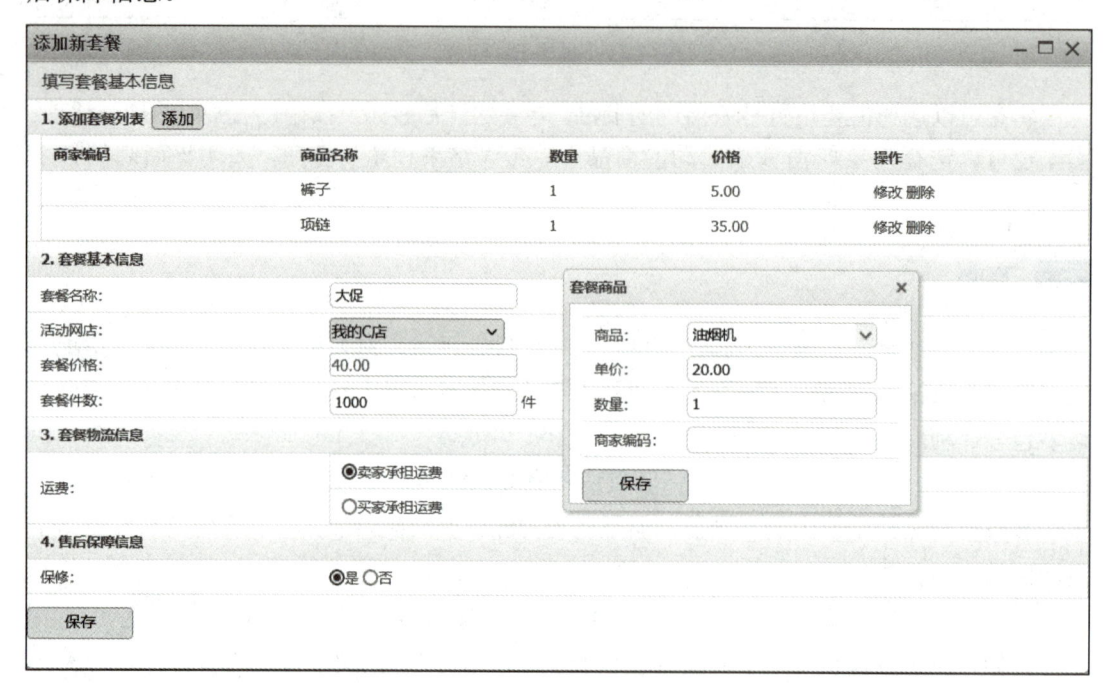

图 3-21　添加新套餐

对不需要的套餐活动，卖家可以单击"下架"按钮暂停活动；后期如果需要恢复该活动，那么卖家可以单击"上架"按钮继续进行套餐活动。

四、促销

在"电商沙盘"系统中，促销是指卖家根据经营需求，对某种或某几种商品进行满就送促销、多买折扣促销、买第几件折扣促销，用来吸引买家抢购，增加店铺人气和商品人气。

收益：获得店铺人气 2、商品人气 2。

对象：所有人群。

（一）满就送促销

满就送促销是指订单类型为正常购买时的成交总金额达到设定的金额就可以享受返现金的优惠活动。卖家可以根据经营需求设定活动范围，选择参加活动的商品。当正常购买的成交总金额大于或等于设定的金额时：

成交总金额=商品价格×商品件数-总优惠额
　　　　=商品一口价×商品件数+正常购买时总运费-总优惠额

备注：订单类型分为正常购买、秒杀活动、团购、套餐4种。

根据营销活动计划，卖家可以设置满就送促销活动，如图3-22所示。具体包括添加、删除和修改操作。

卖家单击"添加"按钮，可以增加新的满就送促销活动，填写促销名称、选择活动限制范围和商品范围、填写金额要求并设置优惠金额；单击"删除"按钮，可删除不需要的满就送促销活动；也可以单击"修改"按钮，修改相应商品的满就送促销活动。

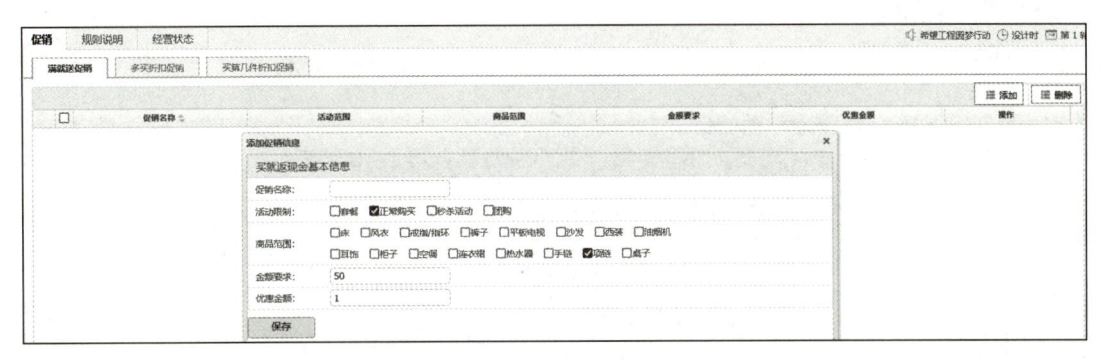

图3-22　设置满就送促销活动

【练一练】

商品一口价为5，商品件数为4，总运费为4，满20送3，成交总金额为多少？

（二）多买折扣促销

多买折扣促销是指买家一次性正常购买数量达到设定数量，成交总金额全部按折扣后金额付款的优惠活动。折扣后金额按照卖家填写的折扣数值享受，如八折就填写8。

成交总金额=商品价格×商品件数×折扣数值×0.1
　　　　=（商品一口价×商品件数+正常购买时总运费）×折扣数值×0.1

根据营销活动计划，卖家可以设置多买折扣促销活动，如图3-23所示。具体包括添加、删除和修改操作。

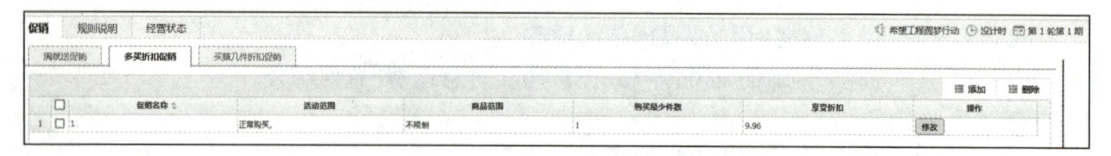

图 3-23　设置多买折扣促销活动

卖家单击"添加"按钮，可以增加新的多买折扣促销活动，填写促销名称、选择活动限制范围和商品范围、填写购买最少件数并设置享受折扣；单击"删除"按钮，删除不需要的多买折扣促销活动；也可以单击"修改"按钮，修改相应商品的多买折扣促销活动，如图 3-24 所示。

图 3-24　修改多买折扣促销活动

【练一练】

商品一口价为 5，商品件数为 4，总运费为 4，买 4 件打八折，成交总金额为多少？

（三）买第几件折扣促销

买第几件折扣促销是指设定一个件数（N），当购买的商品数量达到 N 时，本件商品即享受优惠折扣，下一件（第 $N+1$ 件）商品再重新计数，以此类推。折扣额直接填写折扣数值，如八折就填写 8。

成交总金额=商品价格×商品件数-单个优惠金额×优惠商品数量
单个优惠金额=商品价格×（1-折扣数值×0.1）
优惠商品数量=商品件数/N（向下取整）

根据营销活动计划，卖家可以设置买第几件折扣促销活动，如图 3-25 所示。具体包括添加、删除和修改操作。

图 3-25　设置买第几件折扣促销活动

卖家单击"添加"按钮，可以增加新的买第几件折扣促销活动，填写促销名称、选择活动限制范围和商品范围、填写件数 N 并设置享受折扣，如图 3-26 所示；单击"删除"按钮，删除不需要的买第几件折扣促销活动；也可以单击"修改"按钮，修改相应商品的买第几件折扣促销活动。

图 3-26　添加买第几件折扣促销活动

【练一练】

商品一口价为 5，商品件数为 4，总运费为 4，第 3 件打五折，成交总金额为多少？

任务四 站外推广

任务目标

1. 能够熟练掌握常见的站外推广渠道，并了解各个渠道的优劣。
2. 能够根据需求制订站外推广策略，提高网店的曝光率，获取站外付费流量。
3. 具备信息收集和信息分析能力。
4. 具备团队协作和数据分析能力。

任务分析

除了可以采用常见的站内推广方式，也可以采用站外推广方式给网店引入流量。应研究各个站外推广渠道的异同，分析它们的优劣，进而根据企业营销策略制订站外推广策略，做好站外推广，以增加销量。

一、站外推广机制

在"电商沙盘"系统中，站外推广是指卖家根据经营需求，对已经筹建完成的 B 店发布的商品，选择百度、网络广告联盟、央视 3 种媒体中的一种或多种进行推广，用来吸引品牌人群购买，增加店铺人气和商品人气。

B 店可以通过站外推广获得流量，而 C 店不可以进行站外推广。站外推广只能吸引品牌人群购买，品牌人群出现的时间节点为第 3 轮第 2 期，在此之前没有品牌人群的购买需求。

"站外推广"模块是网店每期均需完成的工作。

媒体影响力是指一种商品在某种媒体的影响下获得该媒体的影响力度。品牌人群通过媒体影响力引流，卖家只要中标站外推广媒体广告，流量就进入 B 店，从而获得成交机会。

媒体影响力取决于"影响力度"指标，中标的卖家获得相应媒体的影响力度。在每个经营期，网店在某种商品上可以获得的媒体最大影响力度组合，包括百度（排名第一为 20）、网络广告联盟（微博为 7，微信为 8，论坛为 6）、央视（黄金时段为 40，午间时段为 12，晚间时段为 6），合计 99，约占总媒体影响力度（193）的 51.3%，如表 3-8 所示。

表 3-8　媒体基本信息

媒体	媒体时段	中标类型	影响力度	单组单期最大影响力度组合	最低投放额度
百度	排名第一	排序中标	20	20	5
百度	排名第二		18	/	5
百度	排名第三		15	/	5
百度	排名第四		13	/	5
百度	排名第五		11	/	5
百度	排名第六		10	/	5
百度	排名第七		9	/	5
百度	排名第八		7	/	5
百度	排名第九		6	/	5
百度	排名第十		5	/	5
网络广告联盟	微博	价高者获得	7	7	5
网络广告联盟	微信		8	8	5
网络广告联盟	论坛		6	6	5
央视	黄金时段	价高者获得	40	40	5
央视	午间时段		12	12	5
央视	晚间时段		6	6	5
单期合计			193	99	

二、站外媒体投放

投标时，需要支付相应的投标保证金。除百度推广外，投标价高者中标，未中标则退回所有保证金。百度推广会有 10 个卖家中标，并根据投标价高低排名。

站外媒体中标的卖家获得媒体影响力度后，能提高品牌人群成交指数，提升网店品牌人群成交百分比，即提高获得订单的概率。需要注意的是，未中标站外媒体的卖家将无法获得品牌人群的成交订单，即站外引流失败。卖家需要分析各媒体的影响力度和最低投放额度，根据网店的经营状况和营销策略选择合适的媒体进行推广，争取中标。

根据营销活动计划，卖家可以设置站外推广活动，如图 3-27 所示。具体包括添加、删除、编辑、递交投标和跳过操作。

卖家根据网店制订的媒体投标方案，单击"添加"按钮，增加新的媒体投标方案。媒体投放按照商品进行，中标的媒体影响力只对投标商品有效。卖家可以通过单击"删除"按钮，删除整个媒体投标方案，或者选择部分商品删除；也可以通过单击"编辑"按钮为需要调整媒体投放的商品修改推广方式和投标价格。完成媒体投放添加操作后，卖家可以单击"递交投标"按钮，提交媒体投标方案；如果网店不需要媒体投放，则单击"跳过"按钮，放弃当期站外推广。B 店完成筹建后，才能进行站外推广，在此之前无须做站外推广，此时可选择跳过站外推广。

图 3-27　设置站外推广活动

任务五　订单管理

任务目标

1. 能够根据网店运营情况选择合适的订单分发方式。
2. 能够根据订单的到达城市选择合适的配送中心发货。
3. 能够根据订单的到货期限合理安排货物出库顺序。
4. 能够及时进行货物签收。
5. 具备系统思考和独立思考的能力。
6. 明白电子商务中懂规则的重要性。

任务分析

站外推广结束后，需对本期获得的订单进行整理、分类，根据订单中商品的到达城市，选择合适的配送中心，设置好物流方式，根据商品到货期限和库存，合理安排商品出库。当买家收到货后，卖家需要及时进行货物签收工作，确保资金及时回流。

在“电商沙盘”系统结束站外推广后，系统会根据各网店的商品发布情况和推广方案进行订单的分发，生成各网店的订单信息，这时卖家就可以进入运营阶段了。“电商沙盘”系统的运营主要是指订单管理，包括订单分发、物流选择、货物出库和货物签收4个模块。

一、订单分发

在“电商沙盘”系统中，订单分发是指卖家对订单进行整理、分类后，根据商品的到达城市，选择合适的配送中心准备出库，分为手动分发和自动分发两种。订单分发是网店运营过程中的重要操作，订单处理得当不仅可以提高资金周转率，还可以尽可能地减小退单给网店带来的不利影响。

根据网店物流计划，卖家可以进行订单分发操作，如图3-28所示。具体包括订单分类查询、订单统计、配送中心信息、订单分发、分批自动分发和全部自动分发操作。

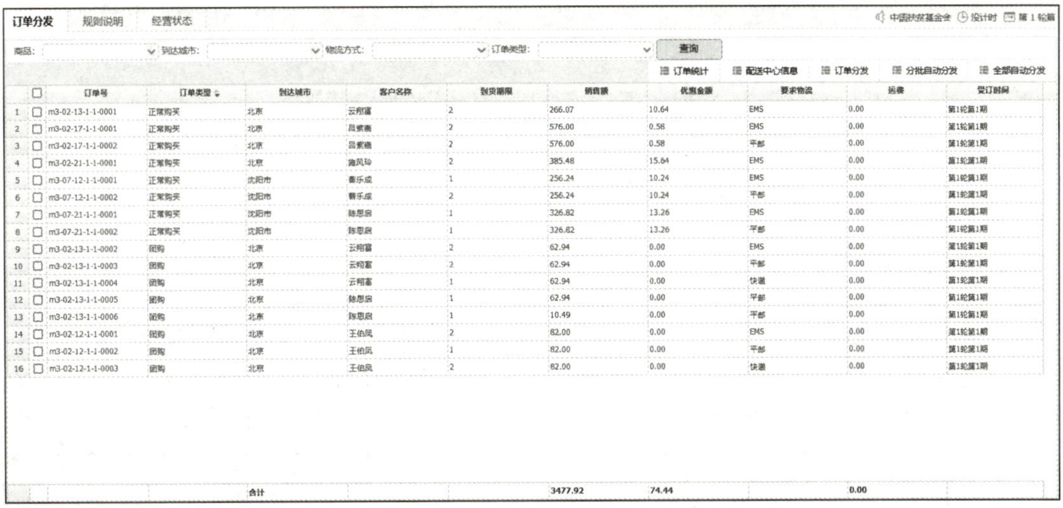

	订单号	订单类型	到达城市	客户名称	到货期限	销售额	优惠金额	要求物流	运费	受订时间
1	m3-02-13-1-1-0001	正常购买	北京	云翔富	2	266.07	10.64	EMS	0.00	第1轮第1期
2	m3-02-17-1-1-0001	正常购买	北京	吕紫薇	2	576.00	0.58	EMS	0.00	第1轮第1期
3	m3-02-17-1-1-0002	正常购买	北京	吕紫薇	2	576.00	0.58	平邮	0.00	第1轮第1期
4	m3-02-21-1-1-0001	正常购买	北京	施风玲	2	385.48	15.64	EMS	0.00	第1轮第1期
5	m3-07-12-1-1-0001	正常购买	沈阳市	鞠乐成	1	256.24	10.24	EMS	0.00	第1轮第1期
6	m3-07-12-1-1-0002	正常购买	沈阳市	鞠乐成	2	256.24	10.24	平邮	0.00	第1轮第1期
7	m3-07-21-1-1-0001	正常购买	沈阳市	陈思启	1	326.82	13.26	EMS	0.00	第1轮第1期
8	m3-07-21-1-1-0002	正常购买	沈阳市	陈思启	1	326.82	13.26	平邮	0.00	第1轮第1期
9	m3-02-13-1-1-0002	团购	北京	云翔富	2	62.94	0.00	EMS	0.00	第1轮第1期
10	m3-02-13-1-1-0003	团购	北京	云翔富	2	62.94	0.00	平邮	0.00	第1轮第1期
11	m3-02-13-1-1-0004	团购	北京	云翔富	1	62.94	0.00	快递	0.00	第1轮第1期
12	m3-02-13-1-1-0005	团购	北京	陈思启	1	62.94	0.00	平邮	0.00	第1轮第1期
13	m3-02-13-1-1-0006	团购	北京	陈思启	1	10.49	0.00	平邮	0.00	第1轮第1期
14	m3-02-12-1-1-0001	团购	北京	王伯凤	2	82.00	0.00	EMS	0.00	第1轮第1期
15	m3-02-12-1-1-0002	团购	北京	王伯凤	1	82.00	0.00	平邮	0.00	第1轮第1期
16	m3-02-12-1-1-0003	团购	北京	王伯凤	2	82.00	0.00	快递	0.00	第1轮第1期
			合计			3477.92	74.44		0.00	

图3-28　订单分发

卖家可以从订单分发页面了解网店的订单总数、到货期限、销售额、优惠金额及受订时间等。从图3-28可知，该网店订单的产生时间是第1轮第1期，包含8个正常购买订单和8个团购订单，有7个订单的到货期限为1，当期的销售额为3477.92，优惠金额为74.44，则交货后可以收款3403.48。卖家根据订单信息，结合库存情况，通过订单分发对订单进行分类处理，提高资金周转率，降低退单率。

卖家可以依据商品、到达城市、物流方式和订单类型分类查询订单信息。卖家可以单击“订单统计”按钮，查询不同时期商品销售的总数据，如图3-29所示。如果需要查询单个订单信息，那么卖家可以双击需要查询的订单，查看订单明细，如图3-30所示。

卖家可依据订单统计信息、订单明细和到货期限，结合库存情况制订订单分发方案。在库存允许的情况下，优先处理到货期限为1的订单。

		商品名	城市名称	合计数量	平均价格	合计金额
1	☐	桌子	北京	12	20.50	246.00
2	☐	油烟机	北京	32	15.08	528.32
3	☐	项链	北京	12	96.00	1152.00
4	☐	裤子	北京	46	8.38	385.48
5	☐	桌子	沈阳市	8	64.06	512.48
6	☐	裤子	沈阳市	78	8.38	653.64
			合计	188		3477.92

图 3-29　订单统计信息

商品	数量	价格	是否秒杀	是否保修	订单类型	商家编号
桌子	4	20.50	False	True	团购	

图 3-30　查看订单明细

（一）手动分发订单

手动分发需要卖家为每个订单选择货物出库的配送中心。卖家选择需要出库的订单，单击"订单分发"按钮，系统打开"配送中心信息列表"页面，然后选择需要出库的配送中心，单击"确定分发"按钮，系统完成对该订单的处理，如图 3-31 所示。

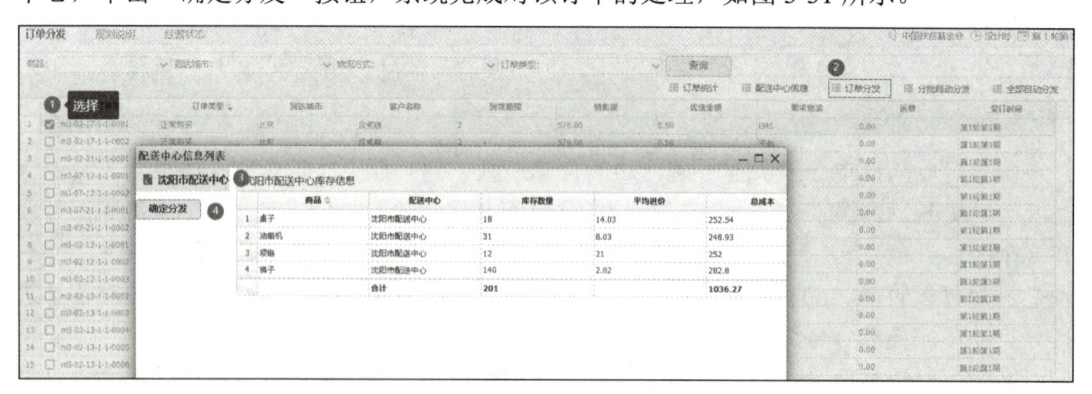

图 3-31　手动分发订单

（二）自动分发订单

自动分发按照订单的顺序，根据配送中心已设定好的配送范围，自动选择货物出库的配送中心。自动分发又可以分为分批自动分发和全部自动分发。

1. 分批自动分发

卖家根据网店经营需要，考虑库存、到货期限和销售额情况，选择需要处理的订单，单击"分批自动分发"按钮，系统提示"处理成功"，然后单击"确定"按钮，完成此次订单分发操作，如图 3-32 所示。如果后续还有订单需要处理，那么重复以上操作。

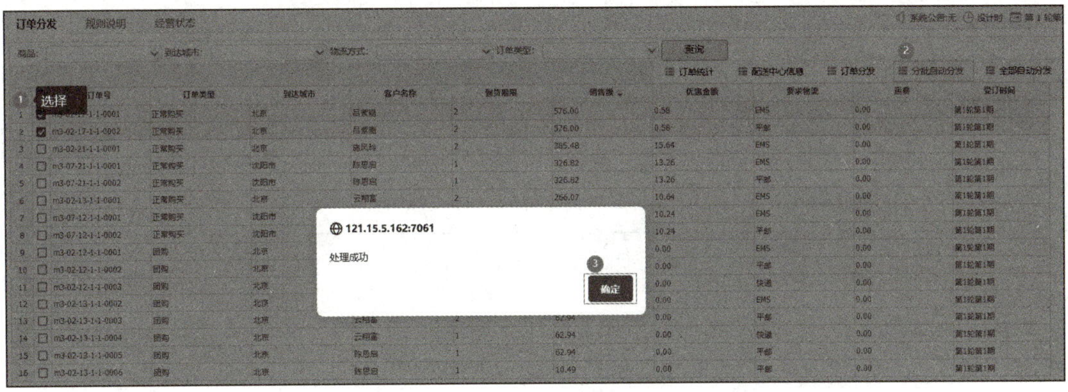

图 3-32 分批自动分发

2. 全部自动分发

卖家根据网店经营需要，先单击"全部自动分发"按钮，再在系统提示页面单击"确定"按钮，完成此次订单分发操作。注意，此操作不可逆。卖家在单击"确定"按钮前，如果不想全部自动分发，那么可以单击"取消"按钮。

二、物流选择

在"电商沙盘"系统中，物流选择是指对已经分发完毕的订单进行物流方式的分配和选择，做好货物出库准备前的物流准备工作，分为手动安排和自动安排两种。

物流公司有 EMS、蚂蚁快递和平邮。选择同种物流方式，交易达到一定数量和金额后，就可以享受折扣，如表 3-9 所示。

表 3-9 物流折扣

物流公司名称	最少交易次数	最少交易金额	享受折扣
EMS	12	50	9
蚂蚁快递	20	80	7
平邮	15	70	5

根据网店物流计划，卖家可以进行物流选择，如图 3-33 所示。具体包括订单分类查询、订单统计、配送中心信息、安排物流、分批自动安排和全部自动安排操作。

卖家可以依据商品、到达城市、物流方式分类查询订单信息。卖家可以单击"订单统计"按钮，查询不同时期商品销售的总数据。如果需要查询单个订单信息，那么卖家可以双击需要查询的订单，查看订单明细。

图 3-33　物流选择

卖家可依据订单统计信息、订单明细和到货期限，结合网店经营情况制订物流选择方案。在库存允许的情况下，优先处理到货期限为 1 的订单。

（一）手动安排物流

手动安排物流需要卖家为每个订单选择物流。卖家选择需要做物流选择的订单，单击"安排物流"按钮，系统打开"物流列表"页面，然后选择需要的物流方式，单击"选择物流"按钮，系统完成对该订单的物流选择处理。卖家也可以在这里查询物流折扣信息和物流路线的相关费用，如图 3-34 所示。

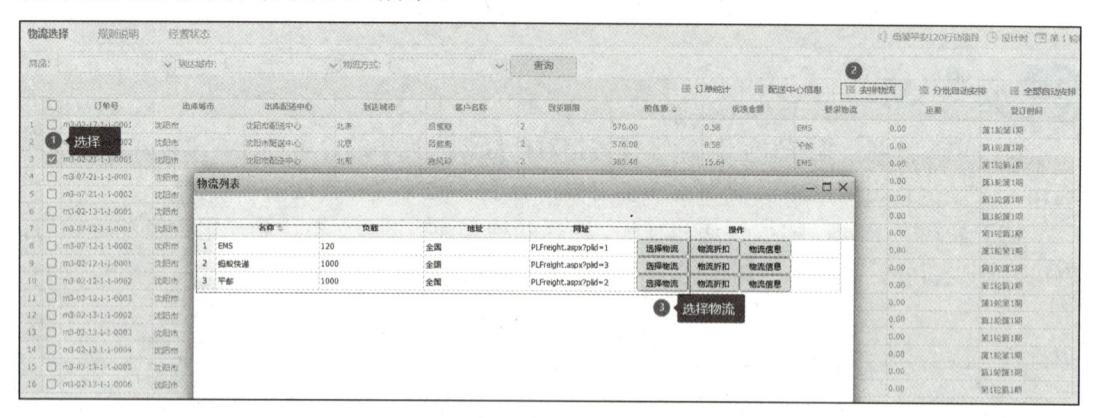

图 3-34　手动安排物流

（二）自动安排物流

自动安排物流是指按照配送中心已设定好的物流方式自动安排物流方式。自动安排又可以分为分批自动安排和全部自动安排。

1. 分批自动安排

卖家根据网店经营需要，考虑库存、到货期限和销售额情况，选择需要处理的订单，单击"分批自动安排"按钮，系统提示"处理成功"，然后单击"确定"按钮，完成此次订单物流的分批自动安排操作，如图 3-35 所示。如果后续还有订单需要处理，那么重复以上操作。

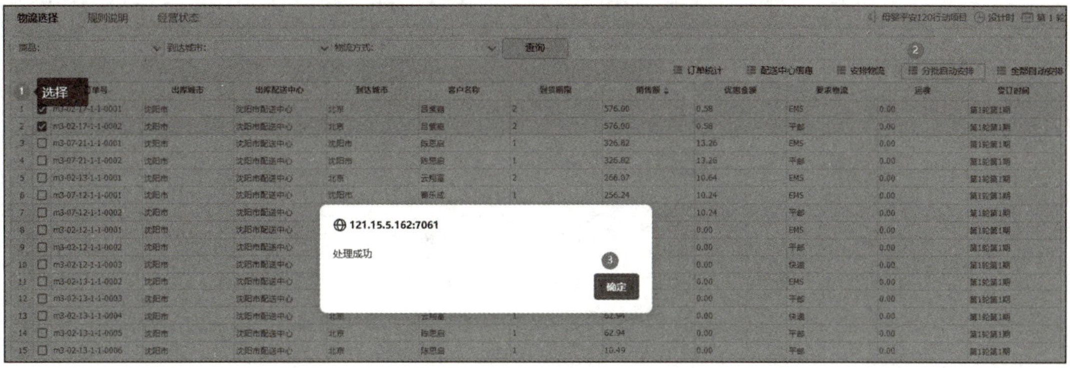

图 3-35 分批自动安排

2. 全部自动安排

卖家根据网店经营需要，先单击"全部自动安排"按钮，再在系统提示页面单击"确定"按钮，完成此次订单物流的全部自动安排操作。注意，此操作不可逆。卖家在单击"确定"按钮前，如果不想全部自动安排，那么可以单击"取消"按钮。

三、货物出库

在"电商沙盘"系统中，货物出库是指卖家根据订单的到货期限，合理安排商品出库，分为分批出库和全部出库两种。

物流公司有 EMS、平邮和蚂蚁快递，单位运输量是 5 件，每单不到 5 件按 5 件计算运费，超过 5 件的部分单独计算运费，如表 3-10 所示。

表 3-10 运价

物流公司名称	单位运价	单件加价	备注
EMS	1.2	0.192	距离为 1 时的运价标准
平邮	0.6	0.096	
蚂蚁快递	1.8	0.288	

运费=1×单位运价×距离+（订单的商品数-5）×单件加价×距离

部分城市间运价如表 3-11 所示。若选择蚂蚁快递，则运输周期为 2 期，即本期发货，下期到达；若选择 EMS，则运输周期为 3 期，即本期发货，隔 1 期到达；若选择平邮，则运输周期为 4 期，即本期发货，隔 2 期到达。

表 3-11　部分城市间运价

发货城市	目的城市	距离	平邮 单位运价	平邮 单件加价	EMS 单位运价	EMS 单件加价	蚂蚁快递 单位运价	蚂蚁快递 单件加价
沈阳	沈阳	1	0.6	0.1	1.2	0.19	1.8	0.29
	北京	2	1.2	0.19	2.4	0.38	3.6	0.58
	石家庄	3	1.8	0.29	3.6	0.58	5.4	0.86
	太原	4	2.4	0.38	4.8	0.77	7.2	1.15
	哈尔滨	4	2.4	0.38	4.8	0.77	7.2	1.15
	广州	9	5.4	0.86	10.8	1.73	16.2	2.59
	海口	11	6.6	1.06	13.2	2.11	19.8	3.17
	长沙	8	4.8	0.77	9.6	1.54	14.4	2.3
	上海	8	4.8	0.77	9.6	1.54	14.4	2.3
	杭州	7	4.2	0.67	8.4	1.32	12.6	2.02
	拉萨	10	6	0.96	12	1.92	18	2.88
	南京	7	4.2	0.67	8.4	1.32	12.6	2.02
	银川	5	3	0.48	6	0.96	9	1.44
	重庆	8	4.8	0.77	9.6	1.54	14.4	2.3
	贵阳	9	5.4	0.86	10.8	1.73	16.2	2.59
石家庄	北京	1	0.6	0.1	1.2	0.19	1.8	0.29
	太原	1	0.6	0.1	1.2	0.19	1.8	0.29
	哈尔滨	7	4.2	0.67	8.4	1.32	12.6	2.02
	上海	5	3	0.48	6	0.96	9	1.44
	杭州	4	2.4	0.38	4.8	0.77	7.2	1.15
	拉萨	8	4.8	0.77	9.6	1.54	14.4	2.3
	南京	4	2.4	0.38	4.8	0.77	7.2	1.15
	广州	6	3.6	0.58	7.2	1.15	10.8	1.73
广州	长沙	2	1.2	0.19	2.4	0.38	3.6	0.58
	海口	2	1.2	0.19	2.4	0.38	3.6	0.58
	上海	5	3	0.48	6	0.96	9	1.44
	杭州	4	2.4	0.38	4.8	0.77	7.2	1.15
	拉萨	8	4.8	0.77	9.6	1.54	14.4	2.3
	南京	4	2.4	0.38	4.8	0.77	7.2	1.15
	石家庄	6	3.6	0.58	7.2	1.15	10.8	1.73

【练一练】

有一个从沈阳发往北京的订单,商品是油烟机,数量是 6,该支付多少运费?(遵循四舍五入原则,保留两位小数)

根据网店物流计划,卖家可以进行货物出库操作,如图 3-36 所示。具体包括订单分类查询、订单统计、配送中心信息、分批出库、全部出库、修改出库仓库和修改物流方式操作。

卖家可以依据发货配送中心和到达城市查询订单信息。卖家可以单击"订单统计"按钮,查询不同时期商品销售的总数据。如果需要查询单个订单信息,那么卖家可以双击需要查询的订单,查看订单明细。

图 3-36 货物出库

货物出库时,系统会按照物流路线信息自动支付物流公司的实际运费。如果网店资金不足以支付运费,那么欠费的订单将不能完成货物出库,需要补足运费后重新出库。如果当前配送中心库存不足,那么可以进行库存调拨后再出库,或者单击"修改出库仓库"按钮,改由库存充足的配送中心发货。如果调拨后库存还不足,那么这些缺货的订单本期将不能完成货物出库,有被退单的风险。

1. 分批出库

分批出库需要卖家手动选择需要出库的订单。

卖家根据网店经营需要,考虑库存、到货期限和销售额情况,选择需要处理的订单,单击"分批出库"按钮,系统提示"您确定要出库吗?",如图 3-37 所示,然后单击"确定"按钮,完成此次订单的分批出库操作。如果需要修改出库订单,那么单击"取消"按钮,修正后再进行出库操作。如果后续还有订单需要处理,那么重复以上操作。出库完成后,系统会自动结算运费。

图 3-37　分批出库

2. 全部出库

全部出库可以完成订单的一键出库，并自动结算运费。

卖家根据网店经营需要，先单击"全部出库"按钮，再在系统提示页面单击"确定"按钮，完成此次订单的全部出库操作。注意，此操作不可逆。卖家在单击"确定"按钮前，如果不想全部出库，那么可以单击"取消"按钮。如果当前配送中心库存不足，那么系统会提示库存不足的订单号，而对于有库存的商品则完成出库和运费结算，如图 3-38 所示。

图 3-38　库存不足和运费结算

四、货物签收

在"电商沙盘"系统中，货物签收是指卖家根据不同物流方式的运输周期，在订单要求的到货期限之前到达的，由运营主管替买家签收，签收后货款直接到账。如果未在订单要求的到货期限之前到达，那么买家将拒绝签收。买家退货，运费由卖家承担，并影响卖家的企业信誉度和商品评价。如果在买家要求的到货期限满后仍未发货，那么对卖家的企业信誉度和商品评价造成的影响更大。在"电商沙盘"系统中，货物签收包括确认签收和结束签收两种操作。

1. 确认签收

卖家根据订单送达情况，单击"确认签收"按钮，系统提示"您确定要全部签收吗？"，单击"确定"按钮，完成订单的签收工作。如果后续还有订单需要处理，那么重复以上操作。

货物签收后，网店的现金会增加，增加的金额为确认签收订单的金额之和。如果网店现金不足，货物出库的运费无法支付，那么可以先确认签收订单，再进行货物出库操作。卖家确认签收所有订单后，需要单击"结束签收"按钮，结束货物签收工作。

2. 结束签收

货物签收过程中，卖家除了可以先进行确认签收，再进行结束签收，还可以直接结束签收，完成货物签收工作。"结束签收"模块是网店每期均需完成的工作。

卖家根据订单送达情况，直接单击"结束签收"按钮，系统提示"您确定要结束签收吗？结束签收后将不能再执行客户签收"，单击"确定"按钮，完成货物签收工作。结束签收后，本期将不能再继续执行客户签收。如果当期没有可签收的订单，那么卖家可以直接单击"结束签收"按钮，结束货物签收工作。

任务六　财务结算

任务目标

1. 能够根据网店运营情况进行融资管理。
2. 能够熟练掌握各种融资方式的还本付息方法。
3. 能够合理安排资金来支付每期的各项费用。
4. 具备严谨、实事求是的工作态度。

任务分析

财务是经营网店必不可少的环节，网店无论是否获得盈利都需按时支付人员工资和各种相关费用。随着网店运营的开展，网店不可避免地会遇到资金问题，此时需要根据情况采取适当的融资方式。

网店需要在每期解决好应收账款/应付账款、短期借款/还本付息、长期借款/还本付息、支付工资、支付相关费用、缴税等问题，之后才会被允许进入下一期，或者关账进入下一轮。

一、贷款处理

（一）应收账款/应付账款

应收账款包括由购买单位或接受劳务单位负担的税金、代买方垫付的各种运杂费等，这是伴随企业的销售行为发生而形成的债权。在"电商沙盘"系统中，网店在资金运转中需要接收的应收账款主要是签收时账期非0（为1期及1期以上）的销售额。

应付账款包括由买方负担的手续费和佣金等，是买卖双方在购销活动中由于取得物资与支付货款在时间上的不一致而产生的债务。在"电商沙盘"系统中，网店在资金运转中需要支付的应付账款主要是采购时享受账期非0的购买额。采购时享受账期非0，即采购投标时若满足供应商的促销方式，就会享受供应商给予的账期优惠，并出现应付账款，就是说可以先拿货，再在账期满时支付应付账款。应收账款/应付账款核算内容及操作方向如表3-12所示。

表3-12　应收账款/应付账款核算内容及操作方向

科目名称	核算内容	操作方向
应收账款	签收时账期非0	接收
应付账款	采购时享受账期非0	支付

"电商沙盘"系统已设置货物签收后销售额立刻到账，没有账期，采购时，不论采用哪种采购促销方式，享受账期都是0，即采购中标后立刻支付采购款。因此无须考虑应收账款/应付账款，但是此步骤不能忽略，需要单击"应收账款/应付账款"按钮，然后进行后续操作，否则系统会提示"应收账款/应付账款操作没有完成！不允许进行该操作！"。

网店每期均需更新应收账款/应付账款的账期，并接收/支付本期到期的应收账款/应付账款。"应收账款/应付账款"模块是网店每期均需完成的工作。

（二）短期借款/还本付息

在"电商沙盘"系统中，短期借款是网店运营过程中为解决资金短缺问题而短期借入资金的一种融资方式。

卖家根据网店经营发展需要，考虑资金使用情况，可选择短期借款进行融资。卖家单击"短期借款/还本付息"按钮，选择短期借款方式，在"短期贷款"或"民间融资"处选择贷款额度，然后单击"新贷款"按钮，完成短期借款操作。如果在经营过程中还需要进行短期借款融资，那么只要在贷款额度范围内，在本期任意一个时段都可以重复以上操作完成融资。

1. 贷款额度

短期借款以 100 为基本贷款单位，可借资金为 100 的倍数，限额为上轮所有者权益的 2 倍减去已借短期借款（此处暂不考虑长期借款）。模拟经营开始时，即第 1 轮第 1 期所有者权益为 500，还没有借款，此时贷款额度为 1000。除了可以在"短期借款/还本付息"选项下查看所有者权益这一指标的数值，还可以在"经营分析"模块下的"财务报表"页面中查询。

最大贷款额度（含已贷）= 权益×贷款权益倍数

贷款额度 = 贷款基数×倍数（1,2,3,...）   贷款基数：100

短期贷款额度 = 权益的 2 倍，并能被 100 整除的最大整数 − 已贷贷款

民间融资额度 = 权益的 2 倍，并能被 100 整除的最大整数 − 民间融资已贷款额

【练一练】

如图 3-39 所示，网店的权益为 500，已贷贷款为 300（已借短期贷款为 300），民间融资额度为 1000（已借民间融资为 1000），该网店本期还可以借多少短期贷款？

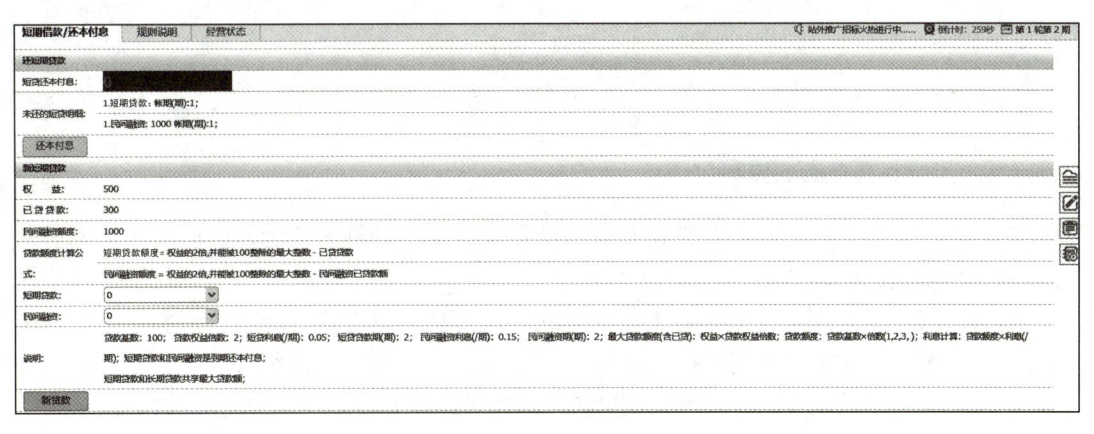

图 3-39 短期借款

2. 贷款时间

短期借款可以在每轮每期的任何时间借出，前提是网店在当轮当期的到期贷款已还本付息，且有贷款额度。

3. 还款期限

短期借款的还款期限为 2 期，即若在第 1 轮第 1 期借入短期借款，则需要在结束第 2 轮第 1 期时还清本息，否则将无法进入第 2 轮第 2 期，以此类推。系统会在进入下一期后自动更新短期借款数额并将借款账期缩短 1 期。

4. 还款方式

短期借款的还款方式为一次性还本付息，即网店借款后无须每期还款，而是在 2 期后一次性归还本金和利息。例如，第 1 轮第 1 期和第 2 期分别借入资金，则需要在第 2 轮第 1 期将第 1 轮第 1 期借入的贷款还本付息。此时，第 1 轮第 2 期借入的贷款可暂不归还，等到第 2 轮第 2 期再还本付息。

5. 贷款利息

短期贷款和民间融资这两种融资方式的贷款利息不同，短期贷款利息（/期）为 0.05，而民间融资利息（/期）为 0.15，如表 3-13 所示。

表 3-13　短期借款利息

融资方式	规定贷款时间	还贷规定	利息（/期）	贷款期
短期贷款	每期任何时间	到期一次还本付息	0.05	2 期
民间融资	每期任何时间	到期一次还本付息	0.15	2 期

（三）长期借款/还本付息

在"电商沙盘"系统中，长期借款是网店运营过程中为解决资金短缺问题而长期借入资金的一种融资方式。

财务主管更新长期借款账期，支付利息或还本付息，或者获得新贷款。卖家根据网店经营发展需要，考虑资金使用情况，可选择长期借款进行融资。卖家单击"还本/付息"按钮，偿还本金和利息（即使没有借长期借款，也需要操作，否则不能进行后续操作），开始新的长期借款。在"长期贷款"处选择贷款额度，单击"新贷款"按钮，完成贷款。

1. 贷款额度

长期借款以 100 为基本贷款单位，可借资金为 100 的倍数，限额为上轮所有者权益的 2 倍（减去已借短期贷款）减去已借长期贷款。因为短期贷款和长期贷款共享最大贷款额度，所以卖家在融资时需要统筹考虑融资计划。

最大贷款额度（含已贷）=权益×贷款权益倍数

贷款额度=贷款基数×倍数（1,2,3,…）　　贷款基数：100

长期贷款额度=权益的 2 倍，并能被 100 整除的最大整数-已贷贷款

【练一练】

如图 3-39 所示，网店的权益为 500，已贷贷款为 300（已借短期贷款为 300），民间融资额度为 1000（已借民间融资为 1000），该网店本期还可以借多少长期贷款？

2. 贷款时间

长期借款只有在每轮末才能申请，前提是当轮利息已还，且有贷款额度。如果当轮长期借款到期，则需要还清本金并支付当轮利息，且有贷款额度，才能申请新贷款。

3. 还款期限

长期借款的还款期限为 3 轮，系统会在进入下一轮后自动更新长期借款，并将贷款账期缩短 1 轮。若第 1 轮第 2 期借入长期借款，则需要在第 2 轮、第 3 轮末付息，在第 4 轮第 2 期末还清本金和剩余利息，否则将无法进入第 5 轮，以此类推。

4. 还款方式

长期借款的还款方式为先息后本，即网店在贷款后每轮均需支付当轮的利息，等 3 轮后归还本金和当轮利息。

5. 贷款利息

长期借款的还款规则是每轮付息，到期还本付息，利息（/轮）为 0.1。

二、财务支出

（一）支付工资

工资是指企业依据法律规定、行业规定或根据与员工之间的约定，以货币形式对员工的劳动所支付的报酬。网店在完成"招贤纳士"任务后，在每期运营结束进入下一期或每轮关账前均需支付工资，如图 3-40 所示。

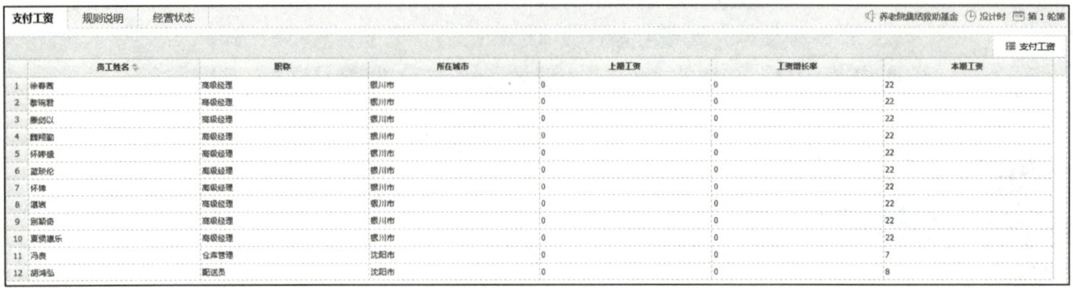

	员工姓名	职称	所在城市	上期工资	工资增长率	本期工资
1	徐春茜	高级经理	银川市	0	0	22
2	黎琬君	高级经理	银川市	0	0	22
3	滕剑以	高级经理	银川市	0	0	22
4	魏翔勤	高级经理	银川市	0	0	22
5	怀婵盛	高级经理	银川市	0	0	22
6	蓝耿伦	高级经理	银川市	0	0	22
7	怀锋	高级经理	银川市	0	0	22
8	湛崮	高级经理	银川市	0	0	22
9	别颖奇	高级经理	银川市	0	0	22
10	夏侯惠乐	高级经理	银川市	0	0	22
11	冯良	仓库管理	沈阳市	0	0	7
12	胡鸿弘	配送员	沈阳市	0	0	8

图 3-40　支付工资

（二）支付相关费用

网店在经营过程中常常会遇到各类费用的支出问题，包括租赁费、维修费、售后服务费、库存管理费、行政管理费等。对于相关费用，系统会自动结算，卖家需要按期支付。“支付相关费用”模块是网店每期均需完成的工作，如图 3-41 所示。

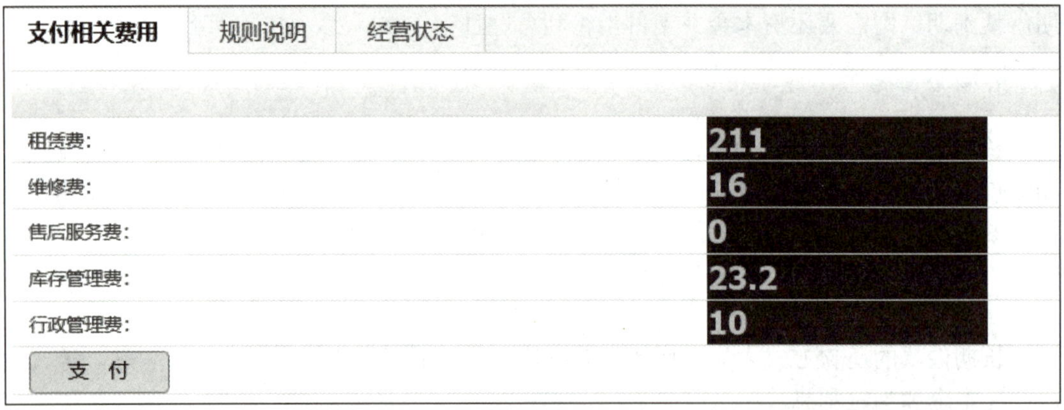

租赁费:	211
维修费:	16
售后服务费:	0
库存管理费:	23.2
行政管理费:	10

图 3-41　支付相关费用

第 1 轮第 1 期的租赁费、维修费在租赁办公场所和配送中心时完成支付。从第 1 轮第 2 期开始，若办公场所或配送中心未进行改建或搬迁，则租赁费、维修费在支付相关费用时一同支付。

1. 租赁费

租赁费是指网店以租赁的方式租入的营业用房、运输工具、仓库、低值易耗品、设备等所支付的费用。网店因租赁办公场所和配送中心需每期支付租赁费，费用多少根据办公场所类型及租赁配送中心时选择的城市和配送中心类型而定。租赁费汇总表如表 3-14 所示。

表 3-14 租赁费汇总表

名称	类型	租赁费
办公场所	普通	96
	豪华	160
配送中心	小型	32
	中型	36
	大型	40
	超级小型	96
	超级中型	192
	超级大型	384

2. 维修费

维修费是指企业对固定资产、低值易耗品的修理费用。网店涉及的维修费主要是办公场所和配送中心的维修费用，费用需按期支付，费用多少根据办公场所类型和配送中心类型而定。维修费汇总表如表 3-15 所示。

表 3-15 维修费汇总表

名称	类型	维修费
办公场所	普通	4
	豪华	8
配送中心	小型	3
	中型	4
	大型	8
	超级小型	12
	超级中型	25
	超级大型	51

3. 售后服务费

在商品出售时选择了售后服务且该商品被卖出时，才会产生售后服务费。

4. 库存管理费

当仓库中有商品未卖出时，需支付库存管理费。库存管理费汇总表如表 3-16 所示。

5. 行政管理费

每期都需要缴纳行政管理费，费用固定为 10。

表 3-16　库存管理费汇总表

商品	库存城市	最低数量	库存管理费	增加一件费用
裤子	全国	10	2	0.2
西装	全国	10	2	0.2
连衣裙	全国	10	2	0.2
桌子	全国	10	2	0.2
床	全国	10	2	0.2
柜子	全国	10	2	0.2
油烟机	全国	10	2	0.2
平板电视	全国	10	2	0.2
热水器	全国	10	2	0.2
空调	全国	10	2	0.2
项链	全国	10	2	0.2
手链	全国	10	2	0.2
戒指	全国	10	2	0.2

（三）缴税

缴税是根据国家各种税法的规定，集体或个人按照一定的比例把一部分所得缴纳给国家的行为。在"电商沙盘"系统中，网店在完成一轮经营后，在下一轮的第 1 期需要缴纳企业所得税、增值税、城市维护建设税[1]和教育费附加[2]，如图 3-42 所示。

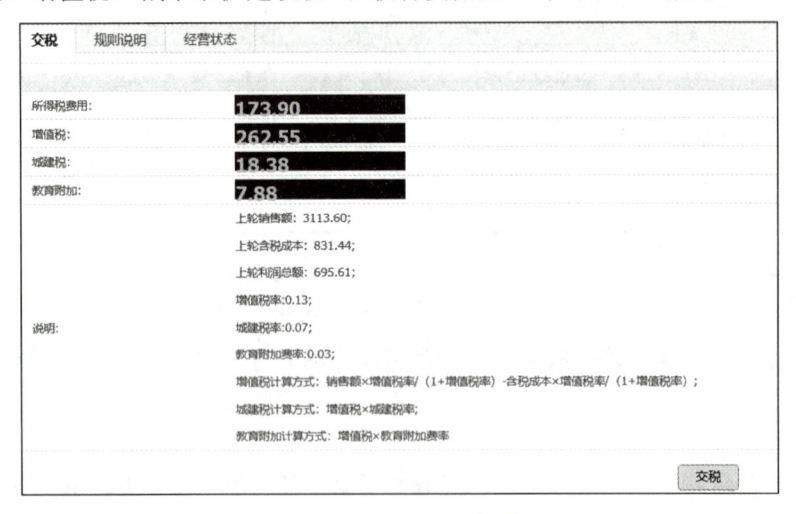

图 3-42　"交税"页面[3]

---

[1] 正确名称为"城市维护建设税"，本书软件截图中为"城建税"。
[2] 正确名称为"教育费附加"，本书软件截图中为"教育附加"。
[3] 正确名称为"缴税"，本书软件截图中为"交税"。

企业有了盈利，需要缴纳相关税费。网店的财务主管需要在每轮第1期（第1轮除外）根据利润表缴纳相应的企业所得税。企业所得税的税率为25%，在计算企业所得税前，税前利润需先弥补前5轮的亏损，然后根据税前利润（利润总额）乘以25%来缴纳。税费计算方法如表3-17所示。

表3-17　税费计算方法

税种	税率	计算方法	备注
企业所得税	25%	上轮利润总额×企业所得税税率	保留两位小数 （四舍五入）
增值税	13%	销售额×增值税税率/（1+增值税税率）-含税成本×增值税税率/（1+增值税税率）	
城市维护建设税	7%	增值税×城市维护建设税税率	
教育费附加	3%	增值税×教育费附加率	

【练一练】

已知上轮销售额为3113.60，含税成本为831.44，利润总额为695.61，分别计算企业所得税、增值税、城市维护建设税和教育费附加。

三、慈善捐款

在"电商沙盘"系统中，慈善捐款是卖家在网店运营过程中为提升企业影响力，即综合评价指数，而进行的捐款或资助活动。

通过捐款获得的综合评价指数=卖家社会慈善/市场社会慈善×100

"电商沙盘"系统内设了养老院集结救助基金、爱心基金、重建明天爱心基金、玉米爱心基金、军嫂爱心基金、新华爱心教育基金会、中国扶贫基金会、中国扶贫基金会小额信贷项目、母婴平安120行动项目、希望工程和希望工程圆满行动11类慈善项目。

卖家可以单击经营页面右上角小喇叭处的慈善信息提示，如图3-43所示。

图3-43　慈善信息提示

根据慈善捐款计划,卖家可以为慈善项目捐出一定的金额。

系统会不定期地推送慈善项目,一旦有卖家捐赠,系统就会提示"账号为:***的用户捐助了:**",如图3-44所示。此时,其他卖家就不能通过上面的慈善项目进行捐款了。

图 3-44　慈善捐款后的信息提示

一旦出现上述状况,如果卖家想捐款,那么有两种方式:一是等待系统推送下一条慈善信息;二是单击经营页面右侧的时间列表,根据慈善捐款计划,主动选择合适的慈善项目进行捐款。

四、财务关账

1. 进入下一期

在"电商沙盘"系统中,网店在完成每轮第 1 期经营后,需要单击"进入下一期"按钮,进入该轮第 2 期的经营。这种操作不可逆,所以卖家需要确保前期操作没有遗漏后再进入下一期的经营。

2. 关账

在"电商沙盘"系统中,每轮经营结束需进行关账,系统自动提供"利润表"和"资产负债表",根据得分规则自动计算当轮每组卖家的得分。

3. 进入下一轮

在"电商沙盘"系统中,网店在完成每轮第 2 期经营且网店的财务主管关账后,需要单击"进入下一轮"按钮,进入下一轮的经营。这种操作不可逆,所以卖家需要确保前期操作没有遗漏后再进入下一轮的经营。

拓 展 提 升

一、同步测试

1. 采购投标时,系统自动评判中标店铺,处于第一评判原则的是(　　　)。
   A. 同一种商品按照出价的高低依次进行交易

B. 与供应商的关系值高的优先成交

C. 媒体影响力高的优先成交

D. 社会慈善高低

2. 不同人群（品牌人群、综合人群、低价人群、犹豫不定人群）价格浮动率不同，下列说法正确的是（　　）。

  A. 综合人群、低价人群上浮 0.2

  B. 品牌人群、犹豫不定人群上浮 0.2

  C. 低价人群、犹豫不定人群上浮 0.1

  D. 综合人群、品牌人群上浮 0.1

3. 系统允许商品预售，但是预售数量不能超过（　　）件。

  A. 5　　　　　　B. 10　　　　　　C. 20　　　　　　D. 100

4. 每个标题最多（　　）个关键词，关键词之间用分号（;）隔开。

  A. 5　　　　　　B. 7　　　　　　C. 10　　　　　　D. 15

5. 卖家在进行推广时需要先制订推广计划。每个卖家最多可以制订（　　）个推广计划。

  A. 2　　　　　　B. 4　　　　　　C. 6　　　　　　D. 8

6. 每个 SEO 关键词不能超过（　　）个字。

  A. 5　　　　　　B. 10　　　　　　C. 15　　　　　　D. 20

7. 当 SEO 关键词匹配方式为完全匹配时，SEO 关键词匹配方式得分为（　　）。

  A. 0.2　　　　　B. 0.5　　　　　C. 1　　　　　　D. 2

8. 团购最少件数和最多件数分别是（　　）。

  A. 5、10　　　　B. 10、15　　　　C. 10、20　　　　D. 15、30

9. 秒杀的商品打（　　）折。

  A. 0.5　　　　　B. 一　　　　　C. 三　　　　　D. 五

10. 套餐可组合多种商品搭配出售，一个套餐最多包含（　　）种商品。

  A. 1　　　　　　B. 2　　　　　　C. 3　　　　　　D. 4

11. 商品一口价为 5，商品件数为 4，总运费为 4，第三件五折，成交总金额为（　　）。

  A. 15　　　　　B. 20　　　　　C. 21　　　　　D. 32

12. 下列关于物流运输方式的描述错误的是（　　）。

  A. 若选择蚂蚁快递，则运输周期为 2 期，即本期发货，下期到达

  B. 若选择 EMS，则运输周期为 3 期，即本期发货，隔 1 期到达

  C. 若选择平邮，则运输周期为 4 期，即本期发货，隔 2 期到达

  D. 以上都不正确

13. 需要支付运费的是（　　）环节。

  A. 订单分发　　　　　　　　　　B. 物流选择

  C. 货物出库　　　　　　　　　　D. 货物签收

14. 下列关于贷款利息的说法错误的是（　　）。
    A. 短期贷款利息（/期）：0.05　　　B. 民间融资利息（/期）：0.15
    C. 长期贷款利息（/期）：0.1　　　　D. 以上都不正确
15. 第 1 轮第 1 期出售项链数量为 6，网店的售后为选择保修，采用蚂蚁快递发货，需要支付的售后服务费是（　　）。
    A. 6　　　　　　B. 9　　　　　　C. 12　　　　　　D. 18
16. 第 1 轮第 1 期出售项链数量为 6，网店的售后为选择保修，采用蚂蚁快递发货，售后服务费需要支付到（　　）。
    A. 第 2 轮第 1 期　　　　　　　　B. 第 2 轮第 2 期
    C. 第 3 轮第 1 期　　　　　　　　D. 第 3 轮第 2 期

二、电商小课堂

学法敬法　诚信守法

近年来，国家非常重视电子商务行业发展，电子商务行业政策持续发力，覆盖农村电商、跨境电商、消费扶贫、知识产权等领域，全力助力行业加速发展。

2019 年 1 月 1 日起实施的《中华人民共和国电子商务法》和 2021 年 5 月 1 日起实施的《电子商务企业诚信档案评价规范》（SB/T 11227—2021）行业标准，进一步规范了电子商务活动，并促进了电子商务的发展。

诚信是中华民族的传统美德，是和谐社会的道德基础，是为人之本、立身处世之源。诚信是电商企业的灵魂，也是电商行业中最重要的品质之一。诚信可以建立起企业与消费者之间的信任，使消费者愿意购买企业的产品或服务。守法是指所有电商从业者都应增强法律意识，积极履行主体责任，规范经营，不得有任何违法违规行为。

【点评】
　　新时代的大学生传承着中华民族伟大复兴的希望，担负着建设未来的重任，将来走出校门、走向社会，无论从事任何职业，都应该懂得"清正廉洁"的价值，在头脑中根植"清正廉洁"的理念。离开了诚信，人就会言而无信；言而无信的人，是无法得到别人的信赖和尊重的。守法也是每个公民必须有的基本素质，是做人的起码要求。

项目四　电子商务沙盘实战模拟

项目导学

经营沙盘，开阔思维。
体验职位，放飞梦想。
亲力亲为，知错能进。
换位思考，合作进取。
你若不坚强，没人帮你分担。
你若不努力，没人给你让路。
使我痛苦者，必使我强大。

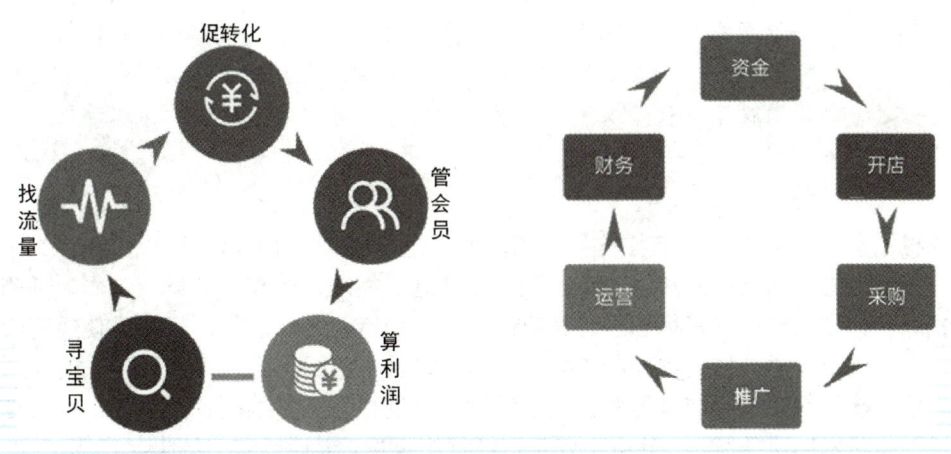

任务一 谋而后动,开拓进取——第 1 轮经营

任务目标

1. 理解市场需求,掌握各个经营环节的具体操作。
2. 读懂市场规则,掌握对竞争对手进行市场调查的方法。
3. 完成第 1 轮模拟经营,团队协作,创造良好开局。
4. 树立创新意识、创新精神。

任务分析

公司因发展需要,成立了线上事业部,开展电子商务产品营销工作,计划先借助国内知名电商平台搭建第三方零售网店(C 店),成熟后再进一步发展品牌网店(B 店)。公司任命你为即将开设的网店的负责人(店长),由你根据需要组建自己的团队,负责新网店的运营,公司将根据运营绩效进行考核,聘任考核期限为 5 个经营周期(或 5 轮,虚拟单位)。另外,通过市场调研获知该平台上目前有另外 9 家同类型的网店,你需要带领团队通过分析市场及经营数据制订运营方案,在未来连续 5 个经营周期内,通过与另外 9 家网店的竞争,逐渐实现网店利润的最大化,提高股东所有者权益,获得较高的公司考核绩效得分,争取连任。

模拟电子商务企业运营应当严格遵守运营规则,按照一定的运营流程进行。为了经营好企业,管理者应当做好预测、决策、预算、计划、控制、核算、分析等工作。预测、决策、预算、计划工作应当在每轮经营结束后、下一轮运营之前进行,目的是使经营活动有序进行,防止出现意外情况。控制主要是在运营过程中,根据运营流程和事先的计划进行销售经营。核算是在经营结束后对当轮的经营情况进行盘点,编制各种报表,反映当期的经营情况和轮末的财务状况。分析主要是在经营结束后,根据核实的结果与预算进行比较,找出差异,并对差异进行分析,以便以后更好地开展工作。

许多人在初次接触沙盘时,不知道该怎样在沙盘上操作,常常出现手忙脚乱的情况。本项目结合"电商沙盘"系统企业运营规则,解决运营过程中的操作问题。下面开始模拟经营,每轮按照统一的时间安排开展企业经营活动。各企业按照顺序进行经营操作,记录并填写相关表格。

一、创建网店

组建团队,完成网店创立的准备工作。请发挥团队的智慧,为自己的网店起个名字,设计一个响亮的创业口号,先声夺人,并把创意记录在表 4-1 中。

表 4-1　创立网店

网店名称			组别	
创业口号				
团队分工	职务	姓名	主要职责	
主要成员	店长			
	推广专员			
	运营主管			
	财务主管			

网店经营仅仅靠口号可不行,还需要有注册资金,否则一切都是空想。公平起见,每家企业获得的注册资本都是 500,有了资金的保证,就可以放心大胆地开始经营了。第 1 轮第 1 期期初资产负债表如表 4-2 所示。

表 4-2　第 1 轮第 1 期期初资产负债表

资产负债表						
资产				负债及所有者权益		
项目	表达式	上轮值	当轮值	项目	表达式	上轮值	当轮值
流动资产				流动负债			
货币资金	+	0	500	短期借款	+	0	
其他应收款	+	0		应付账款	+	0	
应收账款	+	0		预收账款	+	0	
存货				应交税费	+	0	
原材料	+	0		流动负债合计	=	0	
在途物资	+	0		非流动负债			
库存商品	+	0		长期借款	+	0	
发出商品	+	0		非流动负债合计	=	0	
流动资产合计	=	0	500	负债合计	=	0	
非流动资产				所有者权益			
固定资产原值				实收资本	+	0	500
土地和建筑	+	0		未分配利润	+	0	
机器和设备	+	0					
减:累计折旧	−	0					
固定资产账面价值	=	0					
在建工程	+	0					
非流动资产合计	=	0		所有者权益合计	=	0	500
资产总计	=	0	500	负债和所有者权益总计	=	0	500

二、网店经营

（一）第 1 轮第 1 期经营

1. 第 1 轮第 1 期规划

网店经营团队召开规划会议，网店的管理层需要根据对经营环节的分析，制订企业的战略，做出业务计划、投资方案和营销策划方案等经营规划，填写第 1 轮第 1 期计划书，如表 4-3 所示。

表 4-3　第 1 轮第 1 期计划书

类别	内容	具体分析
本轮经营目标	经营效果	
经营规划	业务计划	
	投资方案	
	营销策划方案	
计划落实记录		

2. 开始经营

（1）数据魔方分析。数据魔方为卖家提供不同类目商品的市场需求信息，即某类商品在不同城市的市场平均价格及 4 类不同需求人群的市场需求数量和基于大数据的关键词的相关信息，如表 4-4 所示。

表 4-4　第 1 轮第 1 期市场需求信息

商品名称	需求城市	市场平均价格	品牌人群需求数量	综合人群需求数量	低价人群需求数量	犹豫不定人群需求数量
桌子	沈阳	60.48	0	18	30	17
	北京	58.8	0	20	30	18
油烟机	北京	30.08	0	32	61	31
	沈阳	33.92	0	38	60	33
项链	北京	73.6	0	34	45	31
裤子	北京	8.08	0	192	316	178
	沈阳	7.28	0	210	261	166

备注：本节提供的市场数据是某次 10 组的经营数据，仅供参考，实战时以实际经营数据为准。

（2）供货市场分析。在"电商沙盘"系统中，只要经营的组数确定，那么每期的市场供应数值基本上是确定不变的，第 1 轮第 1 期市场供给数据如表 4-5 所示。

表 4-5　第 1 轮第 1 期市场供给数据

公司	商品	促销方式	数量（件）	单位体积	最低价格（/件）
黄金电子城	油烟机	数量大于：70 信誉度大于：60 享受账期：0 享受折扣：0.9	375	5	8
时尚服装厂	裤子	数量大于：70 信誉度大于：60 享受账期：0 享受折扣：0.9	2100	3	2
中意家具城	桌子	数量大于：300 信誉度大于：200 享受账期：0 享受折扣：0.6	210	10	14
周大福珠宝商	项链	数量大于：150 信誉度大于：120 享受账期：0 享受折扣：0.85	150	2	20

（3）经营活动。按照经营操作顺序进行具体的经营活动，并将活动情况记录在表 4-6～表 4-9 中。

表 4-6　采购计划

商品	采购数量	采购价格	采购预计资金	单位体积	预计体积	配送中心
油烟机				5		
裤子				3		
桌子				10		
项链				2		
合计						

表 4-7 资金预算表

序号	项目	具体开支目录	表达式	金额
期初		期初资金	+	
1	办公场所设立	改建 搬迁 租赁费 建筑维修费	−	
2	配送中心设立	改建 搬迁 租赁费 建筑维修费	−	
3	店铺开设	B 店筹建	−	
4	网店装修	网店装修模板选择	−	
5	采购投标	商品采购	−	
6	SEM 推广	推广保证金（充值）	−	
7	站外推广	媒体推广（投标）	−	
8	货物出库	物流费	−	
9	短期贷款/民间融资	短期借款	+	
	还本付息	利息	−	
10	支付工资	工资	−	
11	支付相关费用	租赁费、维修费、库存管理费、行政管理费	−	
		售后服务费	−	
12	慈善	捐款	−	
期末	缴税	税费	−	
	长期贷款	长期借款	+	
	还本付息	利息	−	
		借款需求合计		
		经营资金需求合计		

表 4-8　第 1 轮第 1 期经营活动记录表

序号	请按照顺序执行下列各项操作。每执行完一项操作，店长在相应空格内打"√"		第 1 期
	经营项目	操作要点	
期初	新期规划会议	店长召集团队召开规划会议	
	数据魔方分析	分析商品市场需求数据	
1	办公场所设立	办公城市、办公室类型选择，招贤纳士	
2	配送中心设立	配送中心城市、配送中心类型选择	
3	店铺开设	C 店开设、B 店筹建	
4	网店装修	网店装修模板选择	
5	采购投标	商品采购	
6	商品入库	商品入库	
7	商品发布	填写商品基本信息、商品物流信息及售后保障信息，发布商品	
8	SEO 优化	搜索引擎优化，优化标题关键词，每个商品最多 7 个关键词	
9	SEM 推广	搜索引擎推广，设置所销售商品相关关键词的竞价价格	
10	SEM 管理	根据推广计划，针对每种商品设计不同的推广组	
11	团购	设置某种商品的团购活动	
12	秒杀	设置某种商品的秒杀活动	
13	套餐	设置某种商品的套餐活动	
14	促销	设置某种商品的促销活动	
15	站外推广	选择百度、网络广告联盟、央视 3 种媒体中的一种或多种进行推广	
16	订单分发	将订单进行整理、分类后，根据到达城市，选择适当的配送中心准备出库	
17	物流选择	将已经指定配送中心的订单进行整理、分类，选择适当的物流方式准备出库	
18	货物出库	根据订单的到货期限，合理安排商品出库	
19	货物签收	根据不同物流方式的运输周期，对在订单要求的到货期限之内到达的订单实施签收	
20	应收账款/应付账款	更新应收账款或应付账款账期，接收或支付本期到期的应收账款和应付账款	
21	短期贷款/民间融资	更新短期借款账期或获得新的贷款	
	还本付息	还本付息	
22	支付工资	按期支付员工的工资	
23	支付相关费用	按期支付相应的租赁费、维修费、库存管理费、行政管理费	
		按期支付相应的售后服务费	
24	慈善	捐款	
轮末	缴税	缴纳相关税费	
	长期贷款	更新长期借款账期或获得新的贷款	
	还本付息	支付利息或还本付息	
	关账	每轮经营结束，轮末进行关账	

表 4-9　库存管理

商品	库存数量	所在仓库	未发单需求	差额
油烟机				
裤子				
桌子				
项链				

（4）填写第 1 轮第 1 期末相关报表，如表 4-10～表 4-14 所示。

表 4-10　第 1 轮第 1 期产品核算表

商品	销售数量	销售额	成本	毛利
油烟机				
裤子				
桌子				
项链				
合计				

表 4-11　第 1 轮第 1 期资金流动表

序号	项目	具体开支目录	表达式	金额
期初		期初资金	+	
1	办公场所设立	改建 搬迁 租赁费 建筑维修费	−	
2	配送中心设立	改建 搬迁 租赁费 建筑维修费	−	
3	店铺开设	B 店筹建	−	
4	网店装修	网店装修模板选择	−	
5	采购投标	商品采购	−	
6	SEM 推广	推广保证金（充值）	−	
7	站外推广	媒体推广（投标）	−	
8	货物出库	物流费	−	
9	货物签收	回款资金	+	
10	短期贷款/民间融资	短期借款	+	
	还本付息	利息	−	
11	支付工资	工资	−	
12	支付相关费用	租赁费、维修费、库存管理费、行政管理费 售后服务费	−	
13	慈善	捐款	−	
轮末	缴税	税费	−	
	长期贷款	长期借款	+	
	还本付息	利息	−	
合计				

表 4-12 第 1 轮第 1 期市场分析

目标人群		各小组市场占有率									
		A1	A2	A3	A4	A5	A6	A7	A8	A9	A10
综合人群	油烟机										
	裤子										
	桌子										
	项链										
	总占比										
低价人群	油烟机										
	裤子										
	桌子										
	项链										
	总占比										
犹豫不定人群	油烟机										
	裤子										
	桌子										
	项链										
	总占比										
品牌人群	油烟机										
	裤子										
	桌子										
	项链										
	总占比										

表 4-13 企业信息

企业信誉度		班级总信誉度	
店铺总人气		班级店铺总人气	
总媒体影响力		班级总媒体影响力	
社会慈善		班级社会慈善	
店铺视觉值		班级店铺视觉值	
B2C 模式		办公场所驻地影响	
员工经验值		员工业务能力	

表 4-14 排行榜

项目小组	A1	A2	A3	A4	A5	A6	A7	A8	A9	A10
净利润										
总资产										
慈善										

（二）第 1 轮第 2 期经营

1. 第 1 轮第 2 期规划

新的一期即将开始，网店的管理层需要根据对第 1 轮第 1 期经营环节和竞争对手的分析做出相应调整，填写第 1 轮第 2 期计划书，如表 4-15 所示。

表 4-15　第 1 轮第 2 期计划书

类别	内容	具体分析
本轮经营目标	经营效果	
经营规划	业务计划	
	投资方案	
	营销策划方案	
计划落实记录		

2. 开始经营

（1）数据魔方分析。数据魔方为卖家提供不同类目商品的市场需求信息，即某类商品在不同城市的市场平均价格及 4 类不同需求人群的市场需求数量和基于大数据的关键词的相关信息，如表 4-16 所示。

表 4-16　第 1 轮第 2 期市场需求信息

商品名称	需求城市	市场平均价格	品牌人群需求数量	综合人群需求数量	低价人群需求数量	犹豫不定人群需求数量
床	沈阳	36.8	0	20	25	15
	北京	41.2	0	20	25	17
桌子	沈阳	52.68	0	21	29	21
	北京	56.53	0	23	35	25
油烟机	北京	26.5	0	37	67	33
	沈阳	31.5	0	46	54	31
项链	沈阳	75.24	0	20	32	18
	北京	83.16	0	20	26	16
裤子	北京	7.68	0	233	323	196
	沈阳	6.99	0	158	291	184

备注：本节提供的市场数据是某次 10 组的经营数据，仅供参考，实战时以实际经营数据为准。

（2）供货市场分析。在"电商沙盘"系统中，只要经营的组数确定，那么每期的市场供应数值基本上是确定不变的，第 1 轮第 2 期市场供给数据如表 4-17 所示。

表 4-17　第 1 轮第 2 期市场供给数据

公司	商品	促销方式	数量（件）	单位体积	最低价格(/件)
黄金电子城	油烟机	数量大于：200 信誉度大于：200 享受账期：0 享受折扣：0.8	408	5	7.36
时尚服装厂	裤子	数量大于：300 信誉度大于：200 享受账期：0 享受折扣：0.6	2109	3	1.92
中意家具城	床	数量大于：300 信誉度大于：200 享受账期：0 享受折扣：0.6	195	10	10
中意家具城	桌子	数量大于：100 信誉度大于：100 享受账期：0 享受折扣：0.9	237	10	13.72
周大福珠宝商	项链	数量大于：70 信誉度大于：60 享受账期：0 享受折扣：0.9	201	2	19.8

（3）经营活动。按照经营操作顺序进行具体的经营活动，并将活动情况记录在表 4-18～表 4-22 中。

表 4-18　第 1 轮第 2 期市场调查表

项目小组		A1	A2	A3	A4	A5	A6	A7	A8	A9	A10
定价与数量	油烟机										
	裤子										
	床										
	桌子										
	项链										
促销策略											

107

表 4-19 采购计划

商品	采购数量	采购价格	采购预计资金	单位体积	预计体积	配送中心
油烟机				5		
裤子				3		
床				10		
桌子				10		
项链				2		
合计						

表 4-20 资金预算表

序号	请按照顺序执行下列各项操作，在相应空格内填入资金需求计划			
	项目	具体开支目录	表达式	金额
期初		期初资金	+	
1	办公场所设立	改建 搬迁 租赁费 建筑维修费	−	
2	配送中心设立	改建 搬迁 租赁费 建筑维修费	−	
3	店铺开设	B 店筹建	−	
4	网店装修	网店装修模板选择	−	
5	采购投标	商品采购	−	
6	SEM 推广	推广保证金（充值）	−	
7	站外推广	媒体推广（投标）	−	
8	货物出库	物流费	−	
9	短期贷款/民间融资	短期借款	+	
	还本付息	利息	−	
10	支付工资	工资	−	
11	支付相关费用	租赁费、维修费、库存管理费、行政管理费	−	
		售后服务费	−	
12	慈善	捐款	−	
期末	缴税	税费	−	
	长期贷款	长期借款	+	
	还本付息	利息	−	
	借款需求合计			
	经营资金需求合计			

表4-21　第1轮第2期经营活动记录表

序号		经营项目	操作要点	第2期
期初		新期规划会议	店长召集团队召开规划会议	
		数据魔方分析	分析商品市场需求数据	
1		办公场所设立	办公城市、办公室类型选择，招贤纳士	
2		配送中心设立	配送中心城市、配送中心类型选择	
3		店铺开设	C店开设、B店筹建	
4		网店装修	网店装修模板选择	
5		采购投标	商品采购	
6		商品入库	商品入库	
7		商品发布	填写商品基本信息、商品物流信息及售后保障信息，发布商品	
8		SEO优化	搜索引擎优化，优化标题关键词，每个商品最多7个关键词	
9		SEM推广	搜索引擎推广，设置所销售商品相关关键词的竞价价格	
10		SEM管理	根据推广计划，针对每种商品设计不同的推广组	
11		团购	设置某种商品的团购活动	
12		秒杀	设置某种商品的秒杀活动	
13		套餐	设置某种商品的套餐活动	
14		促销	设置某种商品的促销活动	
15		站外推广	选择百度、网络广告联盟、央视3种媒体中的一种或多种进行推广	
16		订单分发	将订单进行整理、分类后，根据到达城市，选择适当的配送中心准备出库	
17		物流选择	将已经指定配送中心的订单进行整理、分类，选择适当的物流方式准备出库	
18		货物出库	根据订单的到货期限，合理安排商品出库	
19		货物签收	根据不同物流方式的运输周期，对在订单要求的到货期限之内到达的订单实施签收	
20		应收账款/应付账款	更新应收账款或应付账款账期，接收或支付本期到期的应收账款和应付账款	
21		短期贷款/民间融资	更新短期借款账期或获得新的贷款	
		还本付息	还本付息	
22		支付工资	按期支付员工的工资	
23		支付相关费用	按期支付相应的租赁费、维修费、库存管理费、行政管理费	
			按期支付相应的售后服务费	
24		慈善	捐款	
轮末		缴税	缴纳相关税费	
		长期贷款	更新长期借款账期或获得新的贷款	
		还本付息	支付利息或还本付息	
		关账	每轮经营结束，轮末进行关账	

表 4-22　库存管理

商品	库存数量	所在仓库	未发单需求	差额
油烟机				
裤子				
床				
桌子				
项链				

（4）填写第 1 轮第 2 期末相关报表，如表 4-23～表 4-27 所示。

表 4-23　第 1 轮第 2 期产品核算表

商品	销售数量	销售额	成本	毛利
油烟机				
裤子				
床				
桌子				
项链				
合计				

表 4-24　第 1 轮第 2 期资金流动表

序号	请按照顺序执行下列各项操作，在相应空格内填入资金变动情况			
	项目	具体开支目录	表达式	金额
期初		期初资金	+	
1	办公场所设立	改建 搬迁 租赁费 建筑维修费	−	
2	配送中心设立	改建 搬迁 租赁费 建筑维修费	−	
3	店铺开设	B 店筹建	−	
4	网店装修	网店装修模板选择	−	
5	采购投标	商品采购	−	
6	SEM 推广	推广保证金（充值）	−	
7	站外推广	媒体推广（投标）	−	
8	货物出库	物流费	−	
9	货物签收	回款资金	+	
10	短期贷款/民间融资	短期借款	+	
	还本付息	利息	−	
11	支付工资	工资	−	
12	支付相关费用	租赁费、维修费、库存管理费、行政管理费	−	
		售后服务费	−	
13	慈善	捐款	−	
轮末	缴税	税费	−	
	长期贷款	长期借款	+	
	还本付息	利息	−	
		合计		

表4-25　第1轮第2期市场分析

目标人群		各小组市场占有率									
		A1	A2	A3	A4	A5	A6	A7	A8	A9	A10
综合人群	油烟机										
	裤子										
	床										
	桌子										
	项链										
	总占比										
低价人群	油烟机										
	裤子										
	床										
	桌子										
	项链										
	总占比										
犹豫不定人群	油烟机										
	裤子										
	床										
	桌子										
	项链										
	总占比										
品牌人群	油烟机										
	裤子										
	床										
	桌子										
	项链										
	总占比										

表4-26　企业信息

企业信誉度		班级总信誉度	
店铺总人气		班级店铺总人气	
总媒体影响力		班级总媒体影响力	
社会慈善		班级社会慈善	
店铺视觉值		班级店铺视觉值	
B2C 模式		办公场所驻地影响	
员工经验值		员工业务能力	

表 4-27 排行榜

项目小组	A1	A2	A3	A4	A5	A6	A7	A8	A9	A10
净利润										
总资产										
慈善										

三、轮末总结研讨

"团结就是力量"这句话至今仍然是许多企业制胜的法宝。一个集体如果不团结就像一盘散沙,只有团结一心、众志成城才能克服种种困难,战胜对手。在模拟经营的各个环节,都需要多个岗位的共同协作。

前进的过程中会有许多挫折和问题。遇到挫折时是"越挫越勇"还是"失望放弃"?发现问题时是"携手共进"还是"相互指责"?企业经营不佳时是"妙手回春"还是"坐以待毙"?经营过程中是"诚实守信"还是"投机取巧"?不同的思想状态、不同的选择方式、不同的应对策略,必然有不同的结果。

1. 财务分析

根据网店经营财务报表情况填写表 4-28 和表 4-29。

表 4-28 第 1 轮利润表

利润表			
项目	表达式	上轮值	当轮值
营业收入	+	0	
减:营业成本	−	0	
营业税金及附加	−	0	
销售费用	−	0	
管理费用	−	0	
财务费用	−	0	
营业利润	=	0	
加:营业外收入	+	0	
减:营业外支出	−	0	
利润总额	=	0	
减:所得税费用	−	0	
净利润	=	0	

表 4-29　第 1 轮资产负债表

资产负债表							
资产				负债及所有者权益			
项目	表达式	上轮值	当轮值	项目	表达式	上轮值	当轮值
流动资产				流动负债			
货币资金	+	0		短期借款	+	0	
其他应收款	+	0		应付账款	+	0	
应收账款	+	0		预收账款	+	0	
存货				应交税费	+	0	
原材料	+	0		流动负债合计	=	0	
在途物资	+	0		非流动负债			
库存商品	+	0		长期借款	+	0	
发出商品	+	0		非流动负债合计	=	0	
流动资产合计	=	0		负债合计	=	0	
非流动资产				所有者权益			
固定资产原值				实收资本	+	0	
土地和建筑	+	0		未分配利润	+	0	
机器和设备	+	0					
减：累计折旧	−	0					
固定资产账面价值	=	0					
在建工程	+	0					
非流动资产合计	=	0		所有者权益合计	=	0	
资产总计	=	0		负债和所有者权益总计	=	0	

2. 小组述职

述职环节要求：

（1）CEO（店长）组织本轮述职工作。

（2）每个角色本着实事求是的原则，就自己现任职务履职的成绩、问题和经验进行阐述。

（3）时间限定在 1 分钟内，全部人员完成述职限定在 5 分钟内。

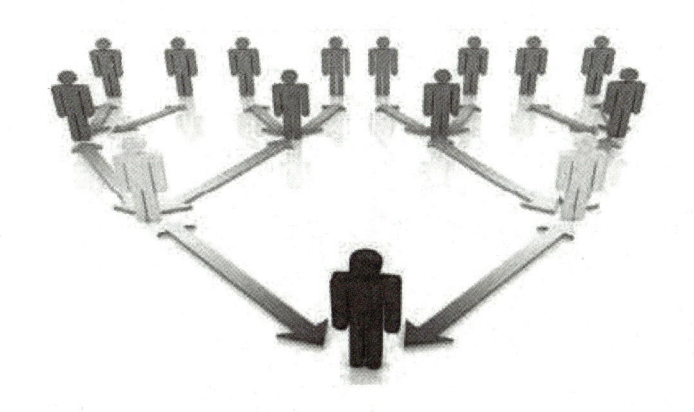

这是你们自主当家的第 1 轮，感觉如何？是不是有收益的一轮？你们的战略执行得怎样？将你的感想记录下来和团队分享，如表 4-30 所示。

表 4-30　第 1 轮总结与反思

1．学会了什么？记录知识点：
2．企业经营遇到了哪些问题？
3．计划评价：
4．下一轮准备如何改进？

任务二　调查研究，提高实力——第 2 轮经营

任务目标

1. 读懂市场，掌握调查竞争对手的方法。
2. 完成第 2 轮模拟经营，会运用数据，有效使用策略、技巧。
3. 具备信息收集、信息分析的能力。

任务分析

在网店第 1 轮的模拟经营中，团队经历了许多挑战和收获，取得了一定程度的成就。新的一轮开始之前，店长要带领团队完成制订第 2 轮的网店发展规划工作。作为网店负责人，你需要不断提升管理水平、优化业务流程，与团队成员密切合作，调整经营策略，实现网店的可持续发展。

一、网店经营

（一）第 2 轮第 1 期经营

1. 第 2 轮第 1 期规划

新的一轮即将开始，网店的管理层需要根据对第 1 轮第 2 期经营环节和竞争对手的分析做出相应调整，填写第 2 轮第 1 期计划书，如表 4-31 所示。

表 4-31　第 2 轮第 1 期计划书

类别	内容	具体分析
本轮经营目标	经营效果	
经营规划	业务计划	
	投资方案	
	营销策划方案	
计划落实记录		

2. 开始经营

（1）数据魔方分析。数据魔方为卖家提供不同类目商品的市场需求信息，即某类商品在不同城市的市场平均价格及 4 类不同需求人群的市场需求数量和基于大数据的关键词的相关信息，如表 4-32 所示。

表 4-32　第 2 轮第 1 期市场需求信息

商品名称	需求城市	市场平均价格	品牌人群需求数量	综合人群需求数量	低价人群需求数量	犹豫不定人群需求数量
床	北京	35.33	0	24	32	22
	沈阳	36.06	0	26	33	20
桌子	沈阳	53.22	0	20	35	21
	北京	58.06	0	21	38	25
油烟机	太原	29.38	0	19	28	18
	北京	25.3	0	16	26	17
	沈阳	29.38	0	20	29	17
	石家庄	28.56	0	17	27	17
平板电视	石家庄	25.68	0	17	33	17
	沈阳	23.76	0	21	33	22
	北京	24.72	0	23	27	16
项链	北京	80.75	0	16	34	20
	沈阳	81.54	0	27	34	22
裤子	北京	7.36	0	95	125	85
	沈阳	7.8	0	84	161	90
	太原	7.21	0	103	146	83
	石家庄	7.88	0	109	135	77

备注：本节提供的市场数据是某次 10 组的经营数据，仅供参考，实战时以实际经营数据为准。

（2）供货市场分析。在"电商沙盘"系统中，只要经营的组数确定，那么每期的市场供应数值基本上是确定不变的，第 2 轮第 1 期市场供给数据如表 4-33 所示。

表 4-33　第 2 轮第 1 期市场供给数据

公司	商品	促销方式	数量（件）	单位体积	最低价格（/件）
黄金电子城	油烟机	数量大于：100 信誉度大于：100 享受账期：0 享受折扣：0.9	387	5	6.8
黄金电子城	平板电视	数量大于：200 信誉度大于：200 享受账期：0 享受折扣：0.8	315	6	6
时尚服装厂	裤子	数量大于：300 信誉度大于：200 享受账期：0 享受折扣：0.6	2014	3	1.84
中意家具城	床	数量大于：200 信誉度大于：200 享受账期：0 享受折扣：0.8	244	10	9.2
中意家具城	桌子	数量大于：200 信誉度大于：200 享受账期：0 享受折扣：0.8	231	10	13.44
周大福珠宝商	项链	数量大于：160 信誉度大于：150 享受账期：0 享受折扣：0.85	235	2	19.6

（3）经营活动。按照经营操作顺序进行具体的经营活动，并将活动情况记录在表 4-34～表 4-38 中。

表4-34　第2轮第1期市场调查表

项目小组		A1	A2	A3	A4	A5	A6	A7	A8	A9	A10
定价与数量	油烟机										
	平板电视										
	裤子										
	床										
	桌子										
	项链										
促销策略											

表4-35　采购计划

商品	采购数量	采购价格	采购预计资金	单位体积	预计体积	配送中心
油烟机				5		
平板电视				6		
裤子				3		
床				10		
桌子				10		
项链				2		
合计						

表4-36　资金预算表

序号	项目	具体开支目录	表达式	金额
		请按照顺序执行下列各项操作，在相应空格内填入资金需求计划		
期初		期初资金	+	
1	办公场所设立	改建 搬迁 租赁费 建筑维修费	-	
2	配送中心设立	改建 搬迁 租赁费 建筑维修费	-	
3	店铺开设	B店筹建	-	
4	网店装修	网店装修模板选择	-	
5	采购投标	商品采购	-	
6	SEM推广	推广保证金（充值）	-	
7	站外推广	媒体推广（投标）	-	
8	货物出库	物流费	-	

续表

序号	请按照顺序执行下列各项操作，在相应空格内填入资金需求计划			
	项目	具体开支目录	表达式	金额
9	短期贷款/民间融资	短期借款	+	
	还本付息	利息	−	
10	支付工资	工资	−	
11	支付相关费用	租赁费、维修费、库存管理费、行政管理费	−	
		售后服务费	−	
12	慈善	捐款	−	
期末	缴税	税费	−	
	长期贷款	长期借款	+	
	还本付息	利息	−	
	借款需求合计			
	经营资金需求合计			

表 4-37　第 2 轮第 1 期经营活动记录表

序号	请按照顺序执行下列各项操作。每执行完一项操作，店长在相应空格内打"√"		
	经营项目	操作要点	第 1 期
期初	新期规划会议	店长召集团队召开规划会议	
	数据魔方分析	分析商品市场需求数据	
1	办公场所设立	办公城市、办公室类型选择，招贤纳士	
2	配送中心设立	配送中心城市、配送中心类型选择	
3	店铺开设	C 店开设、B 店筹建	
4	网店装修	网店装修模板选择	
5	采购投标	商品采购	
6	商品入库	商品入库	
7	商品发布	填写商品基本信息、商品物流信息及售后保障信息，发布商品	
8	SEO 优化	搜索引擎优化，优化标题关键词，每个商品最多 7 个关键词	
9	SEM 推广	搜索引擎推广，设置所销售商品相关关键词的竞价价格	
10	SEM 管理	根据推广计划，针对每种商品设计不同的推广组	
11	团购	设置某种商品的团购活动	
12	秒杀	设置某种商品的秒杀活动	
13	套餐	设置某种商品的套餐活动	
14	促销	设置某种商品的促销活动	
15	站外推广	选择百度、网络广告联盟、央视 3 种媒体中的一种或多种进行推广	
16	订单分发	将订单进行整理、分类后，根据到达城市，选择适当的配送中心准备出库	
17	物流选择	将已经指定配送中心的订单进行整理、分类，选择适当的物流方式准备出库	

续表

序号	经营项目	操作要点	第1期
\multicolumn{3}{c	}{请按照顺序执行下列各项操作。每执行完一项操作，店长在相应空格内打"√"}	
18	货物出库	根据订单的到货期限，合理安排商品出库	
19	货物签收	根据不同物流方式的运输周期，对在订单要求的到货期限之内到达的订单实施签收	
20	应收账款/应付账款	更新应收账款或应付账款账期，接收或支付本期到期的应收账款和应付账款	
21	短期贷款/民间融资	更新短期借款账期或获得新的贷款	
21	还本付息	还本付息	
22	支付工资	按期支付员工的工资	
23	支付相关费用	按期支付相应的租赁费、维修费、库存管理费、行政管理费	
23	支付相关费用	按期支付相应的售后服务费	
24	慈善	捐款	
轮末	缴税	缴纳相关税费	
轮末	长期贷款	更新长期借款账期或获得新的贷款	
轮末	还本付息	支付利息或还本付息	
轮末	关账	每轮经营结束，轮末进行关账	

表4-38 库存管理

商品	库存数量	所在仓库	未发单需求	差额
油烟机				
平板电视				
裤子				
床				
桌子				
项链				

（4）填写第2轮第1期末相关报表，如表4-39～表4-43所示。

表4-39 第2轮第1期产品核算表

商品	销售数量	销售额	成本	毛利
油烟机				
平板电视				
裤子				
床				
桌子				
项链				
合计				

表 4-40 第 2 轮第 1 期资金流动表

序号	请按照顺序执行下列各项操作，在相应空格内填入资金变动情况			
	项目	具体开支目录	表达式	金额
期初		期初资金	+	
1	办公场所设立	改建 搬迁 租赁费 建筑维修费	−	
2	配送中心设立	改建 搬迁 租赁费 建筑维修费	−	
3	店铺开设	B 店筹建	−	
4	网店装修	网店装修模板选择	−	
5	采购投标	商品采购	−	
6	SEM 推广	推广保证金（充值）	−	
7	站外推广	媒体推广（投标）	−	
8	货物出库	物流费	−	
9	货物签收	回款资金	+	
10	短期贷款/民间融资	短期借款	+	
	还本付息	利息	−	
11	支付工资	工资	−	
12	支付相关费用	租赁费、维修费、库存管理费、行政管理费	−	
		售后服务费	−	
13	慈善	捐款	−	
轮末	缴税	税费	−	
	长期贷款	长期借款	+	
	还本付息	利息	−	
合计				

表 4-41　第 2 轮第 1 期市场分析

目标人群		各小组市场占有率									
		A1	A2	A3	A4	A5	A6	A7	A8	A9	A10
综合人群	油烟机										
	平板电视										
	裤子										
	床										
	桌子										
	项链										
	总占比										
低价人群	油烟机										
	平板电视										
	裤子										
	床										
	桌子										
	项链										
	总占比										
犹豫不定人群	油烟机										
	平板电视										
	裤子										
	床										
	桌子										
	项链										
	总占比										
品牌人群	油烟机										
	平板电视										
	裤子										
	床										
	桌子										
	项链										
	总占比										

表 4-42 企业信息

企业信誉度		班级总信誉度	
店铺总人气		班级店铺总人气	
总媒体影响力		班级总媒体影响力	
社会慈善		班级社会慈善	
店铺视觉值		班级店铺视觉值	
B2C 模式		办公场所驻地影响	
员工经验值		员工业务能力	

表 4-43 排行榜

项目小组	A1	A2	A3	A4	A5	A6	A7	A8	A9	A10
净利润										
总资产										
慈善										

（二）第 2 轮第 2 期经营

1. 第 2 轮第 2 期规划

新的一期即将开始，网店的管理层需要根据对第 2 轮第 1 期经营环节和竞争对手的分析做出相应调整，填写第 2 轮第 2 期计划书，如表 4-44 所示。

表 4-44 第 2 轮第 2 期计划书

类别	内容	具体分析
本轮经营目标	经营效果	
经营规划	业务计划	
	投资方案	
	营销策划方案	
计划落实记录		

2. 开始经营

（1）数据魔方分析。数据魔方为卖家提供不同类目商品的市场需求信息，即某类商品在不同城市的市场平均价格及 4 类不同需求人群的市场需求数量和基于大数据的关键词的相关信息，如表 4-45 所示。

表 4-45 第 2 轮第 2 期市场需求信息

商品名称	需求城市	市场平均价格	品牌人群需求数量	综合人群需求数量	低价人群需求数量	犹豫不定人群需求数量
床	北京	33.66	0	17	26	16
床	沈阳	36.04	0	15	28	18
床	石家庄	33.66	0	19	26	16
桌子	沈阳	53.17	0	18	23	17
桌子	北京	55.8	0	19	27	18
油烟机	石家庄	26.71	0	20	32	19
油烟机	北京	22.96	0	22	29	20
油烟机	沈阳	26.71	0	19	32	17
平板电视	沈阳	19.44	0	13	26	16
平板电视	北京	22.9	0	20	27	18
平板电视	石家庄	20.09	0	16	25	15
平板电视	太原	20.09	0	17	26	13
项链	北京	79.15	0	23	45	24
项链	沈阳	77.6	0	29	36	23
裤子	北京	6.69	0	78	133	67
裤子	石家庄	7.04	0	92	126	89
裤子	太原	7.76	0	84	135	81
裤子	沈阳	7.18	0	65	138	79
西装	北京	16	0	36	74	41
西装	石家庄	15.84	0	38	70	44
西装	沈阳	15.52	0	38	75	46
西装	太原	15.2	0	48	76	41

备注：本节提供的市场数据是某次 10 组的经营数据，仅供参考，实战时以实际经营数据为准。

（2）供货市场分析。在"电商沙盘"系统中，只要经营的组数确定，那么每期的市场供应数值基本上是确定不变的，第 2 轮第 2 期市场供给数据如表 4-46 所示。

表 4-46 第 2 轮第 2 期市场供给数据

公司	商品	促销方式	数量（件）	单位体积	最低价格（/件）
黄金电子城	油烟机	数量大于：150 信誉度大于：120 享受账期：0 享受折扣：0.85	312	5	6.24

123

续表

公司	商品	促销方式	数量（件）	单位体积	最低价格(/件)
黄金电子城	平板电视	数量大于：100 信誉度大于：100 享受账期：0 享受折扣：0.9	360	6	5.4
时尚服装厂	裤子	数量大于：300 信誉度大于：200 享受账期：0 享受折扣：0.6	1816	3	1.76
时尚服装厂	西装	数量大于：100 信誉度大于：100 享受账期：0 享受折扣：0.9	1005	3	4
中意家具城	床	数量大于：150 信誉度大于：120 享受账期：0 享受折扣：0.85	273	10	8.5
中意家具城	桌子	数量大于：160 信誉度大于：150 享受账期：0 享受折扣：0.85	189	10	13.16
周大福珠宝商	项链	数量大于：200 信誉度大于：200 享受账期：0 享受折扣：0.8	253	2	19.4

（3）经营活动。按照经营操作顺序进行具体的经营活动，并将活动情况记录在表4-47～表4-51中。

表4-47　第2轮第2期市场调查表

项目小组		A1	A2	A3	A4	A5	A6	A7	A8	A9	A10
定价与数量	油烟机										
	平板电视										
	裤子										
	西装										
	床										
	桌子										
	项链										
促销策略											

表4-48 采购计划

商品	采购数量	采购价格	采购预计资金	单位体积	预计体积	配送中心
油烟机				5		
平板电视				6		
裤子				3		
西装				3		
床				10		
桌子				10		
项链				2		
合计						

表4-49 资金预算表

序号	项目	具体开支目录	表达式	金额
期初		期初资金	+	
1	办公场所设立	改建 搬迁 租赁费 建筑维修费	-	
2	配送中心设立	改建 搬迁 租赁费 建筑维修费	-	
3	店铺开设	B店筹建	-	
4	网店装修	网店装修模板选择	-	
5	采购投标	商品采购	-	
6	SEM推广	推广保证金（充值）	-	
7	站外推广	媒体推广（投标）	-	
8	货物出库	物流费	-	
9	短期贷款/民间融资	短期借款	+	
	还本付息	利息	-	
10	支付工资	工资	-	
11	支付相关费用	租赁费、维修费、库存管理费、行政管理费	-	
		售后服务费	-	
12	慈善	捐款	-	
	缴税	税费	-	
期末	长期贷款	长期借款	+	
	还本付息	利息	-	
	借款需求合计			
	经营资金需求合计			

表 4-50　第 2 轮第 2 期经营活动记录表

序号	经营项目	操作要点	第 2 期
期初	新期规划会议	店长召集团队召开规划会议	
	数据魔方分析	分析商品市场需求数据	
1	办公场所设立	办公城市、办公室类型选择，招贤纳士	
2	配送中心设立	配送中心城市、配送中心类型选择	
3	店铺开设	C 店开设、B 店筹建	
4	网店装修	网店装修模板选择	
5	采购投标	商品采购	
6	商品入库	商品入库	
7	商品发布	填写商品基本信息、商品物流信息及售后保障信息，发布商品	
8	SEO 优化	搜索引擎优化，优化标题关键词，每个商品最多 7 个关键词	
9	SEM 推广	搜索引擎推广，设置所销售商品相关关键词的竞价价格	
10	SEM 管理	根据推广计划，针对每种商品设计不同的推广组	
11	团购	设置某种商品的团购活动	
12	秒杀	设置某种商品的秒杀活动	
13	套餐	设置某种商品的套餐活动	
14	促销	设置某种商品的促销活动	
15	站外推广	选择百度、网络广告联盟、央视 3 种媒体中的一种或多种进行推广	
16	订单分发	将订单进行整理、分类后，根据到达城市，选择适当的配送中心准备出库	
17	物流选择	将已经指定配送中心的订单进行整理、分类，选择适当的物流方式准备出库	
18	货物出库	根据订单的到货期限，合理安排商品出库	
19	货物签收	根据不同物流方式的运输周期，对在订单要求的到货期限之内到达的订单实施签收	
20	应收账款/应付账款	更新应收账款或应付账款账期，接收或支付本期到期的应收账款和应付账款	
21	短期贷款/民间融资	更新短期借款账期或获得新的贷款	
	还本付息	还本付息	
22	支付工资	按期支付员工的工资	
23	支付相关费用	按期支付相应的租赁费、维修费、库存管理费、行政管理费	
		按期支付相应的售后服务费	
24	慈善	捐款	
轮末	缴税	缴纳相关税费	
	长期贷款	更新长期借款账期或获得新的贷款	
	还本付息	支付利息或还本付息	
	关账	每轮经营结束，轮末进行关账	

表 4-51　库存管理

商品	库存数量	所在仓库	未发单需求	差额
油烟机				
平板电视				
裤子				
西装				
床				
桌子				
项链				

（4）填写第 2 轮第 2 期末相关报表，如表 4-52～表 4-56 所示。

表 4-52　第 2 轮第 2 期产品核算表

商品	销售数量	销售额	成本	毛利
油烟机				
平板电视				
裤子				
西装				
床				
桌子				
项链				
合计				

表 4-53　第 2 轮第 2 期资金流动表

序号	请按照顺序执行下列各项操作，在相应空格内填入资金变动情况			表达式	金额
^	项目	具体开支目录	^	^
期初	期初资金		+	
1	办公场所设立	改建 搬迁 租赁费 建筑维修费	-	
2	配送中心设立	改建 搬迁 租赁费 建筑维修费	-	
3	店铺开设	B 店筹建	-	
4	网店装修	网店装修模板选择	-	
5	采购投标	商品采购	-	
6	SEM 推广	推广保证金（充值）	-	

续表

序号	项目	具体开支目录	表达式	金额
7	站外推广	媒体推广（投标）	-	
8	货物出库	物流费	-	
9	货物签收	回款资金	+	
10	短期贷款/民间融资	短期借款	+	
	还本付息	利息	-	
11	支付工资	工资	-	
12	支付相关费用	租赁费、维修费、库存管理费、行政管理费	-	
		售后服务费	-	
13	慈善	捐款	-	
轮末	缴税	税费	-	
	长期贷款	长期借款	+	
	还本付息	利息	-	
合计				

请按照顺序执行下列各项操作，在相应空格内填入资金变动情况

表 4-54　第 2 轮第 2 期市场分析

目标人群		各小组市场占有率									
		A1	A2	A3	A4	A5	A6	A7	A8	A9	A10
综合人群	油烟机										
	平板电视										
	裤子										
	西装										
	床										
	桌子										
	项链										
	总占比										
低价人群	油烟机										
	平板电视										
	裤子										
	西装										
	床										
	桌子										
	项链										
	总占比										

续表

目标人群		各小组市场占有率										
		A1	A2	A3	A4	A5	A6	A7	A8	A9	A10
犹豫不定人群	油烟机										
	平板电视										
	裤子										
	西装										
	床										
	桌子										
	项链										
	总占比										
品牌人群	油烟机										
	平板电视										
	裤子										
	西装										
	床										
	桌子										
	项链										
	总占比										

表4-55 企业信息

企业信誉度		班级总信誉度	
店铺总人气		班级店铺总人气	
总媒体影响力		班级总媒体影响力	
社会慈善		班级社会慈善	
店铺视觉值		班级店铺视觉值	
B2C模式		办公场所驻地影响	
员工经验值		员工业务能力	

表4-56 排行榜

项目小组	A1	A2	A3	A4	A5	A6	A7	A8	A9	A10
净利润										
总资产										
慈善										

二、轮末总结研讨

1. 财务分析

根据网店经营财务报表情况填写表4-57和表4-58。

表 4-57　第 2 轮利润表

利润表			
项目	表达式	上轮值	当轮值
营业收入	+		
减：营业成本	−		
营业税金及附加	−		
销售费用	−		
管理费用	−		
财务费用	−		
营业利润	=		
加：营业外收入	+		
减：营业外支出	−		
利润总额	=		
减：所得税费用	−		
净利润	=		

表 4-58　第 2 轮资产负债表

资产负债表							
资产				负债及所有者权益			
项目	表达式	上轮值	当轮值	项目	表达式	上轮值	当轮值
流动资产				流动负债			
货币资金	+			短期借款	+		
其他应收款	+			应付账款	+		
应收账款	+			预收账款	+		
存货				应交税费	+		
原材料	+			流动负债合计	=		
在途物资	+			非流动负债			
库存商品	+			长期借款	+		
发出商品	+			非流动负债合计	=		
流动资产合计	=			负债合计	=		
非流动资产				所有者权益			
固定资产原值				实收资本	+		
土地和建筑	+			未分配利润	+		
机器和设备	+						
减：累计折旧	−						
固定资产账面价值	=						
在建工程	+						
非流动资产合计	=			所有者权益合计	=		
资产总计	=			负债和所有者权益总计	=		

2. 小组述职

述职环节要求：

（1）CEO（店长）组织本轮述职工作。

（2）每个角色本着实事求是的原则，就自己现任职务履职的成绩、问题和经验进行阐述。

（3）时间限定在 1 分钟内，全部人员完成述职限定在 5 分钟内。

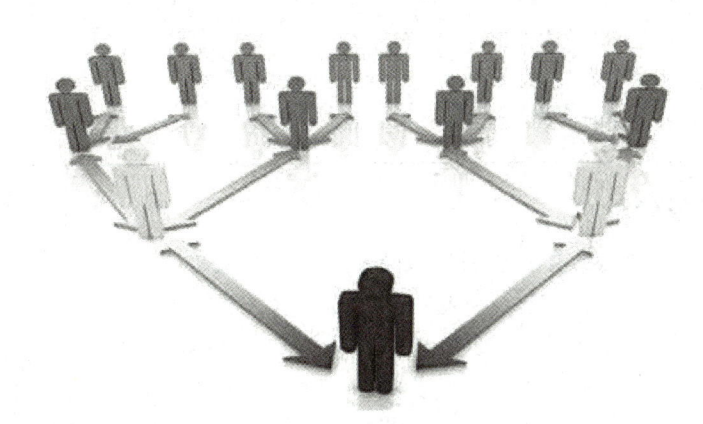

现在已经是第 2 轮结束，你肯定获得了很多不同于第 1 轮的感受，渐渐从感性走向理性。将你的感想记录下来和团队分享，如表 4-59 所示。

表 4-59　第 2 轮总结与反思

1. 学会了什么？记录知识点：
2. 企业经营遇到了哪些问题？
3. 计划评价：
4. 下一轮准备如何改进？

任务三　差异竞争，多元发展——第 3 轮经营

任务目标

1. 读懂市场，寻找"蓝海"市场。
2. 完成第 3 轮模拟经营，结合经营数据，寻找经营中遇到问题的解决方法。
3. 具备数据分析、数据运用的能力。

任务分析

在网店第 2 轮的模拟经营中，团队经历了许多挑战和收获，取得了一定程度的成就。新的一轮开始之前，店长要带领团队完成制订第 3 轮的网店发展规划工作。作为网店负责人，你需要不断提升管理水平、优化业务流程，与团队成员密切合作，调整经营策略，实现网店的可持续发展。

一、网店经营

（一）第 3 轮第 1 期经营

1. 第 3 轮第 1 期规划

新的一轮即将开始，网店的管理层需要根据对第 2 轮第 2 期经营环节和竞争对手的分析做出相应调整，填写第 3 轮第 1 期计划书，如表 4-60 所示。

表 4-60　第 3 轮第 1 期计划书

类别	内容	具体分析
本轮经营目标	经营效果	
经营规划	业务计划	
	投资方案	
	营销策划方案	
计划落实记录		

2. 开始经营

（1）数据魔方分析。数据魔方为卖家提供不同类目商品的市场需求信息，即某类商品在不同城市的市场平均价格及4类不同需求人群的市场需求数量和基于大数据的关键词的相关信息，如表4-61所示。

表 4-61　第 3 轮第 1 期市场需求信息

商品名称	需求城市	市场平均价格	品牌人群需求数量	综合人群需求数量	低价人群需求数量	犹豫不定人群需求数量
床	北京	32.76	0	16	27	13
床	沈阳	29.02	0	20	28	18
床	石家庄	33.38	0	16	25	16
桌子	石家庄	52.04	0	7	11	6
桌子	北京	54.61	0	7	11	6
桌子	沈阳	56.16	0	6	13	7
油烟机	北京	21.2	0	12	18	10
油烟机	沈阳	23.04	0	12	18	12
油烟机	石家庄	23.73	0	11	20	10
平板电视	北京	18.86	0	18	33	16
平板电视	石家庄	18.27	0	19	28	19
平板电视	沈阳	19.44	0	15	27	13
平板电视	太原	19.83	0	15	32	19
项链	沈阳	72.96	0	15	23	14
项链	石家庄	81.41	0	16	24	15
项链	北京	70.66	0	16	29	16
手链	北京	66.96	0	8	10	6
手链	沈阳	72.72	0	6	11	6
手链	石家庄	76.32	0	7	10	6
裤子	北京	7.28	0	44	79	53
裤子	沈阳	7.34	0	58	76	47
裤子	哈尔滨	7.21	0	43	80	48
裤子	广州	6.66	0	48	75	43
裤子	石家庄	7.34	0	48	74	38
裤子	太原	7.21	0	36	74	47
西装	广州	15.67	0	34	50	26
西装	沈阳	14.9	0	30	53	32
西装	石家庄	15.36	0	38	56	31
西装	北京	14.75	0	40	50	31
西装	太原	14.28	0	33	51	33
西装	哈尔滨	14.28	0	37	50	36

备注：本节提供的市场数据是某次 10 组的经营数据，仅供参考，实战时以实际经营数据为准。

（2）供货市场分析。在"电商沙盘"系统中，只要经营的组数确定，那么每期的市场供应数值基本上是确定不变的，第 3 轮第 1 期市场供给数据如表 4-62 所示。

表 4-62　第 3 轮第 1 期市场供给数据

公司	商品	促销方式	数量（件）	单位体积	最低价格(/件)
黄金电子城	油烟机	数量大于：300 信誉度大于：200 享受账期：0 享受折扣：0.6	183	5	5.76
黄金电子城	平板电视	数量大于：100 信誉度大于：100 享受账期：0 享受折扣：0.9	375	6	4.86
时尚服装厂	裤子	数量大于：160 信誉度大于：150 享受账期：0 享受折扣：0.85	1516	3	1.7
时尚服装厂	西装	数量大于：100 信誉度大于：100 享受账期：0 享受折扣：0.9	1042	3	3.84
中意家具城	床	数量大于：70 信誉度大于：60 享受账期：0 享受折扣：0.9	280	10	7.8
中意家具城	桌子	数量大于：300 信誉度大于：200 享受账期：0 享受折扣：0.6	111	10	12.88
周大福珠宝商	项链	数量大于：150 信誉度大于：120 享受账期：0 享受折扣：0.85	253	2	19.2
周大福珠宝商	手链	数量大于：70 信誉度大于：60 享受账期：0 享受折扣：0.9	105	2	18

（3）经营活动。按照经营操作顺序进行具体的经营活动，并将活动情况记录在表 4-63～表 4-67 中。

表 4-63　第 3 轮第 1 期市场调查表

项目小组		A1	A2	A3	A4	A5	A6	A7	A8	A9	A10
定价与数量	油烟机										
	平板电视										
	裤子										
	西装										
	床										
	桌子										
	项链										
	手链										
促销策略											

表 4-64　采购计划

商品	采购数量	采购价格	采购预计资金	单位体积	预计体积	配送中心
油烟机				5		
平板电视				6		
裤子				3		
西装				3		
床				10		
桌子				10		
项链				2		
手链				2		
合计						

表 4-65　资金预算表

序号	项目	具体开支目录	表达式	金额
期初		期初资金	+	
1	办公场所设立	改建 搬迁 租赁费 建筑维修费	－	
2	配送中心设立	改建 搬迁 租赁费 建筑维修费	－	
3	店铺开设	B 店筹建	－	
4	网店装修	网店装修模板选择	－	
5	采购投标	商品采购	－	
6	SEM 推广	推广保证金（充值）	－	

续表

序号	请按照顺序执行下列各项操作，在相应空格内填入资金需求计划			
	项目	具体开支目录	表达式	金额
7	站外推广	媒体推广（投标）	−	
8	货物出库	物流费	−	
9	短期贷款/民间融资	短期借款	+	
	还本付息	利息	−	
10	支付工资	工资	−	
11	支付相关费用	租赁费、维修费、库存管理费、行政管理费	−	
		售后服务费	−	
12	慈善	捐款	−	
期末	缴税	税费	−	
	长期贷款	长期借款	+	
	还本付息	利息	−	
	借款需求合计			
	经营资金需求合计			

表 4-66　第 3 轮第 1 期经营活动记录表

序号	请按照顺序执行下列各项操作。每执行完一项操作，店长在相应空格内打"√"		
	经营项目	操作要点	第 1 期
期初	新期规划会议	店长召集团队召开规划会议	
	数据魔方分析	分析商品市场需求数据	
1	办公场所设立	办公城市、办公室类型选择，招贤纳士	
2	配送中心设立	配送中心城市、配送中心类型选择	
3	店铺开设	C 店开设、B 店筹建	
4	网店装修	网店装修模板选择	
5	采购投标	商品采购	
6	商品入库	商品入库	
7	商品发布	填写商品基本信息、商品物流信息及售后保障信息，发布商品	
8	SEO 优化	搜索引擎优化，优化标题关键词，每个商品最多 7 个关键词	
9	SEM 推广	搜索引擎推广，设置所销售商品相关关键词的竞价价格	
10	SEM 管理	根据推广计划，针对每种商品设计不同的推广组	
11	团购	设置某种商品的团购活动	
12	秒杀	设置某种商品的秒杀活动	
13	套餐	设置某种商品的套餐活动	
14	促销	设置某种商品的促销活动	
15	站外推广	选择百度、网络广告联盟、央视 3 种媒体中的一种或多种进行推广	
16	订单分发	将订单进行整理、分类后，根据到达城市，选择适当的配送中心准备出库	
17	物流选择	将已经指定配送中心的订单进行整理、分类，选择适当的物流方式准备出库	
18	货物出库	根据订单的到货期限，合理安排商品出库	

续表

序号	经营项目	请按照顺序执行下列各项操作。每执行完一项操作，店长在相应空格内打"√"	
		操作要点	第1期
19	货物签收	根据不同物流方式的运输周期，对在订单要求的到货期限之内到达的订单实施签收	
20	应收账款/应付账款	更新应收账款或应付账款账期，接收或支付本期到期的应收账款和应付账款	
21	短期贷款/民间融资	更新短期借款账期或获得新的贷款	
	还本付息	还本付息	
22	支付工资	按期支付员工的工资	
23	支付相关费用	按期支付相应的租赁费、维修费、库存管理费、行政管理费	
		按期支付相应的售后服务费	
24	慈善	捐款	
轮末	缴税	缴纳相关税费	
	长期贷款	更新长期借款账期或获得新的贷款	
	还本付息	支付利息或还本付息	
	关账	每轮经营结束，轮末进行关账	

表 4-67　库存管理

商品	库存数量	所在仓库	未发单需求	差额
油烟机				
平板电视				
裤子				
西装				
床				
桌子				
项链				
手链				

（4）填写第3轮第1期末相关报表，如表4-68～表4-72所示。

表 4-68　第3轮第1期产品核算表

商品	销售数量	销售额	成本	毛利
油烟机				
平板电视				
裤子				
西装				
床				
桌子				
项链				
手链				
合计				

表 4-69　第 3 轮第 1 期资金流动表

序号	项目	具体开支目录	表达式	金额
期初		期初资金	+	
1	办公场所设立	改建 搬迁 租赁费 建筑维修费	−	
2	配送中心设立	改建 搬迁 租赁费 建筑维修费	−	
3	店铺开设	B 店筹建	−	
4	网店装修	网店装修模板选择	−	
5	采购投标	商品采购	−	
6	SEM 推广	推广保证金（充值）	−	
7	站外推广	媒体推广（投标）	−	
8	货物出库	物流费	−	
9	货物签收	回款资金	+	
10	短期贷款/民间融资	短期借款	+	
	还本付息	利息	−	
11	支付工资	工资	−	
12	支付相关费用	租赁费、维修费、库存管理费、行政管理费	−	
		售后服务费		
13	慈善	捐款	−	
轮末	缴税	税费	−	
	长期贷款	长期借款	+	
	还本付息	利息	−	
		合计		

表 4-70　第 3 轮第 1 期市场分析

目标人群		各小组市场占有率									
		A1	A2	A3	A4	A5	A6	A7	A8	A9	A10
综合人群	油烟机										
	平板电视										
	裤子										
	西装										
	床										
	桌子										
	项链										
	手链										
	总占比										

续表

目标人群		各小组市场占有率									
		A1	A2	A3	A4	A5	A6	A7	A8	A9	A10
低价人群	油烟机										
	平板电视										
	裤子										
	西装										
	床										
	桌子										
	项链										
	手链										
	总占比										
犹豫不定人群	油烟机										
	平板电视										
	裤子										
	西装										
	床										
	桌子										
	项链										
	手链										
	总占比										
品牌人群	油烟机										
	平板电视										
	裤子										
	西装										
	床										
	桌子										
	项链										
	手链										
	总占比										

表4-71 企业信息

企业信誉度		班级总信誉度	
店铺总人气		班级店铺总人气	
总媒体影响力		班级总媒体影响力	
社会慈善		班级社会慈善	
店铺视觉值		班级店铺视觉值	
B2C 模式		办公场所驻地影响	
员工经验值		员工业务能力	

表 4-72 排行榜

项目小组	A1	A2	A3	A4	A5	A6	A7	A8	A9	A10
净利润										
总资产										
慈善										

（二）第 3 轮第 2 期经营

1. 第 3 轮第 2 期规划

新的一期即将开始，网店的管理层需要根据对第 3 轮第 1 期经营环节和竞争对手的分析做出相应调整，填写第 3 轮第 2 期计划书，如表 4-73 所示。

表 4-73 第 3 轮第 2 期计划书

类别	内容	具体分析
本轮经营目标	经营效果	
经营规划	业务计划	
	投资方案	
	营销策划方案	
计划落实记录		

2. 开始经营

（1）数据魔方分析。数据魔方为卖家提供不同类目商品的市场需求信息，即某类商品在不同城市的市场平均价格及 4 类不同需求人群的市场需求数量和基于大数据的关键词的相关信息，如表 4-74 所示。

表 4-74 第 3 轮第 2 期市场需求信息

商品名称	需求城市	市场平均价格	品牌人群需求数量	综合人群需求数量	低价人群需求数量	犹豫不定人群需求数量
床	北京	26.78	12	16	22	11
	沈阳	27.07	11	16	23	11
	石家庄	29.09	12	17	24	10
柜子	沈阳	59.4	5	7	11	5
	北京	58.8	5	9	9	4
	石家庄	63.6	4	6	10	5

续表

商品名称	需求城市	市场平均价格	品牌人群需求数量	综合人群需求数量	低价人群需求数量	犹豫不定人群需求数量
平板电视	太原	17.7	9	17	20	9
	沈阳	16.29	11	14	24	12
	石家庄	18.4	9	18	18	10
	北京	16.64	12	19	21	11
项链	石家庄	82.08	9	14	21	10
	北京	74.48	10	17	18	9
	沈阳	79.04	10	16	21	9
手链	沈阳	66.35	6	8	14	6
	北京	66.35	6	9	14	7
	石家庄	73.87	7	9	13	7
裤子	沈阳	6.36	21	26	44	21
	太原	5.97	25	30	46	25
	广州	6.3	20	33	41	19
	北京	6.56	21	39	39	23
	石家庄	6.95	25	34	49	22
	哈尔滨	6.23	18	35	41	19
西装	石家庄	14.43	20	34	44	25
	北京	14.87	20	37	35	17
	太原	14.43	20	29	39	21
	哈尔滨	15.46	22	34	41	24
	广州	14.28	24	30	45	20
	沈阳	13.98	22	35	45	20

备注：本节提供的市场数据是某次 10 组的经营数据，仅供参考，实战时以实际经营数据为准。

（2）供货市场分析。在"电商沙盘"系统中，只要经营的组数确定，那么每期的市场供应数值基本上是确定不变的，第 3 轮第 2 期市场供给数据如表 4-75 所示。

（3）经营活动。按照经营操作顺序进行具体的经营活动，并将活动情况记录在表 4-76～表 4-80 中。

表 4-75　第 3 轮第 2 期市场供给数据

公司	商品	促销方式	数量（件）	单位体积	最低价格(/件)
黄金电子城	平板电视	数量大于：160 信誉度大于：150 享受账期：0 享受折扣：0.85	360	6	4.38
时尚服装厂	裤子	数量大于：100 信誉度大于：100 享受账期：0 享受折扣：0.9	1114	3	1.64
时尚服装厂	西装	数量大于：300 信誉度大于：200 享受账期：0 享受折扣：0.6	1032	3	3.68
中意家具城	床	数量大于：100 信誉度大于：100 享受账期：0 享受折扣：0.9	267	10	7.2
中意家具城	柜子	数量大于：200 信誉度大于：200 享受账期：0 享受折扣：0.8	120	10	15
周大福珠宝商	项链	数量大于：50 信誉度大于：50 享受账期：0 享受折扣：0.95	237	2	19
周大福珠宝商	手链	数量大于：150 信誉度大于：120 享受账期：0 享受折扣：0.85	159	2	17.1

表 4-76　第 3 轮第 2 期市场调查表

项目小组		A1	A2	A3	A4	A5	A6	A7	A8	A9	A10
定价与数量	平板电视										
	裤子										
	西装										
	床										
	柜子										
	项链										
	手链										
促销策略											

表 4-77 采购计划

商品	采购数量	采购价格	采购预计资金	单位体积	预计体积	配送中心
平板电视				6		
裤子				3		
西装				3		
床				10		
柜子				10		
项链				2		
手链				2		
合计						

表 4-78 资金预算表

序号	项目	具体开支目录	表达式	金额
期初	期初资金		+	
1	办公场所设立	改建 搬迁 租赁费 建筑维修费	−	
2	配送中心设立	改建 搬迁 租赁费 建筑维修费	−	
3	店铺开设	B 店筹建	−	
4	网店装修	网店装修模板选择	−	
5	采购投标	商品采购	−	
6	SEM 推广	推广保证金（充值）	−	
7	站外推广	媒体推广（投标）	−	
8	货物出库	物流费	−	
9	短期贷款/民间融资	短期借款	+	
	还本付息	利息	−	
10	支付工资	工资	−	
11	支付相关费用	租赁费、维修费、库存管理费、行政管理费	−	
		售后服务费	−	
12	慈善	捐款	−	
期末	缴税	税费	−	
	长期贷款	长期借款	+	
	还本付息	利息	−	
	借款需求合计			
	经营资金需求合计			

请按照顺序执行下列各项操作，在相应空格内填入资金需求计划

表 4-79　第 3 轮第 2 期经营活动记录表

序号	经营项目	操作要点	第 2 期
	请按照顺序执行下列各项操作。每执行完一项操作，店长在相应空格内打"√"		
期初	新期规划会议	店长召集团队召开规划会议	
	数据魔方分析	分析商品市场需求数据	
1	办公场所设立	办公城市、办公室类型选择，招贤纳士	
2	配送中心设立	配送中心城市、配送中心类型选择	
3	店铺开设	C 店开设、B 店筹建	
4	网店装修	网店装修模板选择	
5	采购投标	商品采购	
6	商品入库	商品入库	
7	商品发布	填写商品基本信息、商品物流信息及售后保障信息，发布商品	
8	SEO 优化	搜索引擎优化，优化标题关键词，每个商品最多 7 个关键词	
9	SEM 推广	搜索引擎推广，设置所销售商品相关关键词的竞价价格	
10	SEM 管理	根据推广计划，针对每种商品设计不同的推广组	
11	团购	设置某种商品的团购活动	
12	秒杀	设置某种商品的秒杀活动	
13	套餐	设置某种商品的套餐活动	
14	促销	设置某种商品的促销活动	
15	站外推广	选择百度、网络广告联盟、央视 3 种媒体中的一种或多种进行推广	
16	订单分发	将订单进行整理、分类后，根据到达城市，选择适当的配送中心准备出库	
17	物流选择	将已经指定配送中心的订单进行整理、分类，选择适当的物流方式准备出库	
18	货物出库	根据订单的到货期限，合理安排商品出库	
19	货物签收	根据不同物流方式的运输周期，对在订单要求的到货期限之内到达的订单实施签收	
20	应收账款/应付账款	更新应收账款或应付账款账期，接收或支付本期到期的应收账款和应付账款	
21	短期贷款/民间融资	更新短期借款账期或获得新的贷款	
	还本付息	还本付息	
22	支付工资	按期支付员工的工资	
23	支付相关费用	按期支付相应的租赁费、维修费、库存管理费、行政管理费	
		按期支付相应的售后服务费	
24	慈善	捐款	
轮末	缴税	缴纳相关税费	
	长期贷款	更新长期借款账期或获得新的贷款	
	还本付息	支付利息或还本付息	
	关账	每轮经营结束，轮末进行关账	

表 4-80　库存管理

商品	库存数量	所在仓库	未发单需求	差额	备注
平板电视					
裤子					
西装					
床					
柜子					
项链					
手链					
油烟机					已过生命周期
桌子					已过生命周期

（4）填写第 3 轮第 2 期末相关报表，如表 4-81～表 4-85 所示。

表 4-81　第 3 轮第 2 期产品核算表

商品	销售数量	销售额	成本	毛利
平板电视				
裤子				
西装				
床				
柜子				
项链				
手链				
合计				

表 4-82　第 3 轮第 2 期资金流动表

序号	项目	具体开支目录	表达式	金额
	请按照顺序执行下列各项操作，在相应空格内填入资金变动情况			
期初		期初资金	+	
1	办公场所设立	改建 搬迁 租赁费 建筑维修费	−	
2	配送中心设立	改建 搬迁 租赁费 建筑维修费	−	
3	店铺开设	B 店筹建	−	
4	网店装修	网店装修模板选择	−	
5	采购投标	商品采购	−	
6	SEM 推广	推广保证金（充值）	−	

续表

序号	项目	具体开支目录	表达式	金额
	请按照顺序执行下列各项操作，在相应空格内填入资金变动情况			
7	站外推广	媒体推广（投标）	-	
8	货物出库	物流费	-	
9	货物签收	回款资金	+	
10	短期贷款/民间融资	短期借款	+	
	还本付息	利息	-	
11	支付工资	工资	-	
12	支付相关费用	租赁费、维修费、库存管理费、行政管理费	-	
		售后服务费		
13	慈善	捐款	-	
轮末	缴税	税费	-	
	长期贷款	长期借款	+	
	还本付息	利息	-	
合计				

表 4-83　第 3 轮第 2 期市场分析

目标人群		各小组市场占有率									
		A1	A2	A3	A4	A5	A6	A7	A8	A9	A10
综合人群	平板电视										
	裤子										
	西装										
	床										
	柜子										
	项链										
	手链										
	总占比										
低价人群	平板电视										
	裤子										
	西装										
	床										
	柜子										
	项链										
	手链										
	总占比										

续表

目标人群		各小组市场占有率									
		A1	A2	A3	A4	A5	A6	A7	A8	A9	A10
犹豫不定人群	平板电视										
	裤子										
	西装										
	床										
	柜子										
	项链										
	手链										
	总占比										
品牌人群	平板电视										
	裤子										
	西装										
	床										
	柜子										
	项链										
	手链										
	总占比										

表4-84　企业信息

企业信誉度		班级总信誉度	
店铺总人气		班级店铺总人气	
总媒体影响力		班级总媒体影响力	
社会慈善		班级社会慈善	
店铺视觉值		班级店铺视觉值	
B2C模式		办公场所驻地影响	
员工经验值		员工业务能力	

表4-85　排行榜

项目小组	A1	A2	A3	A4	A5	A6	A7	A8	A9	A10
净利润										
总资产										
慈善										

二、轮末总结研讨

1. 财务分析

根据网店经营财务报表情况填写表4-86和表4-87。

表 4-86 第 3 轮利润表

利润表			
项目	表达式	上轮值	当轮值
营业收入	+		
减：营业成本	−		
营业税金及附加	−		
销售费用	−		
管理费用	−		
财务费用	−		
营业利润	=		
加：营业外收入	+		
减：营业外支出	−		
利润总额	=		
减：所得税费用	−		
净利润	=		

表 4-87 第 3 轮资产负债表

资产负债表							
资产				负债及所有者权益			
项目	表达式	上轮值	当轮值	项目	表达式	上轮值	当轮值
流动资产				流动负债			
货币资金	+			短期借款	+		
其他应收款	+			应付账款	+		
应收账款	+			预收账款	+		
存货				应交税费	+		
原材料	+			流动负债合计	=		
在途物资	+			非流动负债			
库存商品	+			长期借款	+		
发出商品	+			非流动负债合计	=		
流动资产合计	=			负债合计	=		
非流动资产				所有者权益			
固定资产原值				实收资本	+		
土地和建筑	+			未分配利润	+		
机器和设备	+						
减：累计折旧	−						
固定资产账面价值	=						
在建工程	+						
非流动资产合计	=			所有者权益合计	=		
资产总计	=			负债和所有者权益总计	=		

2. 小组述职

述职环节要求：

（1）CEO（店长）组织本轮述职工作。

（2）每个角色本着实事求是的原则，就自己现任职务履职的成绩、问题和经验进行阐述。

（3）时间限定在 1 分钟内，全部人员完成述职限定在 5 分钟内。

3 轮时间是一个很长的跨度。回过头审视你们的战略是否成功，对商品和市场做一次精确分析有助于发现利润在哪里，如表 4-88 所示。

表 4-88　第 3 轮总结与反思

1. 学会了什么？记录知识点：
2. 企业经营遇到了哪些问题？
3. 计划评价：
4. 下一轮准备如何改进？

任务四　计划管理，细节取胜——第 4 轮经营

任务目标

1. 运用市场分析方法，准确预算，结合经营数据找到解决经营中遇到的问题的方法。
2. 完成第 4 轮模拟经营，树立全局观念。
3. 具备系统思考、独立思考的能力。

任务分析

在网店第 3 轮的模拟经营中，团队经历了许多挑战和收获，取得了一定程度的成就。新的一轮开始之前，店长要带领团队完成制订第 4 轮的网店发展规划工作。作为网店负责人，你需要不断提升管理水平、优化业务流程，与团队成员密切合作，调整经营策略，实现网店的可持续发展。

一、网店经营

（一）第 4 轮第 1 期经营

1. 第 4 轮第 1 期规划

新的一轮即将开始，网店管理层需要根据对第 3 轮第 2 期经营环节和竞争对手的分析做出相应调整，填写第 4 轮第 1 期计划书，如表 4-89 所示。

表 4-89　第 4 轮第 1 期计划书

类别	内容	具体分析
本轮经营目标	经营效果	
经营规划	业务计划	
	投资方案	
	营销策划方案	
计划落实记录		

2. 开始经营

（1）数据魔方分析。数据魔方为卖家提供不同类目商品的市场需求信息，即某类商品在不同城市的市场平均价格及4类不同需求人群的市场需求数量和基于大数据的关键词的相关信息，如表4-90所示。

表4-90　第4轮第1期市场需求信息

商品名称	需求城市	市场平均价格	品牌人群需求数量	综合人群需求数量	低价人群需求数量	犹豫不定人群需求数量
床	太原	26.14	7	9	15	7
床	北京	26.14	7	13	14	7
床	沈阳	26.4	7	11	12	6
床	石家庄	23.76	7	11	15	7
柜子	沈阳	57.41	5	7	10	5
柜子	石家庄	50.78	5	7	11	5
柜子	北京	59.62	5	8	11	5
柜子	太原	54.1	5	9	10	5
平板电视	沈阳	16.16	9	14	21	10
平板电视	太原	16.63	9	15	18	10
平板电视	北京	15.84	9	13	19	8
平板电视	石家庄	16	11	14	19	10
热水器	沈阳	18.2	11	18	20	12
热水器	石家庄	18.6	11	17	18	10
热水器	北京	21.4	9	15	19	11
热水器	太原	20.8	11	16	22	11
项链	太原	81.97	6	10	14	6
项链	北京	72.19	6	9	14	6
项链	沈阳	71.44	5	8	12	6
项链	石家庄	81.97	7	11	12	6
手链	太原	62.21	6	9	12	6
手链	沈阳	66.1	5	9	10	6
手链	北京	60.26	6	11	11	6
手链	石家庄	66.74	6	12	12	6

备注：本节提供的市场数据是某次10组的经营数据，仅供参考，实战时以实际经营数据为准。

（2）供货市场分析。在"电商沙盘"系统中，只要经营的组数确定，那么每期的市场供应数值基本上是确定不变的，第4轮第1期市场供给数据如表4-91所示。

表 4-91　第 4 轮第 1 期市场供给数据

公司	商品	促销方式	数量（件）	单位体积	最低价格（/件）
黄金电子城	平板电视	数量大于：160 信誉度大于：150 享受账期：0 享受折扣：0.85	315	6	3.96
黄金电子城	热水器	数量大于：160 信誉度大于：150 享受账期：0 享受折扣：0.85	345	6	5
时尚服装厂	裤子	数量大于：300 信誉度大于：200 享受账期：0 享受折扣：0.6	609	3	1.56
时尚服装厂	西装	数量大于：300 信誉度大于：200 享受账期：0 享受折扣：0.6	976	3	3.52
中意家具城	床	数量大于：160 信誉度大于：150 享受账期：0 享受折扣：0.85	231	10	6.6
中意家具城	柜子	数量大于：160 信誉度大于：150 享受账期：0 享受折扣：0.85	162	10	13.8
周大福珠宝商	项链	数量大于：150 信誉度大于：120 享受账期：0 享受折扣：0.85	204	2	18.8
周大福珠宝商	手链	数量大于：200 信誉度大于：200 享受账期：0 享受折扣：0.8	199	2	16.2

（3）经营活动。按照经营操作顺序进行具体的经营活动，并将活动情况记录在表 4-92～表 4-96 中。

表 4-92　第 4 轮第 1 期市场调查表

项目小组		A1	A2	A3	A4	A5	A6	A7	A8	A9	A10
定价与数量	平板电视										
	热水器										
	裤子										
	西装										
	床										
	柜子										
	项链										
	手链										
促销策略											

表 4-93　采购计划

商品	采购数量	采购价格	采购预计资金	单位体积	预计体积	配送中心
平板电视				6		
热水器				6		
裤子				3		
西装				3		
床				10		
柜子				10		
项链				2		
手链				2		
合计						

表 4-94　资金预算表

序号	请按照顺序执行下列各项操作，在相应空格内填入资金需求计划			
	项目	具体开支目录	表达式	金额
期初		期初资金	+	
1	办公场所设立	改建 搬迁 租赁费 建筑维修费	−	
2	配送中心设立	改建 搬迁 租赁费 建筑维修费	−	

续表

序号	请按照顺序执行下列各项操作，在相应空格内填入资金需求计划				
	项目	具体开支目录	表达式	金额
3	店铺开设	B店筹建	-	
4	网店装修	网店装修模板选择	-	
5	采购投标	商品采购	-	
6	SEM推广	推广保证金（充值）	-	
7	站外推广	媒体推广（投标）	-	
8	货物出库	物流费	-	
9	短期贷款/民间融资	短期借款	+	
	还本付息	利息	-	
10	支付工资	工资	-	
11	支付相关费用	租赁费、维修费、库存管理费、行政管理费	-	
		售后服务费	-	
12	慈善	捐款	-	
期末	缴税	税费	-	
	长期贷款	长期借款	+	
	还本付息	利息	-	
借款需求合计				
经营资金需求合计				

表4-95　第4轮第1期经营活动记录表

序号	请按照顺序执行下列各项操作。每执行完一项操作，店长在相应空格内打"√"		
	经营项目	操作要点	第1期
期初	新期规划会议	店长召集团队召开规划会议	
	数据魔方分析	分析商品市场需求数据	
1	办公场所设立	办公城市、办公室类型选择，招贤纳士	
2	配送中心设立	配送中心城市、配送中心类型选择	
3	店铺开设	C店开设、B店筹建	
4	网店装修	网店装修模板选择	
5	采购投标	商品采购	
6	商品入库	商品入库	
7	商品发布	填写商品基本信息、商品物流信息及售后保障信息，发布商品	
8	SEO优化	搜索引擎优化，优化标题关键词，每个商品最多7个关键词	
9	SEM推广	搜索引擎推广，设置所销售商品相关关键词的竞价价格	
10	SEM管理	根据推广计划，针对每种商品设计不同的推广组	
11	团购	设置某种商品的团购活动	
12	秒杀	设置某种商品的秒杀活动	

续表

序号	请按照顺序执行下列各项操作。每执行完一项操作,店长在相应空格内打"√"		第1期
	经营项目	操作要点	
13	套餐	设置某种商品的套餐活动	
14	促销	设置某种商品的促销活动	
15	站外推广	选择百度、网络广告联盟、央视 3 种媒体中的一种或多种进行推广	
16	订单分发	将订单进行整理、分类后,根据到达城市,选择适当的配送中心准备出库	
17	物流选择	将已经指定配送中心的订单进行整理、分类,选择适当的物流方式准备出库	
18	货物出库	根据订单的到货期限,合理安排商品出库	
19	货物签收	根据不同物流方式的运输周期,对在订单要求的到货期限之内到达的订单实施签收	
20	应收账款/应付账款	更新应收账款或应付账款账期,接收或支付本期到期的应收账款和应付账款	
21	短期贷款/民间融资	更新短期借款账期或获得新的贷款	
	还本付息	还本付息	
22	支付工资	按期支付员工的工资	
23	支付相关费用	按期支付相应的租赁费、维修费、库存管理费、行政管理费	
		按期支付相应的售后服务费	
24	慈善	捐款	
轮末	缴税	缴纳相关税费	
	长期贷款	更新长期借款账期或获得新的贷款	
	还本付息	支付利息或还本付息	
	关账	每轮经营结束,轮末进行关账	

表 4-96 库存管理

商品	库存数量	所在仓库	未发单需求	差额	备注
平板电视					
热水器					
裤子					
西装					
床					
柜子					
项链					
手链					
油烟机					已过生命周期
桌子					已过生命周期

（4）填写第 4 轮第 1 期末相关报表，如表 4-97～表 4-101 所示。

表 4-97　第 4 轮第 1 期产品核算表

商品	销售数量	销售额	成本	毛利
平板电视				
热水器				
裤子				
西装				
床				
柜子				
项链				
手链				
合计				

表 4-98　第 4 轮第 1 期资金流动表

序号	项目	具体开支目录	表达式	金额
	请按照顺序执行下列各项操作，在相应空格内填入资金变动情况			
期初	期初资金		+	
1	办公场所设立	改建 搬迁 租赁费 建筑维修费	−	
2	配送中心设立	改建 搬迁 租赁费 建筑维修费	−	
3	店铺开设	B 店筹建	−	
4	网店装修	网店装修模板选择	−	
5	采购投标	商品采购	−	
6	SEM 推广	推广保证金（充值）	−	
7	站外推广	媒体推广（投标）	−	
8	货物出库	物流费	−	
9	货物签收	回款资金	+	
10	短期贷款/民间融资	短期借款	+	
	还本付息	利息	−	
11	支付工资	工资	−	
12	支付相关费用	租赁费、维修费、库存管理费、行政管理费	−	
		售后服务费	−	
13	慈善	捐款	−	
轮末	缴税	税费	−	
	长期贷款	长期借款	+	
	还本付息	利息	−	
合计				

表 4-99　第 4 轮第 1 期市场分析

目标人群		各小组市场占有率									
		A1	A2	A3	A4	A5	A6	A7	A8	A9	A10
综合人群	平板电视										
	热水器										
	裤子										
	西装										
	床										
	柜子										
	项链										
	手链										
	总占比										
低价人群	平板电视										
	热水器										
	裤子										
	西装										
	床										
	柜子										
	项链										
	手链										
	总占比										
犹豫不定人群	平板电视										
	热水器										
	裤子										
	西装										
	床										
	柜子										
	项链										
	手链										
	总占比										
品牌人群	平板电视										
	热水器										
	裤子										
	西装										
	床										
	柜子										
	项链										
	手链										
	总占比										

表 4-100　企业信息

企业信誉度		班级总信誉度	
店铺总人气		班级店铺总人气	
总媒体影响力		班级总媒体影响力	
社会慈善		班级社会慈善	
店铺视觉值		班级店铺视觉值	
B2C 模式		办公场所驻地影响	
员工经验值		员工业务能力	

表 4-101　排行榜

项目小组	A1	A2	A3	A4	A5	A6	A7	A8	A9	A10
净利润										
总资产										
慈善										

（二）第 4 轮第 2 期经营

1. 第 4 轮第 2 期规划

新的一期即将开始，网店的管理层需要根据对第 4 轮第 1 期经营环节和竞争对手的分析做出相应调整，填写第 4 轮第 2 期计划书，如表 4-102 所示。

表 4-102　第 4 轮第 2 期计划书

类别	内容	具体分析
本轮经营目标	经营效果	
经营规划	业务计划	
	投资方案	
	营销策划方案	
计划落实记录		

2. 开始经营

（1）数据魔方分析。数据魔方为卖家提供不同类目商品的市场需求信息，即某类商品在不同城市的市场平均价格及 4 类不同需求人群的市场需求数量和基于大数据的关键词的相关信息，如表 4-103 所示。

表 4-103　第 4 轮第 2 期市场需求信息

商品名称	需求城市	市场平均价格	品牌人群需求数量	综合人群需求数量	低价人群需求数量	犹豫不定人群需求数量
床	北京	26.11	6	8	10	5
	石家庄	24.64	6	8	11	6
	沈阳	22.2	6	8	11	6
	太原	24.16	6	9	10	5
柜子	太原	46.92	6	9	13	6
	沈阳	46.92	6	9	12	6
	石家庄	46.41	6	11	11	5
	北京	46.41	6	10	13	6
平板电视	沈阳	13.74	7	10	14	6
	北京	15.43	7	10	14	7
	太原	13.88	8	10	16	7
	石家庄	12.89	6	10	14	7
热水器	沈阳	19.44	12	18	20	11
	北京	18.54	12	17	25	13
	太原	19.08	10	16	26	12
	石家庄	19.08	12	22	22	12
项链	北京	77.38	5	7	8	5
	沈阳	72.17	4	6	9	5
	石家庄	78.86	4	7	9	4
	太原	70.68	5	5	10	5
手链	石家庄	60.06	6	9	13	6
	沈阳	61.3	7	10	12	6
	北京	66.87	6	12	12	6
	太原	67.49	6	11	11	5
西装	海口	12.78	12	19	23	12
	北京	12.78	14	24	25	13
	沈阳	12.38	13	19	27	11
	广州	12.78	12	21	23	13
	长沙	13.6	12	24	27	13
	石家庄	12.24	13	20	27	12
	太原	14.14	12	18	28	15
	哈尔滨	12.92	13	23	26	12
连衣裙	沈阳	10.8	16	30	30	18
	太原	13.08	16	24	36	19
	哈尔滨	12.84	16	24	34	17
	海口	12.48	17	27	32	14
	北京	12.84	15	28	27	14
	长沙	11.88	17	25	35	19
	石家庄	11.52	18	28	35	19
	广州	11.4	15	27	32	15

备注：本节提供的市场数据是某次 10 组的经营数据，仅供参考，实战时以实际经营数据为准。

（2）供货市场分析。在"电商沙盘"系统中，只要经营的组数确定，那么每期的市场供应数值基本上是确定不变的，第 4 轮第 2 期市场供给数据如表 4-104 所示。

表 4-104　第 4 轮第 2 期市场供给数据

公司	商品	促销方式	数量（件）	单位体积	最低价格（/件）
黄金电子城	平板电视	数量大于：70 信誉度大于：60 享受账期：0 享受折扣：0.9	240	6	3.54
黄金电子城	热水器	数量大于：200 信誉度大于：200 享受账期：0 享受折扣：0.8	400	6	4.5
时尚服装厂	西装	数量大于：300 信誉度大于：200 享受账期：0 享受折扣：0.6	874	3	3.4
时尚服装厂	连衣裙	数量大于：150 信誉度大于：120 享受账期：0 享受折扣：0.85	1125	3	3
中意家具城	床	数量大于：100 信誉度大于：100 享受账期：0 享受折扣：0.9	175	10	6.1
中意家具城	柜子	数量大于：100 信誉度大于：100 享受账期：0 享受折扣：0.9	198	10	12.75
周大福珠宝商	项链	数量大于：150 信誉度大于：120 享受账期：0 享受折扣：0.85	153	2	18.6
周大福珠宝商	手链	数量大于：50 信誉度大于：50 享受账期：0 享受折扣：0.95	228	2	15.48

（3）经营活动。按照经营操作顺序进行具体的经营活动，并将活动情况记录在表4-105～表4-109中。

表4-105　第4轮第2期市场调查表

项目小组		A1	A2	A3	A4	A5	A6	A7	A8	A9	A10
定价与数量	平板电视										
	热水器										
	西装										
	连衣裙										
	床										
	柜子										
	项链										
	手链										
促销策略											

表4-106　采购计划

商品	采购数量	采购价格	采购预计资金	单位体积	预计体积	配送中心
平板电视				6		
热水器				6		
西装				3		
连衣裙				3		
床				10		
柜子				10		
项链				2		
手链				2		
合计						

表4-107　资金预算表

序号	项目	请按照顺序执行下列各项操作，在相应空格内填入资金需求计划		
		具体开支目录	表达式	金额
期初		期初资金	+	
1	办公场所设立	改建 搬迁 租赁费 建筑维修费	－	
2	配送中心设立	改建 搬迁 租赁费 建筑维修费	－	
3	店铺开设	B店筹建	－	
4	网店装修	网店装修模板选择	－	

续表

序号	请按照顺序执行下列各项操作，在相应空格内填入资金需求计划			
	项目	具体开支目录	表达式	金额
5	采购投标	商品采购	−	
6	SEM 推广	推广保证金（充值）	−	
7	站外推广	媒体推广（投标）	−	
8	货物出库	物流费	−	
9	短期贷款/民间融资	短期借款	+	
	还本付息	利息	−	
10	支付工资	工资	−	
11	支付相关费用	租赁费、维修费、库存管理费、行政管理费	−	
		售后服务费		
12	慈善	捐款		
期末	缴税	税费	−	
	长期贷款	长期借款	+	
	还本付息	利息	−	
借款需求合计				
经营资金需求合计				

表 4-108　第 4 轮第 2 期经营活动记录表

序号	请按照顺序执行下列各项操作。每执行完一项操作，店长在相应空格内打"√"		
	经营项目	操作要点	第 2 期
期初	新期规划会议	店长召集团队召开规划会议	
	数据魔方分析	分析商品市场需求数据	
1	办公场所设立	办公城市、办公室类型选择，招贤纳士	
2	配送中心设立	配送中心城市、配送中心类型选择	
3	店铺开设	C 店开设、B 店筹建	
4	网店装修	网店装修模板选择	
5	采购投标	商品采购	
6	商品入库	商品入库	
7	商品发布	填写商品基本信息、商品物流信息及售后保障信息，发布商品	
8	SEO 优化	搜索引擎优化，优化标题关键词，每个商品最多 7 个关键词	
9	SEM 推广	搜索引擎推广，设置所销售商品相关关键词的竞价价格	
10	SEM 管理	根据推广计划，针对每种商品设计不同的推广组	
11	团购	设置某种商品的团购活动	
12	秒杀	设置某种商品的秒杀活动	
13	套餐	设置某种商品的套餐活动	
14	促销	设置某种商品的促销活动	

续表

序号	请按照顺序执行下列各项操作。每执行完一项操作，店长在相应空格内打"√"		
	经营项目	操作要点	第2期
15	站外推广	选择百度、网络广告联盟、央视3种媒体中的一种或多种进行推广	
16	订单分发	将订单进行整理、分类后，根据到达城市，选择适当的配送中心准备出库	
17	物流选择	将已经指定配送中心的订单进行整理、分类，选择适当的物流方式准备出库	
18	货物出库	根据订单的到货期限，合理安排商品出库	
19	货物签收	根据不同物流方式的运输周期，对在订单要求的到货期限之内到达的订单实施签收	
20	应收账款/应付账款	更新应收账款或应付账款账期，接收或支付本期到期的应收账款和应付账款	
21	短期贷款/民间融资	更新短期借款账期或获得新的贷款	
	还本付息	还本付息	
22	支付工资	按期支付员工的工资	
23	支付相关费用	按期支付相应的租赁费、维修费、库存管理费、行政管理费	
		按期支付相应的售后服务费	
24	慈善	捐款	
轮末	缴税	缴纳相关税费	
	长期贷款	更新长期借款账期或获得新的贷款	
	还本付息	支付利息或还本付息	
	关账	每轮经营结束，轮末进行关账	

表 4-109　库存管理

商品	库存数量	所在仓库	未发单需求	差额
平板电视				
热水器				
西装				
连衣裙				
床				
柜子				
项链				
手链				
油烟机				已过生命周期
桌子				已过生命周期
裤子				已过生命周期

（4）填写第 4 轮第 2 期末相关报表，表 4-110～表 4-114 所示。

表 4-110　第 4 轮第 2 期产品核算表

商品	销售数量	销售额	成本	毛利
平板电视				
热水器				
西装				
连衣裙				
床				
柜子				
项链				
手链				
合计				

表 4-111　第 4 轮第 2 期资金流动表

序号	项目	具体开支目录	表达式	金额
期初		期初资金	+	
1	办公场所设立	改建 搬迁 租赁费 建筑维修费	－	
2	配送中心设立	改建 搬迁 租赁费 建筑维修费	－	
3	店铺开设	B 店筹建	－	
4	网店装修	网店装修模板选择	－	
5	采购投标	商品采购	－	
6	SEM 推广	推广保证金（充值）	－	
7	站外推广	媒体推广（投标）	－	
8	货物出库	物流费	－	
9	货物签收	回款资金	+	
10	短期贷款/民间融资	短期借款	+	
	还本付息	利息	－	
11	支付工资	工资	－	
12	支付相关费用	租赁费、维修费、库存管理费、行政管理费	－	
		售后服务费	－	
13	慈善	捐款	－	
轮末	缴税	税费	－	
	长期贷款	长期借款	+	
	还本付息	利息	－	
合计				

表 4-112　第 4 轮第 2 期市场分析

目标人群		各小组市场占有率									
		A1	A2	A3	A4	A5	A6	A7	A8	A9	A10
综合人群	平板电视										
	热水器										
	西装										
	连衣裙										
	床										
	柜子										
	项链										
	手链										
	总占比										
低价人群	平板电视										
	热水器										
	西装										
	连衣裙										
	床										
	柜子										
	项链										
	手链										
	总占比										
犹豫不定人群	平板电视										
	热水器										
	西装										
	连衣裙										
	床										
	柜子										
	项链										
	手链										
	总占比										
品牌人群	平板电视										
	热水器										
	西装										
	连衣裙										
	床										
	柜子										
	项链										
	手链										
	总占比										

表 4-113　企业信息

企业信誉度		班级总信誉度	
店铺总人气		班级店铺总人气	
总媒体影响力		班级总媒体影响力	
社会慈善		班级社会慈善	
店铺视觉值		班级店铺视觉值	
B2C 模式		办公场所驻地影响	
员工经验值		员工业务能力	

表 4-114　排行榜

项目小组	A1	A2	A3	A4	A5	A6	A7	A8	A9	A10
净利润										
总资产										
慈善										

二、轮末总结研讨

1. 财务分析

根据网店经营财务报表情况填写表 4-115 和表 4-116。

表 4-115　第 4 轮利润表

利润表		
项目	表达式	上轮值	当轮值
营业收入	+		
减：营业成本	−		
营业税金及附加	−		
销售费用	−		
管理费用	−		
财务费用	−		
营业利润	=		
加：营业外收入	+		
减：营业外支出	−		
利润总额	=		
减：所得税费用	−		
净利润	=		

表 4-116　第 4 轮资产负债表

资产负债表							
资产				负债及所有者权益			
项目	表达式	上轮值	当轮值	项目	表达式	上轮值	当轮值
流动资产				流动负债			
货币资金	+			短期借款	+		
其他应收款	+			应付账款	+		
应收账款	+			预收账款	+		
存货				应交税费	+		
原材料	+			流动负债合计	=		
在途物资	+			非流动负债			
库存商品	+			长期借款	+		
发出商品	+			非流动负债合计	=		
流动资产合计	=			负债合计	=		
非流动资产				所有者权益			
固定资产原值				实收资本	+		
土地和建筑	+			未分配利润	+		
机器和设备	+						
减：累计折旧	−						
固定资产账面价值	=						
在建工程	+						
非流动资产合计	=			所有者权益合计	=		
资产总计	=			负债和所有者权益总计	=		

2. 小组述职

述职环节要求：

（1）CEO（店长）组织本轮述职工作。

（2）每个角色本着实事求是的原则，就自己现任职务履职的成绩、问题和经验进行阐述。

（3）时间限定在 1 分钟内，全部人员完成述职限定在 5 分钟内。

经过 4 轮的经营，你的经营经验已使你今非昔比（见表 4-117）。最后的决战即将开始，如何有效利用资源，扩大市场份额，提升利润是经营者必须关注的。

表 4-117　第 4 轮总结与反思

1. 学会了什么？记录知识点：
2. 企业经营遇到了哪些问题？
3. 计划评价：
4. 下一轮准备如何改进？

任务五　决战胜负，智者为王——第 5 轮经营

任务目标

1. 掌握利润、得分影响因素，有效使用策略和技巧。
2. 完成第 5 轮模拟经营，把握细节，提升经营成绩。
3. 具备系统思考、独立思考的能力。

任务分析

在网店第 4 轮的模拟经营中，团队经历了许多挑战和收获，取得了一定程度的成就。新的一轮开始之前，店长要带领团队完成制订第 5 轮的网店发展规划工作。作为网店负责人，你需要不断提升管理水平、优化业务流程，与团队成员密切合作，调整经营策略，实现利润的最大化，提高股东所有者权益，获得较高的经营得分。

一、网店经营

（一）第 5 轮第 1 期经营

1. 第 5 轮第 1 期规划

新的一轮即将开始，网店的管理层需要根据对第 4 轮第 2 期经营环节和竞争对手的分析做出相应调整，填写第 5 轮第 1 期计划书，如表 4-118 所示。

表 4-118　第 5 轮第 1 期计划书

类别	内容	具体分析
本轮经营目标	经营效果	
经营规划	业务计划	
	投资方案	
	营销策划方案	
计划落实记录		

2. 开始经营

（1）数据魔方分析。数据魔方为卖家提供不同类目商品的市场需求信息，即某类商品在不同城市的市场平均价格及 4 类不同需求人群的市场需求数量和基于大数据的关键词的相关信息，如表 4-119 所示。

表 4-119　第 5 轮第 1 期市场需求信息

商品名称	需求城市	市场平均价格	品牌人群需求数量	综合人群需求数量	低价人群需求数量	犹豫不定人群需求数量
床	哈尔滨	23.97	2	3	5	2
	沈阳	20.38	3	4	5	3
	石家庄	22.4	3	4	5	3
	北京	23.52	2	4	5	2
	太原	20.38	2	3	5	2
柜子	北京	46.8	6	6	12	6
	太原	46.8	6	8	11	6
	沈阳	48.2	5	10	11	5
	石家庄	43.99	5	10	11	6
	哈尔滨	44.46	5	7	11	6
平板电视	北京	13.74	3	4	6	3
	哈尔滨	12.72	3	4	6	3
	太原	13.36	3	5	6	3
	沈阳	13.86	3	6	6	3
	石家庄	13.48	4	5	7	3

续表

商品名称	需求城市	市场平均价格	品牌人群需求数量	综合人群需求数量	低价人群需求数量	犹豫不定人群需求数量
热水器	北京	16.36	9	15	20	10
	哈尔滨	15.55	11	14	21	9
	太原	15.07	12	15	24	12
	沈阳	15.39	10	19	20	12
	石家庄	16.36	9	17	19	10
项链	石家庄	69.18	2	3	4	2
	北京	71.39	2	3	4	2
	沈阳	75.81	2	3	4	2
	哈尔滨	70.66	2	4	4	2
	太原	72.86	2	3	4	2
手链	太原	62.4	6	8	13	6
	哈尔滨	58.32	6	9	12	5
	石家庄	62.4	5	8	11	5
	北京	53.65	6	8	11	5
	沈阳	62.99	6	8	11	5
戒指	太原	48.36	3	5	6	3
	北京	48.88	3	5	6	3
	沈阳	56.68	3	6	6	3
	哈尔滨	48.36	3	6	6	4
	石家庄	47.84	3	5	6	3
西装	太原	13.12	12	16	24	12
	广州	13.25	11	17	22	12
	北京	12.73	10	17	19	11
	沈阳	12.73	11	16	25	12
	哈尔滨	14.04	11	18	23	11
	长沙	13.64	9	15	23	11
	石家庄	11.81	10	18	19	10
	海口	12.33	9	17	20	10
连衣裙	长沙	11.29	16	22	28	16
	哈尔滨	10.83	17	21	30	16
	北京	11.89	11	19	28	13
	沈阳	10.37	12	21	28	14
	广州	11.52	14	21	28	15
	海口	10.83	15	17	30	15
	石家庄	12.44	13	23	26	14
	太原	11.64	12	24	23	13
	上海	10.37	14	24	25	12
	杭州	12.56	15	21	27	15

备注：本节提供的市场数据是某次 10 组的经营数据，仅供参考，实战时以实际经营数据为准。

（2）供货市场分析。在"电商沙盘"系统中，只要经营的组数确定，那么每期的市场供应数值基本上是确定不变的，第 5 轮第 1 期市场供给数据如表 4-120 所示。

表 4-120　第 5 轮第 1 期市场供给数据

公司	商品	促销方式	数量（件）	单位体积	最低价格（/件）
黄金电子城	平板电视	数量大于：300 信誉度大于：200 享受账期：0 享受折扣：0.6	135	6	3.18
黄金电子城	热水器	数量大于：70 信誉度大于：60 享受账期：0 享受折扣：0.9	445	6	4.05
时尚服装厂	西装	数量大于：50 信誉度大于：50 享受账期：0 享受折扣：0.95	724	3	3.28
时尚服装厂	连衣裙	数量大于：200 信誉度大于：200 享受账期：0 享受折扣：0.8	1177	3	2.88
中意家具城	床	数量大于：160 信誉度大于：150 享受账期：0 享受折扣：0.85	99	10	5.6
中意家具城	柜子	数量大于：150 信誉度大于：120 享受账期：0 享受折扣：0.85	229	10	11.7
周大福珠宝商	项链	数量大于：100 信誉度大于：100 享受账期：0 享受折扣：0.9	85	2	18.4
周大福珠宝商	手链	数量大于：160 信誉度大于：150 享受账期：0 享受折扣：0.85	244	2	14.58
周大福珠宝商	戒指	数量大于：50 信誉度大于：50 享受账期：0 享受折扣：0.95	135	2	13

（3）经营活动。按照经营操作顺序进行具体的经营活动，并将活动情况记录在表 4-121～表 4-125 中。

表 4-121　第 5 轮第 1 期市场调查表

项目小组		A1	A2	A3	A4	A5	A6	A7	A8	A9	A10
定价与数量	平板电视										
	热水器										
	西装										
	连衣裙										
	床										
	柜子										
	项链										
	手链										
	戒指										
促销策略											

表 4-122　采购计划

商品	采购数量	采购价格	采购预计资金	单位体积	预计体积	配送中心
平板电视				6		
热水器				6		
西装				3		
连衣裙				3		
床				10		
柜子				10		
项链				2		
手链				2		
戒指				2		
合计						

表 4-123　资金预算表

序号	请按照顺序执行下列各项操作，在相应空格内填入资金需求计划			
	项目	具体开支目录	表达式	金额
期初	期初资金		+	
1	办公场所设立	改建 搬迁 租赁费 建筑维修费	−	
2	配送中心设立	改建 搬迁 租赁费 建筑维修费	−	
3	店铺开设	B店筹建		
4	网店装修	网店装修模板选择		
5	采购投标	商品采购	−	
6	SEM推广	推广保证金（充值）	−	
7	站外推广	媒体推广（投标）	−	
8	货物出库	物流费	−	
9	短期贷款/民间融资	短期借款	+	
	还本付息	利息	−	
10	支付工资	工资	−	
11	支付相关费用	租赁费、维修费、库存管理费、行政管理费	−	
		售后服务费	−	
12	慈善	捐款	−	
期末	缴税	税费	−	
	长期贷款	长期借款	+	
	还本付息	利息	−	
借款需求合计				
经营资金需求合计				

173

表 4-124　第 5 轮第 1 期经营活动记录表

序号	经营项目	操作要点	第 1 期
	请按照顺序执行下列各项操作。每执行完一项操作，店长在相应空格内打"√"		
期初	新期规划会议	店长召集团队召开规划会议	
	数据魔方分析	分析商品市场需求数据	
1	办公场所设立	办公城市、办公室类型选择，招贤纳士	
2	配送中心设立	配送中心城市、配送中心类型选择	
3	店铺开设	C 店开设、B 店筹建	
4	网店装修	网店装修模板选择	
5	采购投标	商品采购	
6	商品入库	商品入库	
7	商品发布	填写商品基本信息、商品物流信息及售后保障信息，发布商品	
8	SEO 优化	搜索引擎优化，优化标题关键词，每个商品最多 7 个关键词	
9	SEM 推广	搜索引擎推广，设置所销售商品相关关键词的竞价价格	
10	SEM 管理	根据推广计划，针对每种商品设计不同的推广组	
11	团购	设置某种商品的团购活动	
12	秒杀	设置某种商品的秒杀活动	
13	套餐	设置某种商品的套餐活动	
14	促销	设置某种商品的促销活动	
15	站外推广	选择百度、网络广告联盟、央视 3 种媒体中的一种或多种进行推广	
16	订单分发	将订单进行整理、分类后，根据到达城市，选择适当的配送中心准备出库	
17	物流选择	将已经指定配送中心的订单进行整理、分类，选择适当的物流方式准备出库	
18	货物出库	根据订单的到货期限，合理安排商品出库	
19	货物签收	根据不同物流方式的运输周期，对在订单要求的到货期限之内到达的订单实施签收	
20	应收账款/应付账款	更新应收账款或应付账款账期，接收或支付本期到期的应收账款和应付账款	
21	短期贷款/民间融资	更新短期借款账期或获得新的贷款	
	还本付息	还本付息	
22	支付工资	按期支付员工的工资	
23	支付相关费用	按期支付相应的租赁费、维修费、库存管理费、行政管理费	
		按期支付相应的售后服务费	
24	慈善	捐款	
轮末	缴税	缴纳相关税费	
	长期贷款	更新长期借款账期或获得新的贷款	
	还本付息	支付利息或还本付息	
	关账	每轮经营结束，轮末进行关账	

表 4-125　库存管理

商品	库存数量	所在仓库	未发单需求	差额	备注
平板电视					
热水器					
西装					
连衣裙					
床					
柜子					
项链					
手链					
戒指					
油烟机					已过生命周期
桌子					已过生命周期
裤子					已过生命周期

（4）填写第 5 轮第 1 期末相关报表，如表 4-126～表 4-130 所示。

表 4-126　第 5 轮第 1 期产品核算表

商品	销售数量	销售额	成本	毛利
平板电视				
热水器				
西装				
连衣裙				
床				
柜子				
项链				
手链				
戒指				
合计				

表 4-127　第 5 轮第 1 期资金流动表

序号	请按照顺序执行下列各项操作，在相应空格内填入资金变动情况			
	项目	具体开支目录	表达式	金额
期初	期初资金		+	
1	办公场所设立	改建 搬迁 租赁费 建筑维修费	−	
2	配送中心设立	改建 搬迁 租赁费 建筑维修费	−	
3	店铺开设	B 店筹建	−	
4	网店装修	网店装修模板选择	−	
5	采购投标	商品采购	−	
6	SEM 推广	推广保证金（充值）	−	
7	站外推广	媒体推广（投标）	−	
8	货物出库	物流费	−	
9	货物签收	回款资金	+	
10	短期贷款/民间融资	短期借款	+	
	还本付息	利息	−	
11	支付工资	工资	−	
12	支付相关费用	租赁费、维修费、库存管理费、行政管理费	−	
		售后服务费	−	
13	慈善	捐款	−	
轮末	缴税	税费	−	
	长期贷款	长期借款	+	
	还本付息	利息	−	
合计				

表 4-128　第 5 轮第 1 期市场分析

目标人群		各小组市场占有率									
		A1	A2	A3	A4	A5	A6	A7	A8	A9	A10
综合人群	平板电视										
	热水器										
	西装										
	连衣裙										
	床										
	柜子										
	项链										
	手链										
	戒指										
	总占比										
低价人群	平板电视										
	热水器										
	西装										
	连衣裙										
	床										
	柜子										
	项链										
	手链										
	戒指										
	总占比										
犹豫不定人群	平板电视										
	热水器										
	西装										
	连衣裙										
	床										
	柜子										
	项链										
	手链										
	戒指										
	总占比										
品牌人群	平板电视										
	热水器										
	西装										
	连衣裙										
	床										
	柜子										
	项链										
	手链										
	戒指										
	总占比										

表 4-129 企业信息

企业信誉度		班级总信誉度	
店铺总人气		班级店铺总人气	
总媒体影响力		班级总媒体影响力	
社会慈善		班级社会慈善	
店铺视觉值		班级店铺视觉值	
B2C 模式		办公场所驻地影响	
员工经验值		员工业务能力	

表 4-130 排行榜

项目小组	A1	A2	A3	A4	A5	A6	A7	A8	A9	A10
净利润										
总资产										
慈善										

（二）第 5 轮第 2 期经营

1. 第 5 轮第 2 期规划

新的一期即将开始，网店的管理层需要根据对第 5 轮第 1 期经营环节和竞争对手的分析做出相应调整，填写第 5 轮第 2 期计划书，如表 4-131 所示。

表 4-131 第 5 轮第 2 期计划书

类别	内容	具体分析
本轮经营目标	经营效果	
经营规划	业务计划	
	投资方案	
	营销策划方案	
计划落实记录		

2. 开始经营

（1）数据魔方分析。数据魔方为卖家提供不同类目商品的市场需求信息，即某类商品在不同城市的市场平均价格及 4 类不同需求人群的市场需求数量和基于大数据的关键词的相关信息，如表 4-132 所示。

表 4-132　第 5 轮第 2 期市场需求信息

商品名称	需求城市	市场平均价格	品牌人群需求数量	综合人群需求数量	低价人群需求数量	犹豫不定人群需求数量
柜子	太原	39.74	6	11	12	6
柜子	沈阳	41.9	6	10	10	6
柜子	哈尔滨	45.36	6	9	13	6
柜子	北京	44.5	6	12	12	6
柜子	石家庄	40.18	6	10	12	7
热水器	太原	14.6	12	24	22	11
热水器	哈尔滨	14.16	11	19	23	12
热水器	北京	15.04	11	18	23	11
热水器	石家庄	15.18	13	19	24	11
热水器	沈阳	13.29	11	20	23	13
空调	石家庄	32.76	3	4	6	3
空调	北京	38.88	3	5	6	3
空调	太原	37.44	3	4	7	3
空调	沈阳	33.84	2	4	6	3
空调	哈尔滨	35.64	3	5	5	2
手链	沈阳	59.88	6	12	13	6
手链	北京	58.21	7	9	14	6
手链	哈尔滨	55.99	5	8	12	6
手链	石家庄	60.43	6	11	11	6
手链	太原	53.22	6	10	14	6
戒指	北京	49.4	4	5	7	3
戒指	沈阳	44.95	4	6	8	4
戒指	石家庄	49.4	4	6	9	4
戒指	哈尔滨	53.35	4	6	8	4
戒指	太原	47.42	4	6	7	4
西装	沈阳	12.23	13	19	26	12
西装	哈尔滨	11.61	12	18	25	10
西装	北京	11.23	12	20	24	12
西装	太原	12.11	11	24	24	11
西装	石家庄	11.23	10	23	21	10
连衣裙	上海	11.15	15	21	29	13
连衣裙	北京	11.26	13	23	32	15
连衣裙	长沙	10.82	14	18	27	13
连衣裙	沈阳	11.81	15	18	32	16
连衣裙	太原	11.92	15	17	27	15
连衣裙	广州	11.37	14	27	28	13
连衣裙	石家庄	10.82	15	26	30	14
连衣裙	哈尔滨	11.7	16	26	30	14
连衣裙	海口	10.49	16	23	31	15
连衣裙	杭州	11.37	14	28	26	14

备注：本节提供的市场数据是某次 10 组的经营数据，仅供参考，实战时以实际经营数据为准。

（2）供货市场分析。在"电商沙盘"系统中，只要经营的组数确定，那么每期的市场供应数值基本上是确定不变的，第 5 轮第 2 期市场供给数据如表 4-133 所示。

表 4-133　第 5 轮第 2 期市场供给数据

公司	商品	促销方式	数量（件）	单位体积	最低价格（/件）
黄金电子城	热水器	数量大于：200 信誉度大于：200 享受账期：0 享受折扣：0.8	483	6	3.65
黄金电子城	空调	数量大于：200 信誉度大于：200 享受账期：0 享受折扣：0.8	120	6	9
时尚服装厂	西装	数量大于：50 信誉度大于：50 享受账期：0 享受折扣：0.95	529	3	3.12
时尚服装厂	连衣裙	数量大于：200 信誉度大于：200 享受账期：0 享受折扣：0.8	1212	3	2.76
中意家具城	柜子	数量大于：70 信誉度大于：60 享受账期：0 享受折扣：0.9	253	10	10.8
周大福珠宝商	手链	数量大于：100 信誉度大于：100 享受账期：0 享受折扣：0.9	247	2	13.86
周大福珠宝商	戒指	数量大于：100 信誉度大于：100 享受账期：0 享受折扣：0.9	160	2	12.35

（3）经营活动。按照经营操作顺序进行具体的经营活动，并将活动情况记录在表 4-134～表 4-138 中。

表 4-134　第 5 轮第 2 期市场调查表

项目小组		A1	A2	A3	A4	A5	A6	A7	A8	A9	A10
定价与数量	热水器										
	空调										
	西装										
	连衣裙										
	柜子										
	手链										
	戒指										
促销策略											

表 4-135　采购计划

商品	采购数量	采购价格	采购预计资金	单位体积	预计体积	配送中心
热水器				6		
空调				6		
西装				3		
连衣裙				3		
柜子				10		
手链				2		
戒指				2		
合计						

表 4-136　资金预算表

序号	请按照顺序执行下列各项操作，在相应空格内填入资金需求计划			
	项目	具体开支目录	表达式	金额
期初	期初资金		+	
1	办公场所设立	改建 搬迁 租赁费 建筑维修费	−	
2	配送中心设立	改建 搬迁 租赁费 建筑维修费	−	
3	店铺开设	B店筹建	−	
4	网店装修	网店装修模板选择	−	
5	采购投标	商品采购	−	
6	SEM推广	推广保证金（充值）	−	
7	站外推广	媒体推广（投标）	−	
8	货物出库	物流费	−	
9	短期贷款/民间融资	短期借款	+	
	还本付息	利息	−	
10	支付工资	工资	−	
11	支付相关费用	租赁费、维修费、库存管理费、行政管理费	−	
		售后服务费	−	
12	慈善	捐款	−	
期末	缴税	税费	−	
	长期贷款	长期借款	+	
	还本付息	利息	−	
借款需求合计				
经营资金需求合计				

表 4-137　第 5 轮第 2 期经营活动记录表

序号	请按照顺序执行下列各项操作。每执行完一项操作，店长在相应空格内打"√"		第 2 期
	经营项目	操作要点	
期初	新期规划会议	店长召集团队召开规划会议	
	数据魔方分析	分析商品市场需求数据	
1	办公场所设立	办公城市、办公室类型选择，招贤纳士	
2	配送中心设立	配送中心城市、配送中心类型选择	
3	店铺开设	C 店开设、B 店筹建	
4	网店装修	网店装修模板选择	
5	采购投标	商品采购	
6	商品入库	商品入库	
7	商品发布	填写商品基本信息、商品物流信息及售后保障信息，发布商品	
8	SEO 优化	搜索引擎优化，优化标题关键词，每个商品最多 7 个关键词	
9	SEM 推广	搜索引擎推广，设置所销售商品相关关键词的竞价价格	
10	SEM 管理	根据推广计划，针对每种商品设计不同的推广组	
11	团购	设置某种商品的团购活动	
12	秒杀	设置某种商品的秒杀活动	
13	套餐	设置某种商品的套餐活动	
14	促销	设置某种商品的促销活动	
15	站外推广	选择百度、网络广告联盟、央视 3 种媒体中的一种或多种进行推广	
16	订单分发	将订单进行整理、分类后，根据到达城市，选择适当的配送中心准备出库	
17	物流选择	将已经指定配送中心的订单进行整理、分类，选择适当的物流方式准备出库	
18	货物出库	根据订单的到货期限，合理安排商品出库	
19	货物签收	根据不同物流方式的运输周期，对在订单要求的到货期限之内到达的订单实施签收	
20	应收账款/应付账款	更新应收账款或应付账款账期，接收或支付本期到期的应收账款和应付账款	
21	短期贷款/民间融资	更新短期借款账期或获得新的贷款	
	还本付息	还本付息	
22	支付工资	按期支付员工的工资	
23	支付相关费用	按期支付相应的租赁费、维修费、库存管理费、行政管理费	
		按期支付相应的售后服务费	
24	慈善	捐款	
轮末	缴税	缴纳相关税费	
	长期贷款	更新长期借款账期或获得新的贷款	
	还本付息	支付利息或还本付息	
	关账	每轮经营结束，轮末进行关账	

表 4-138 库存管理

商品	库存数量	所在仓库	未发单需求	差额	备注
热水器					
空调					
西装					
连衣裙					
柜子					
手链					
戒指					
油烟机					已过生命周期
桌子					已过生命周期
裤子					已过生命周期
项链					已过生命周期
床					已过生命周期
平板电视					已过生命周期

（4）填写第 5 轮第 2 期末相关报表，如表 4-139～表 4-143 所示。

表 4-139 第 5 轮第 2 期产品核算表

商品	销售数量	销售额	成本	毛利
热水器				
空调				
西装				
连衣裙				
柜子				
手链				
戒指				
合计				

表 4-140 第 5 轮第 2 期资金流动表

序号	项目	请按照顺序执行下列各项操作，在相应空格内填入资金变动情况		表达式	金额
		具体开支目录			
期初		期初资金		+	
1	办公场所设立	改建 搬迁 租赁费 建筑维修费		−	
2	配送中心设立	改建 搬迁 租赁费 建筑维修费		−	

续表

序号	请按照顺序执行下列各项操作，在相应空格内填入资金变动情况				
	项目	具体开支目录		表达式	金额
3	店铺开设	B店筹建		−	
4	网店装修	网店装修模板选择		−	
5	采购投标	商品采购		−	
6	SEM推广	推广保证金（充值）		−	
7	站外推广	媒体推广（投标）		−	
8	货物出库	物流费		−	
9	货物签收	回款资金		+	
10	短期贷款/民间融资	短期借款		+	
	还本付息	利息		−	
11	支付工资	工资		−	
12	支付相关费用	租赁费、维修费、库存管理费、行政管理费		−	
		售后服务费		−	
13	慈善	捐款		−	
轮末	缴税	税费		−	
	长期贷款	长期借款		+	
	还本付息	利息		−	
	合计				

表4-141　第5轮第2期市场分析

目标人群 || 各小组市场占有率										
		A1	A2	A3	A4	A5	A6	A7	A8	A9	A10
综合人群	热水器										
	空调										
	西装										
	连衣裙										
	柜子										
	手链										
	戒指										
	总占比										
低价人群	热水器										
	空调										
	西装										
	连衣裙										
	柜子										
	手链										
	戒指										
	总占比										

续表

目标人群		各小组市场占有率									
		A1	A2	A3	A4	A5	A6	A7	A8	A9	A10
犹豫不定人群	热水器										
	空调										
	西装										
	连衣裙										
	柜子										
	手链										
	戒指										
	总占比										
品牌人群	热水器										
	空调										
	西装										
	连衣裙										
	柜子										
	手链										
	戒指										
	总占比										

表 4-142　企业信息

企业信誉度		班级总信誉度	
店铺总人气		班级店铺总人气	
总媒体影响力		班级总媒体影响力	
社会慈善		班级社会慈善	
店铺视觉值		班级店铺视觉值	
B2C 模式		办公场所驻地影响	
员工经验值		员工业务能力	

表 4-143　排行榜

项目小组	A1	A2	A3	A4	A5	A6	A7	A8	A9	A10
净利润										
总资产										
慈善										

二、轮末总结研讨

1. 财务分析

根据网店经营财务报表情况填写表 4-144 和表 4-145。

表 4-144　第 5 轮利润表

利润表			
项目	表达式	上轮值	当轮值
营业收入	+		
减：营业成本	−		
营业税金及附加	−		
销售费用	−		
管理费用	−		
财务费用	−		
营业利润	=		
加：营业外收入	+		
减：营业外支出	−		
利润总额	=		
减：所得税费用	−		
净利润	=		

表 4-145　第 5 轮资产负债表

资产负债表							
资产				负债及所有者权益			
项目	表达式	上轮值	当轮值	项目	表达式	上轮值	当轮值
流动资产				流动负债			
货币资金	+			短期借款	+		
其他应收款	+			应付账款	+		
应收账款	+			预收账款	+		
存货				应交税费	+		
原材料	+			流动负债合计	=		
在途物资	+			非流动负债			
库存商品	+			长期借款	+		
发出商品	+			非流动负债合计	=		
流动资产合计	=			负债合计	=		
非流动资产				所有者权益			
固定资产原值				实收资本	+		
土地和建筑	+			未分配利润	+		
机器和设备	+						
减：累计折旧	−						
固定资产账面价值	=						
在建工程	+						
非流动资产合计	=			所有者权益合计	=		
资产总计	=			负债和所有者权益总计	=		

2. 小组述职

述职环节要求：

（1）CEO（店长）组织本轮述职工作。

（2）每个角色本着实事求是的原则，就自己现任职务履职的成绩、问题和经验进行阐述。

（3）时间限定在 1 分钟内，全部人员完成述职限定在 5 分钟内。

管理是科学，更是艺术。5 轮的经营已经进入尾声，你一定有很多深刻的体会，那就一吐为快吧，如表 4-146 所示。

表 4-146　第 5 轮总结与反思

1. 学会了什么？记录知识点：
2. 企业经营遇到了哪些问题？
3. 计划评价：
4. 下一次准备如何改进？

任务六　经营总结

任务目标

1. 掌握网店经营各个岗位的评价指标。
2. 完成经营分析报告和收获感悟报告。
3. 具备责任意识，遵守相关的行业规范。

任务分析

5 轮的经营已经圆满结束，店长要带领团队完成制订网店经营过程的总结工作。作为网店负责人，你要对各个岗位进行业绩评价，带领团队成员撰写经营总结报告。

一、岗位评价

目前电子商务沙盘经营都是对企业的整体经营业绩进行积分评价。这种评价可以展现整个小组的经营业绩，但小组成员如何评价，特别是与其他小组相应成员如何进行比较是个难题。现实中可以发现有些团队可能因为有几位"牛人"，从而使得企业取得不错业绩，而其余成员仅仅扮演"打酱油"的角色。因此以企业的业绩来简单评价成员是不全面的，说服力不足。一个小组业绩不佳，也不能说明每个成员的能力都不强。

沙盘模拟非常讲究团队合作，但也需要透彻剖析各岗位的经营得失，尽可能"量化"各个岗位"绩效"，并指出改进方向，这无疑对学生能力的提升是大有帮助的。

岗位评价需要注意以下几个问题。

（1）评价指标按职责分类。企业经营是一个整体，要想绝对区分每个岗位的贡献和不足是不可能的。如 SEM 或媒体广告投入费用过大，其责任是属于推广专员没有成本意识还是财务总监不会费用预算呢？对此只能硬性地规定属于哪个部门的责任由哪个部门来承担。例如，媒体推广费用属于推广专员负责，而其他影响划归"团队合作"问题，由 CEO（店长）负责。

（2）指标计算的原始数据取自各组实际经营情况。这样相对来说比较客观，不容易引发争议。有些指标容易计算，如 SEM 推广、媒体广告成本；有些指标需要用原始数据进行数据分析，如团队合作。

（3）指标的评判需要借助历史经验和数据，无法完全做到客观和量化。

（一）推广专员的评价

1. 成本控制因素

用 SEM 推广费用、慈善、媒体广告/销售额及所接订单直接成本/销售额来衡量。两个指标越小，说明推广专员的策划越好。

2. 现金流配合意识

可以从应收账款比率与销售收益率两方面考虑。应收账款比率指应收账款在流动资产中所占的比率，比率越大，意味着资金风险越大，说明在选择物流方式时回款周期考虑欠周全。销售收益率指当（期）轮销售额转化为现金的比率，转化率越高，说明销售策略越优。

3. 市场份额

各组销量所占市场份额可以反映对各类人群的把握情况和效果。当然，该指标与其他岗位因素有密切的关系，可将其划归"团队合作"因素评价。

4. 客户满意度

客户满意度可以用"当期（轮）未交货订单"的金额或数量进行评价。当然，该指标与其他岗位因素有密切的关系，可将其划归"团队合作"因素评价。

5. 目标人群定位准确性

该指标可以用各组在各个市场份额的排名情况来判定。在某个目标人群的份额排名越靠前，认为其定位准确性越高。

6. 商品库存控制

这是推广专员的基本职能，应能在运营过程中正确预算可以用于销售的商品数量，保持营销管理意识清晰。若累计库存过多，势必会造成资金占用不合理、采购计划不精准、资金周转率不高等。

（二）运营主管的评价

1. 物流成本控制

运营主管将订单进行整理、分类后，根据到达城市，选择适当的配送中心、物流方式，根据订单的到货期限，合理安排商品出库，对物流费用进行有效控制。物流费用越少，说明运营主管对店铺物流的处理效果越好。

2. 回款周期控制

运营主管替买家签收，签收后货款直接到账，这关系到店铺的资金流及企业信誉度。如果未在订单要求的到货期限之前到货，买家将拒绝签收。买家退货时，运费由卖家承担，并影响卖家的企业信誉度和商品评价，说明在选择物流方式时回款周期考虑欠周全。

（三）财务主管的评价

1. 财务成本控制

该因素主要涉及长/短期贷款利息、民间融资利息等指标。财务成本高说明该财务主管的融资意识、现金流控制意识比较差。

2. 现金流控制

该因素主要考虑速动比率等指标，体现财务主管的现金流控制意识。

3. 财务杠杆意识

该指标主要评价财务主管能否正确运用贷款来提高股东回报率。

4. 费用控制意识

该指标主要体现在各项费用的投资回报率上，如 SEM 推广的回报率。当然，该指标与其他岗位因素有密切的关系，可将其划归"团队合作"因素评价。

（四）店长的评价

店长应当对整体经营负责，所以对店长的评价因素应当体现在以下几个方面。

1. 股东满意度

各组根据公式"经营得分=（1+总分/100）×所有者权益×追加股东投资比例"计算的分数可以作为股东满意度的最终指数，且是核心指标。

2. 总成本控制

所有费用的成本分摊累计可以作为店长的一个评价因素。尽管成本与各岗位职责相关，但最终决策是得到店长认同的。因此，店长必须对最终的总成本负责。

3. 团队合作

可以将各组内表现最差岗位与最佳岗位之落差作为评价指标。店长的责任之一就是不断改进，使小组的"短板"得到提高，以此来提高整个团队的业绩。

4. 企业成长

资产规模的增长情况可以说明企业成长的好坏。

5. 市场战略

市场战略方向是否合理，可以通过考察各市场占有率来评判。

二、经营分析报告

经过学习和经营实践，我们收获的不仅仅是模拟经营的过程，还包括赛后的总结、评价与交流。模拟经营使我们学到了知识，得到了锻炼，也获得了技能的提升，因此有必要做一个总结分析与评价。请写出 500 字以上的经营分析报告，内容可以从以下类别中选择，题目自拟，如表 4-147 所示。

表 4-147　企业经营分析报告

专业		班级		姓名	
组号		职位/岗位		学号	
题目：					
报告摘要：					
经营成果：					
主要指标完成情况分析：					
主要计划与指标完成情况评价：					
建议与措施：					
教师评价：					

（注：纸张不够请另附）

三、收获/感悟报告

比赛可以带来职位的体验、思路的启发、智慧的启迪和人生的感悟，这是我们真正收获的硕果，所以应当认真地加以回顾和总结。请写出不少于 300 字的收获报告，内容可以从以下类别中选择，题目自拟，如表 4-148 所示。

表 4-148　收获/感悟报告

专业		班级		姓名	
组号		职位/岗位		学号	
题目：					
报告摘要：					
正文：					
教师评价：					

（注：纸张不够请另附）

（1）模拟企业经营与专业素质（包括知识拓展）。

（2）能力方面的锻炼（辩证思维、发散思维、差异化思维等思维培养，发现问题、解决问题的能力提高，实践水平、动手能力的提升等）。

（3）综合素质方面的提升（职业定位，思想及情感、意志等，学习收获，人生感悟，团队与集体，全局与共赢等）。

拓展提升

一、同步测试

1. 需要了解竞争对手的排名和店铺销售情况可以借助的工具是（　　）。
   A. 店铺管理　　　　　　　B. 市场占有率
   C. ×××商城信息　　　　D. 企业信息
2. 需要了解竞争对手的市场份额可以借助的工具是（　　）。
   A. 店铺管理　　　　　　　B. 市场占有率
   C. ×××商城信息　　　　D. 企业信息
3. 需要了解网店销售是通过哪个关键词成交的可以借助的工具是（　　）。
   A. 店铺管理　　　　　　　B. 进店关键词信息
   C. ×××商城信息　　　　D. 企业信息
4. 需要了解各网店的实时权益情况，可以借助的工具是（　　）。
   A. 店铺管理　　　　　　　B. 排行榜
   C. ×××商城信息　　　　D. 企业信息

5. 需要了解配送中心到目的城市之间的物流费用，可以借助的工具是（　　）。
   A. 物流折扣管理　　　　　　B. 物流线路查询
   C. 物流信息查询　　　　　　D. B 和 C

二、电商小课堂

电子商务创业要实现自身价值和社会责任感

2015 年 6 月，国务院出台了《国务院关于大力推进大众创业万众创新若干政策措施的意见》，明确了 30 条政策措施，涵盖创业面临的政策、资金、产业、环境等九大方面。随着电子商务和互联网技术不断深入大众生活，电子商务为大众提供了更多创新创业的选择，提供了广阔的发展平台。电子商务大学生自主创业能够缓解就业压力，为社会提供更多的就业岗位，这也是大学生实现自我价值的途径。

大学生群体是最有创业潜力的年轻人，高校专门为其发展设立电子商务创业教育课程，培养学生的创新意识和创业认知，培养学生自主创业的能力，落实以自主创业带动就业的要求。

【点评】

　　大学生利用电子商务进行创新创业，需要在进行创业选择的同时，实现自身价值，增强社会责任感，而不是通过创业不顾一切地谋取利益，要有正确的价值观作为支撑，实现自身价值与社会服务相统一，实现内在价值的提升，为社会发展贡献出自己的力量，使自己的人生得以更加丰富豁达，这才是正确的电子商务创新创业之路。

项目五　电子商务沙盘运营分析

项目导学

经历几轮经营，也许你懵懵懂懂，跌跌撞撞。

也许你已经破产，却不知道原因。

也许你能讲出一些道理，但零星散乱。

也许你盈利了，但可能很大程度上归功于运气。

和很多经营者一样，你不知不觉地进入了"哥伦布模式"：

走的时候，不知道去哪里。

到的时候，不知道在哪里。

回来的时候，不知道去过哪里。

让我们一起抽丝剥茧，解析电子商务沙盘模拟经营的奥秘吧！

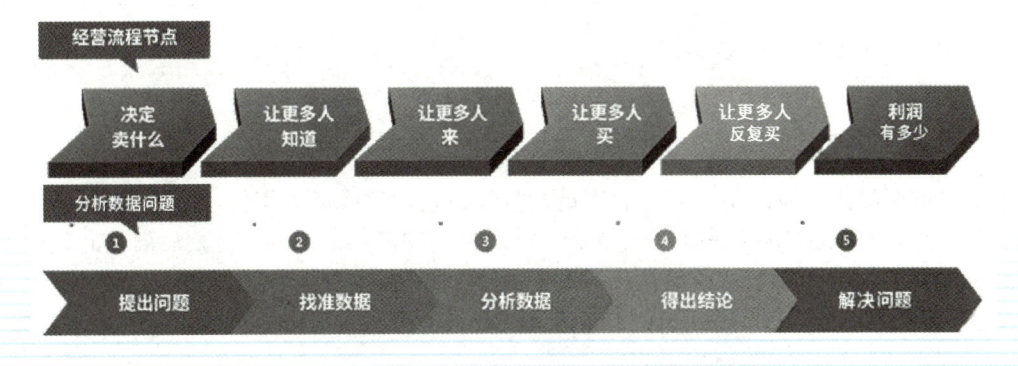

经营流程节点：决定卖什么 → 让更多人知道 → 让更多人来 → 让更多人买 → 让更多人反复买 → 利润有多少

分析数据问题：① 提出问题 → ② 找准数据 → ③ 分析数据 → ④ 得出结论 → ⑤ 解决问题

任务一　财务数据分析

任务目标
1. 能够准确掌握网店的资产状况、负债状况、所有者权益状况。
2. 能够对现金流进行优化调整。
3. 能够读懂财务报表，对网店的融资计划进行优化调整。
4. 具备严谨负责的工作态度。
5. 具备系统思考和独立思考的能力。

任务分析
卖家通过对网店财务状况的分析，了解网店的资产状况、负债状况、所有者权益状况，并进行比较分析，判断企业能否可持续发展，从而优化网店的经营计划，做到开源节流，增加利润。

一、了解财务状况

（一）资产状况

1. 流动资产

在"电商沙盘"系统中，只要卖家进行货物签收，完成订单交付，货款就立刻到账，所以没有需要收取应收账款的情况。另外，网店采购的商品是成品，付款后商品立刻到库，因此也没有原材料和在途物资这两个项目。那么，流动资产合计公式（流动资产合计=货币资金+其他应收款+应收账款+原材料+在途物资+库存商品+发出商品）可以简化为如下形式：

流动资产合计=货币资金+其他应收款+库存商品+发出商品

（1）货币资金。在"电商沙盘"系统中，货币资金指的是库存现金，简称现金。卖家可以通过单击系统窗口中的"经营状态"|"现金"项查询余额，如图5-1所示。

电子商务沙盘运营分析 项目五

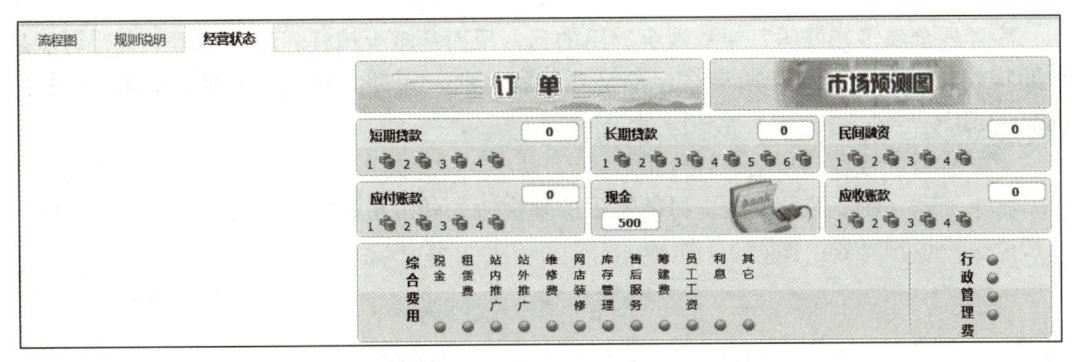

图 5-1 查询现金余额

随着经营的开始，就开始不断地支出或收取现金。卖家可以通过单击系统窗口左侧的"经营分析"|"现金流量表"项查询现金流量统计信息，可以根据时间（轮）和项目查询现金流量明细信息，如图 5-2 所示，该网店当前现金剩余 104.34。

图 5-2 现金流量统计和现金流量明细

对企业而言，在一定的条件下，现金比利润更重要，因为现金状况影响企业的生存质量。有些企业在账面上有巨额盈利，却因现金不足而破产倒闭；有些企业虽然在账面上有巨额亏损，却因有足够的现金而得以生存。企业的财务活动就是现金在企业循环和周转的过程，筹资、投资、再筹资、再投资……从起点又回到起点。这不是简单的重复，在这个过程中，企业创造了财富，使企业和其他利益相关者受益，这是一个螺旋上升的循环模式。

在模拟经营中，因为对现金使用不当而导致企业经营困难甚至破产的现象时有发生。发生这些现象的主要原因在于企业没有做好现金预算和财务计划。以下几种情况经常在模拟经营中出现，说明大家对现金管理还不太理解。

① 在经营状态中看到现金不少，就比较放心。
② 还有不少现金，可是破产了。
③ 能借钱的时候尽量多借点，以免下一轮借不到。

197

库存现金越多越好吗？错！现金够用的话，反而是越少越好。现金从哪里来？可能是短期贷款、民间融资或长期贷款，都是要付利息的。短期贷款利息最低，也要 0.05 的利息（/期）。

下面从现金管理的角度进行分析。

将下一期（轮）经营过程中可能发生的现金流入和流出数额用表格的形式记录，就自然形成了资金预算表，如表 5-1 所示。

表 5-1　每轮资金预算表

序号	请按照顺序执行下列各项操作，在相应空格内填入资金需求计划					
	项目	具体开支目录	表达式	第 1 期	第 2 期
期初		期初资金	+		
1	办公场所设立	改建 搬迁 租赁费 建筑维修费	−		
2	配送中心设立	改建 搬迁 租赁费 建筑维修费	−		
3	店铺开设	B 店筹建	−		
4	网店装修	网店装修模板选择	−		
5	采购投标	商品采购	−		
6	SEM 推广	推广保证金（充值）	−		
7	站外推广	媒体推广（投标）	−		
8	货物出库	物流费	−		
9	短期贷款/民间融资	短期借款	+		
	还本付息	利息	−		
10	支付工资	工资	−		
11	支付相关费用	租赁费、维修费、库存管理费、行政管理费	−		
		售后服务费			
12	慈善	捐款	−		
轮末	缴税	税费	−		
	长期贷款	长期借款	+		
	还本付息	利息	−		
		借款需求合计			
		经营资金需求合计			

从表 5-1 可以看出，现金是网店日常经营的“血液”，不可以断流。将可能涉及资金流入和流出的业务汇总后，不难发现其基本上涵盖了模拟经营的大部分业务。

但在模拟经营过程中，现金流入项目实在是太有限了，为了避免现金流断裂，就必须做好现金预算。现金预算首先需保证企业正常运作，不发生断流，否则就会破产出局；其次要合理安排融资计划，降低现金使用成本；最后应该与销售计划、采购计划、推广计划和物流计划综合规划，既可保证各项计划正常执行，又可防止出现不必要的浪费，如库存积压、站外推广费过高等。同时，如果市场形势、竞争格局发生改变，那么现金预算必须进行动态调整，以适应变化。现金的合理安排，为网店的正常运转提供了强有力的保障。

（2）其他应收款。在“电商沙盘”系统中，其他应收款指的是 SEM 推广账户余额，如图 5-3 所示。只要 SEM 推广账户余额大于 0，财务报表中的其他应收款数额就等于 SEM 推广账户余额。当网店现金短缺时，卖家可以通过 SEM 推广账户余额提现来补充现金账户（只能提整数）。

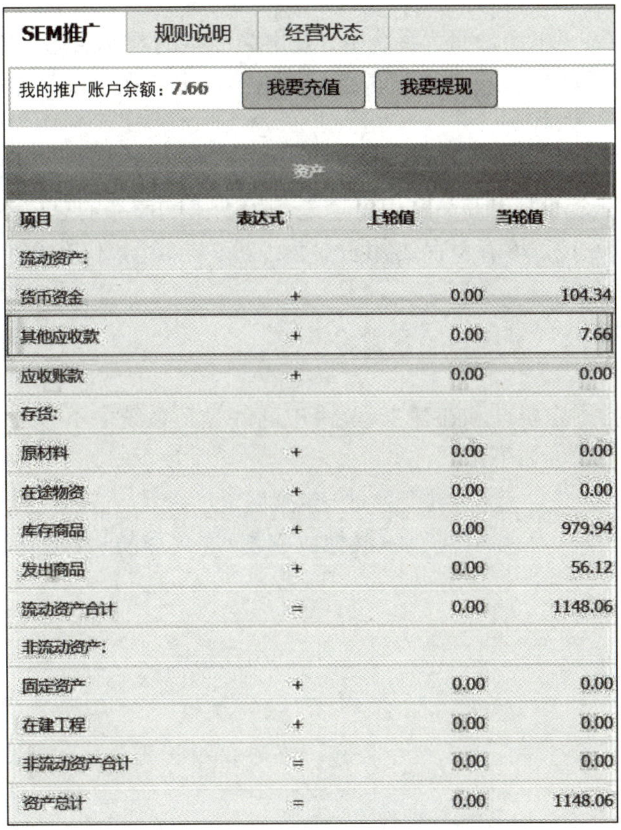

项目	表达式	上轮值	当轮值
流动资产:			
货币资金	+	0.00	104.34
其他应收款	+	0.00	7.66
应收账款	+	0.00	0.00
存货:			
原材料	+	0.00	0.00
在途物资	+	0.00	0.00
库存商品	+	0.00	979.94
发出商品	+	0.00	56.12
流动资产合计	=	0.00	1148.06
非流动资产:			
固定资产	+	0.00	0.00
在建工程	+	0.00	0.00
非流动资产合计	=	0.00	0.00
资产总计	=	0.00	1148.06

图 5-3　SEM 推广账户余额

（3）库存商品。在“电商沙盘”系统中，库存商品指的是网店配送中心的库存所占用的资金，即库存商品原来的采购成本。可以通过单击系统窗口左侧的“辅助工具”|“库存管理”项查询商品库存信息和成本信息，如图 5-4 所示，此时库存商品占用资金为 979.94。

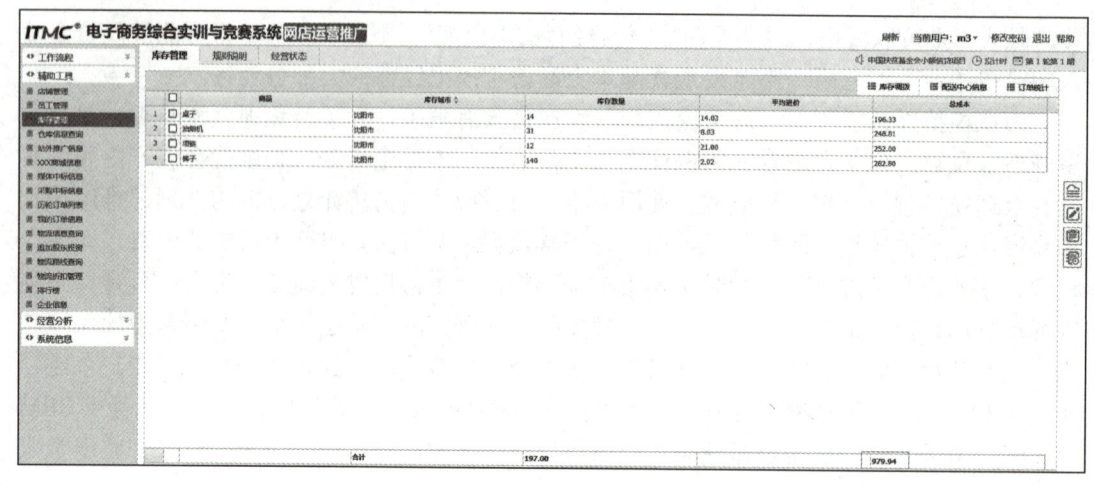

图 5-4　商品库存信息和成本信息

（4）发出商品。在"电商沙盘"系统中，发出商品指的是网店通过物流给客户发货（商品尚未送达客户，还在路途中），这些商品所占用的资金即在途商品原来的采购成本。

即

$$采购商品资金=库存商品占用资金+发出商品占用资金$$

库存商品占用资金和发出商品占用资金之和等于采购商品的总成本。图 5-3 显示，发出商品占用资金为 56.12，库存商品占用资金为 979.94，合计 1036.06；图 5-2 显示，采购商品花费 1036.06。

2. 非流动资产

非流动资产包括固定资产和在建工程，"电商沙盘"系统中不涉及非流动资产。因此，资产总计公式可以表示为如下形式：

$$资产总计=流动资产合计+非流动资产合计$$
$$=货币资金+其他应收款+库存商品+发出商品$$

【想一想】

根据资产总计公式，结合以下两个公式，思考在经营的最后一期要不要低价清仓（在不亏本的前提下）。

$$资产周转率得分=营业收入/资产总计×100$$
$$资产收益率得分=利润总额/资产总计×100$$

（二）负债状况

1. 流动负债

在"电商沙盘"系统中，卖家采购时系统未提供享受账期非 0 的采购订单，只要卖家采购竞标成功，货款就立刻收取，所以目前没有需要支付应付账款的情况。同时，系统也没有收取预收账款的情况。那么，流动负债合计公式（流动负债合计=短期借款+应付账款+预收账款+应交税费）可以简化为如下形式：

流动负债合计=短期借款+应交税费

（1）短期借款。卖家可以通过单击系统窗口中的"经营状态"|"短期贷款"或"民间融资"项查询已贷款额，将鼠标指针放在贷款期的红色数字上，可显示贷款额度和账期信息，如图 5-5 所示。

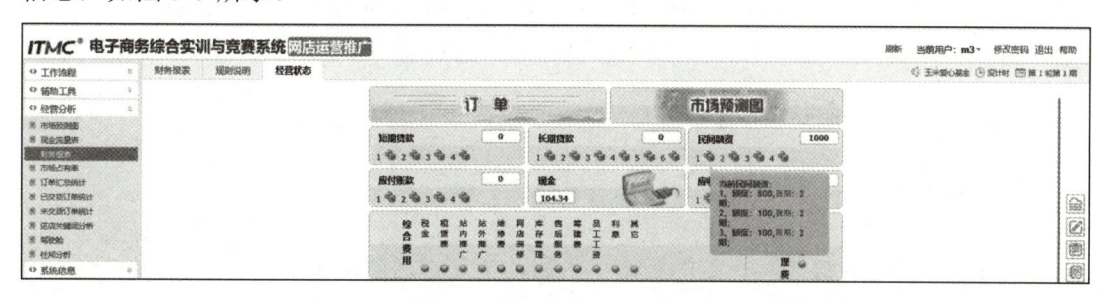

图 5-5　短期借款查询示例 1

也可以通过单击系统窗口左侧的"工作流程"|"短期借款/还本付息"项查询已贷贷款、账期和剩余贷款额度等信息，如图 5-6 所示。

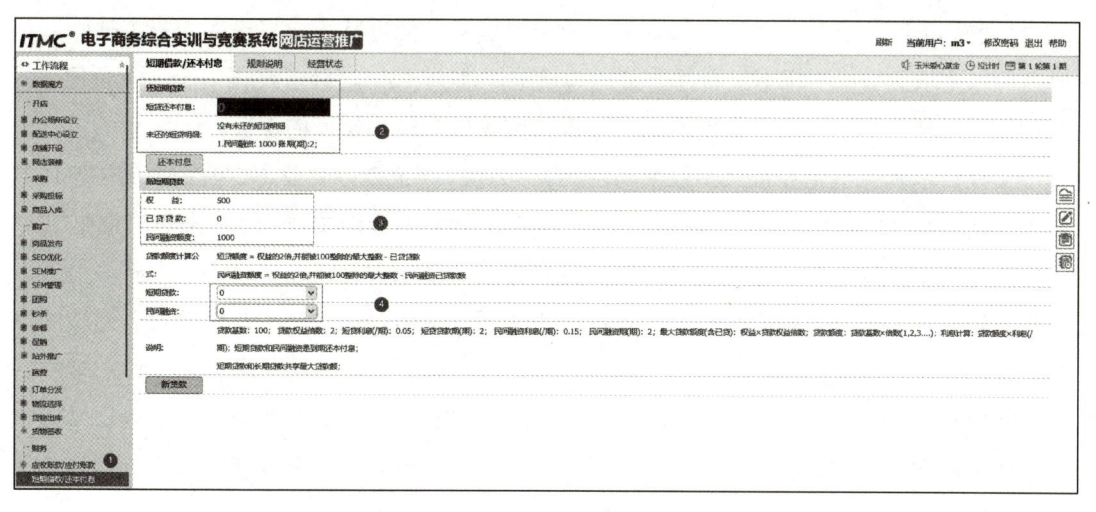

图 5-6　短期借款查询示例 2

（2）应交税费。可以通过单击系统窗口左侧的"工作流程"|"交税"项，打开"交税"页面，如图 3-42 所示。应交税费为企业所得税、增值税、城市维护建设税、教育费附加之和。

2. 非流动负债

可以通过单击系统窗口左侧的"经营状态"|"长期贷款"项查询已贷贷款，将鼠标指针放在贷款期的红色数字上，可显示贷款额度和账期信息。也可以通过单击系统窗口左侧的"工作流程"|"长期借款/还本付息"项查询已贷贷款、账期和剩余贷款额度等信息。

因此，负债合计公式可以表示为如下形式：

负债合计=流动负债合计+非流动负债合计
=短期借款+应交税费+长期借款

（三）所有者权益状况

1. 实收资本

企业设立和运营必须有一定的资本作为启动资金，这就是实收资本。"电商沙盘"系统自动给每个网店分配了 500 的启动资金，就是说起始的实收资本是 500。比赛时，在后续经营过程中是不允许追加股东投资的，所以网店的实收资本是固定不变的。

资本是开展生产经营活动的本钱。2014 年前，我国实行实收资本制，要求企业在进行工商注册登记时注册资本必须全部到位，而且投资者不能再从企业将投入的资本抽回。法律之所以要求企业有"资本"而且"实收"，是因为企业在生产经营过程中会产生负债，从保护债权人利益角度设定实收资本制，可以将实收资本作为偿债的保证。

实收资本制也给企业带来了很大的困难。一方面，一个新办企业，如果注册资本是 1000 万元，但在运营初期业务尚处于开拓期，并不需要 1000 万元做本钱。而法律要求企业 1000 万元及时到位，这样就会造成资本闲置。另一方面，创业者创业之初手头并没有多少钱，创业的梦想受阻于资本到位的要求，有可能借钱通过工商验资这一关，然后冒着违法的风险将资本划出还债。

2014 年 3 月 1 日起我国实行的《中华人民共和国公司法》将注册资本制改为认缴资本制。认缴资本制给创业者的出资带来了灵活空间，但无论如何，企业开立和运营期间必须有一定的资本作为启动资金，这就是实收资本存在的原因。

【知识拓展】

实收资本形成的 4 条路径

路径一：初创时投入。

这些资本一般为创业者（合伙人）最初的投入。他们是企业的缔造者，确定了企业的业务范围、发展方向，形成了早期的管理层等。这些合伙人中往往有一个主心骨，成为企业的灵魂人物或精神领袖。他们拥有企业较多的股份，实质上控制着企业的发展。

路径二：发展中投入。

企业发展到一定阶段后，外部人看好企业的发展前景，想加入企业，就形成了企业在发展中的新资本投入，包括 IPO（首次公开发行）股份、增发股份、风险投资等。

路径三：内部转换。

内部转换包括资本公积转增资本、盈余公积转增资本。

路径四：外部转换。

外部转换包括可转债转换为股份、欠款转换为股份（通常所说的债转股）。

2. 未分配利润

未分配利润在未进行分配之前，属于所有者权益的组成部分。从数量上看，未分配利润等于期初未分配利润加上本期实现的净利润。

因此，所有者权益=实收资本+未分配利润=500+轮初未分配利润+本轮实现的净利润。如图 5-7 所示，轮初未分配利润（上轮末净利润）为 554.05，本轮实现的净利润为 1778.12，那么所有者权益=500+554.05+1778.12=2832.17。

得分：17446

利润表

项目	表达式	上轮值	当轮值
营业收入	+	2601.76	6112.45
减：营业成本	-	599.42	2403.31
税金及附加	-	26.03	48.22
销售费用	-	275.17	628.89
管理费用	-	962.40	496.20
财务费用	-	0.00	165.00
营业利润	=	738.74	2370.83
加：营业外收入	+	0.00	0.00
减：营业外支出	-	0.00	0.00
利润总额	=	738.74	2370.83
减：所得税费用	-	184.69	592.71
净利润	=	554.05	1778.12

资产负债和所有者权益合计

资产				负债及所有者权益			
项目	表达式	上轮值	当轮值	项目	表达式	上轮值	当轮值
流动资产:				流动负债			
货币资金	+	2596.24	3909.00	短期借款	+	1300.00	2400.00
其他应收款	+	20.00	415.89	应付账款	+	0.00	0.00
应收账款	+	0.00	0.00	预收账款	+	0.00	0.00
存货:				应交税费	+	471.03	1123.12
原材料	+	0.00	0.00	流动负债合计	=	1771.03	3523.12
在途物资	+	0.00	0.00	非流动负债			
库存商品	+	14.90	2730.40	长期借款	+	700.00	700.00
发出商品	+	893.94	0.00	非流动负债合计	=	700.00	700.00
流动资产合计	=	3525.08	7055.29	负债合计	=	2471.03	4223.12
非流动资产:				所有者权益			
固定资产	+	0.00	0.00	实收资本	+	500.00	500.00
在建工程	+	0.00	0.00	未分配利润	+	554.05	2332.17
非流动资产合计	=	0.00	0.00	所有者权益合计	=	1054.05	2832.17
资产总计	=	3525.08	7055.29	负债和所有者权益总计	=	3525.08	7055.29

图 5-7 利润、资产、负债及所有者权益示例

二、财务活动分析

应根据网店的财务数据分析网店的财务活动,如经营活动和融资活动等,以及各项活动的成本、利润和现金流量等,判断是否有利润。

(一) 经营活动成本分析

1. 管理费用

管理费用是指企业行政管理部门为组织和管理生产经营活动而发生的各种费用。在"电商沙盘"系统中,管理费用包括办公场所设立、配送中心设立、店铺开设、网店装修、支付工资和支付相关费用(租赁费、维修费、库存管理费和行政管理费)等活动的支出。网店只有有效地控制管理费用,才能获取更多的利润。

2. 财务费用

财务费用是指企业为筹集生产经营所需资金等而发生的费用。在"电商沙盘"系统中,财务费用指的是利息支出,即网店短期借款利息和长期借款利息。网店只有合理地规划融资计划,减少利息支出,才能获取更多的利润。

3. 销售费用

销售费用是指企业在销售商品和材料、提供劳务的过程中发生的各种费用。在"电商沙盘"系统中,销售费用指的是 SEM 推广、站外推广、货物出库和支付相关费用(售后服务费)等活动的支出。网店只有合理地规划销售促进计划和售后服务活动,才能获取更高的利润。

4. 税金及附加

在"电商沙盘"系统中,税金及附加指的是网店经营的主要业务应负担的企业城市维护建设税和教育费附加。企业所得税在企业利润表的底部出现,而增值税由于其特殊的核算方法,在利润表中无法反映出来。

如图 5-7 所示,营业收入为 2601.76,营业成本为 599.42。

那么,增值税=销售额×增值税税率/(1+增值税税率)−含税成本×增值税税率/(1+增值税税率)=营业收入×增值税税率−营业成本×增值税税率=(营业收入−营业成本)×增值税税率=(2601.76−599.42)×0.13=260.3042≈260.30。

税金及附加=城市维护建设税+教育费附加=增值税×城市维护建设税税率+增值税×教育费附加税率=增值税×(城市维护建设税税率+教育费附加税率)=260.3×(0.07+0.03)=26.03。

所得税=利润总额×企业所得税税率=738.74×0.25=184.685≈184.69。

（二）营业成本分析

在"电商沙盘"系统中，商品进货成本指的是购买商品的费用，即商品购入成本。商品进货成本中包含进项增值税，去税后就得到了营业成本。

$$营业成本=商品进货成本（含税成本）/（1+0.13）$$

网店运营成本中，相较于其他成本，商品进货成本是最主要的。只有有效地控制进货成本，才能获取更多的利润。在网店经营中，商品最终能够卖出去，很大一部分因素取决于价格。因此，商品进货成本至少在同类网店平均进货成本之下，才有可能获取更大的利润空间。另外，当商品的一次订购量达到商品折扣要求时，可以享受相应的折扣。

（三）营业收入分析

营业收入是指从事主营业务或其他业务所取得的收入，指在一定时期内，商业企业销售商品或提供劳务获得的货币收入。在"电商沙盘"系统中，销售收入指的是网店销售商品获得的货币收入。销售收入中包含销项增值税，去税后就得到了营业收入。

$$营业收入=销售收入（销售额）/（1+0.13）$$

（四）融资分析

如图 5-8 所示，网店目前有短期贷款 1400、民间融资 700、长期贷款 700、上轮所有者权益合计 1054.05。

项目	表达式	上轮值	当轮值
流动负债			
短期借款	+	1300.00	2100.00
应付账款	+	0.00	0.00
预收账款	+	0.00	0.00
应交税费	+	471.03	476.49
流动负债合计	=	1771.03	2576.49
非流动负债			
长期借款	+	700.00	700.00
非流动负债合计	=	700.00	700.00
负债合计	=	2471.03	3276.49
所有者权益			
实收资本	+	500.00	500.00
未分配利润	+	554.05	1176.80
所有者权益合计	=	1054.05	1676.80
负债和所有者权益总计	=	3525.08	4953.29

图 5-8　网店融资及负债情况示例

图 5-8 原图

由于短期贷款和长期贷款共享最大贷款额，因此两者的额度可以一起计算。短期贷款和长期贷款共享的贷款额度=权益的2倍，并能被100整除的最大整数 – 已贷贷款=2100-（短期贷款+长期贷款）=2100-（1400+700）=0。所以本轮短期贷款和长期贷款额度已满，不能继续贷款。

民间融资额度=权益的2倍，并能被100整除的最大整数 – 民间融资已贷款额=2100-700=1400。所以本轮还可以借民间融资，最大贷款额为1400。

如图5-8所示，短期贷款的还款期还有1期，民间融资的还款期还有1期，长期贷款的还款期还有2轮。所以卖家可以在本期任意时刻借民间融资，最大额度为1400；本期需要支付长期贷款利息。如果下一期还有民间融资额度，则需要先还本付息再借款。

三、财务报表分析

财务报表是反映企业或预算单位一定时期资金、利润状况的会计报表。在"电商沙盘"系统中，财务报表包括现金流量表、利润表和资产负债表。

（一）现金流量表分析

现金流量表是财务报表的3个基本报表之一，表明在一个固定期间内，一家企业的现金增减变动情形。它是反映一家企业在一定时期内现金流入和现金流出的动态状况报表。一家正常经营的企业，在创造利润的同时，还应创造现金收益。通过对现金流入来源进行分析，就可以对企业创造现金的能力做出评价，也可以对企业未来获取现金的能力做出预测。现金流量表所揭示的现金流量信息，可以从现金角度对企业偿债能力和支付能力做出更可靠、更稳健的评价。

在"电商沙盘"系统中，网店的现金流量包括经营活动现金流量和筹资活动现金流量两个部分。分析企业的现金流量，可以从以下几个层次着手。

（1）现金流量总额。企业在一个会计期间（轮）的现金流入量要大于现金流出量，总体上有现金净结余。但也要分析企业相邻几个时期内的现金流量情况，如果有很大的波动，就需要进一步分析其原因。

（2）现金流量结构。对网店来说，经营活动现金流量是主体，只有经营活动现金流量大于筹资活动现金流量，才能说明企业没有偏离主营业务。

（3）现金流量质量。有些网店表面上看起来现金流量很大，或者现金余额很多，但其中有大量的贷款，或者即将面临大额还款，这就说明现金流量质量很差。

（二）利润表分析

利润表是反映企业在一定会计期间内经营成果的财务报表。在"电商沙盘"系统中，利润表反映了不同内涵的利润构成，分为营业利润、利润总额和净利润3个层次。

1. 营业利润

营业利润是指企业营业活动所取得的利润，营业活动指的是销售商品。如图 5-7 所示，网店上轮的营业收入为 2601.76、营业成本为 599.42、税金及附加为 26.03、销售费用为 275.17、管理费用为 962.4、财务费用为 0。

营业利润=营业收入-营业成本-税金及附加-销售费用-管理费用-财务费用
=2601.76-599.42-26.03-275.17-962.4-0
=738.74

2. 利润总额

利润总额是指营业利润加上营业外收支净额。不具有价值的资产处置，如报废、损毁等处置行为产生的收益或损失，记入利润表中的营业外收入和营业外支出项目中。在"电商沙盘"系统中，不涉及营业外收入和营业外支出。

利润总额=营业利润+营业外收入-营业外支出
=营业利润+0-0
=营业利润

3. 净利润

净利润是指企业当期利润总额减去企业所得税后的金额，即企业的税后利润。企业所得税是指企业将实现的利润总额按照企业所得税法规定的标准计算的向国家缴纳的税金。净利润的多寡取决于两个因素，一是利润总额，二是所得税费用。

净利润=利润总额-所得税费用

如图 5-7 所示，网店上轮的利润总额为 738.74、所得税费用为 184.69，那么，净利润=利润总额-所得税费用=738.74-184.69=554.05。

（三）资产负债表分析

资产负债表是反映企业在某一特定日期（如期末、轮末）全部资产、负债和所有者权益情况的会计报表，是企业经营活动的静态体现。它是根据"资产=负债+所有者权益"这一平衡公式，依照一定的分类标准和次序，将某一特定日期的资产、负债、所有者权益的具体项目予以适当的排列编制而成的。

1. 资产表

如图 5-7 所示，网店上轮的货币资金为 2596.24、其他应收款为 20、库存商品为 14.9、发出商品为 893.94，那么资产总计=货币资金+其他应收款+库存商品+发出商品=2596.24+20+14.9+893.94=3525.08。

2. 负债表

如图 5-7 所示，网店上轮的短期借款为 1300、应交税费为 471.03、长期借款为 700，那么负债合计=短期借款+应交税费+长期借款=1300+471.03+700=2471.03。

3. 所有者权益表

如图 5-7 所示，网店上轮的实收资本为 500、未分配利润为 554.05，那么所有者权益=实收资本+未分配利润=500+554.05=1054.05。

任务二　供应链数据分析

任务目标

1. 能够对网店的采购策略进行优化调整。
2. 能够对网店的物流计划进行优化调整。
3. 具备数据分析能力。
4. 具备精益求精的工匠精神。

任务分析

供应链数据反映了网店的商品、供货商、仓储配送中心、物流等数据。通过对供应链数据的分析和优化，网店可以降低采购成本，减少库存，最终达到开源节流、获得利润的目的。

一、商品动销数据分析

动销单品数量是指网店所有的商品种类中有销量的单品数量。库存总单品数量是指仓库中的单品总数量。

商品动销率=（动销单品数量/库存总单品数量）×100%

（一）采购数据查询

卖家单击系统窗口左侧的"辅助工具"|"采购中标信息"项，系统显示该网店所有采

购商品的中标信息。卖家可以按商品、城市、供货公司、时间查询采购中标信息。采购数据信息主要包括商品名、数量、价格、总金额、付款账期、到达期限和是否入库等。其中总金额指商品的进货成本（含税成本）。

1. 按商品查询

卖家可以根据商品查询采购中标信息，以"项链"为例，如图 5-9 所示。

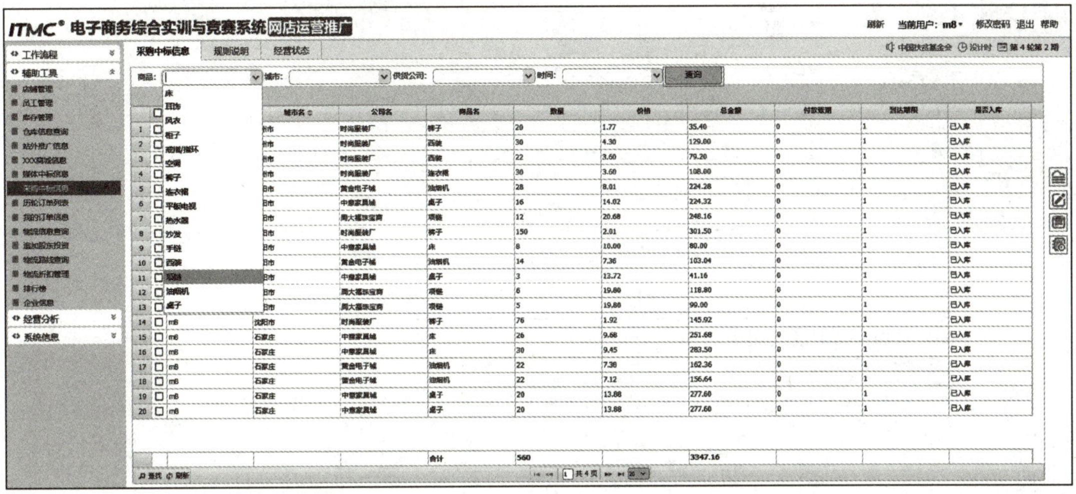

图 5-9 按商品查询采购中标信息

步骤 1：单击系统窗口左侧的"辅助工具"|"采购中标信息"项，打开"采购中标信息"页面。

步骤 2：在"商品"下拉列表框中选择"项链"，单击"查询"按钮，查看该商品的采购中标信息。

2. 按城市查询

卖家可以根据城市查询采购中标信息，以"沈阳市"为例，如图 5-10 所示。

步骤 1：单击系统窗口左侧的"辅助工具"|"采购中标信息"项，打开"采购中标信息"页面。

步骤 2：在"城市"下拉列表框中选择"沈阳市"，单击"查询"按钮，查看该城市的采购中标信息。

3. 按供货公司查询

卖家可以根据供货公司查询采购中标信息，以"黄金电子城"为例，如图 5-11 所示。

步骤 1：单击系统窗口左侧的"辅助工具"|"采购中标信息"项，打开"采购中标信息"页面。

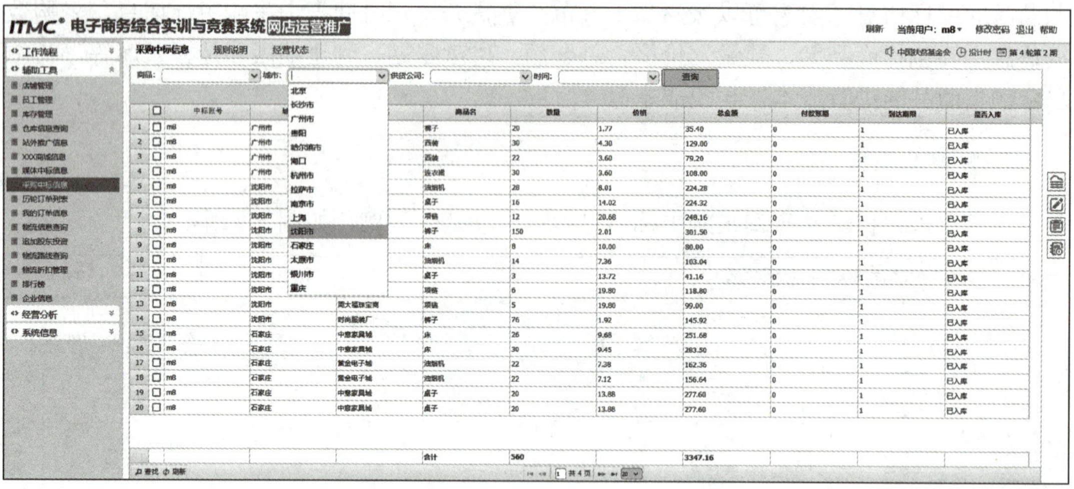

图 5-10　按城市查询采购中标信息

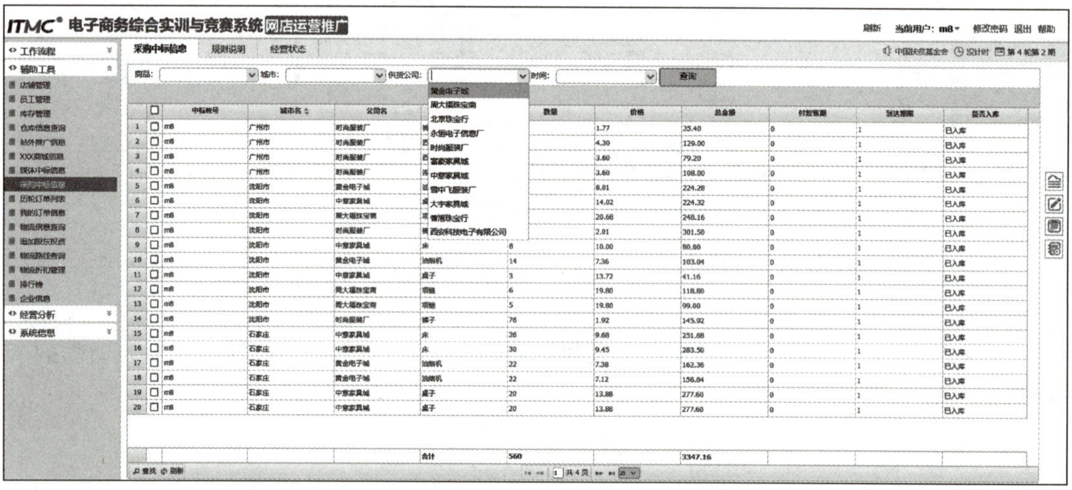

图 5-11　按供货公司查询采购中标信息

步骤 2：在"供货公司"下拉列表框中选择"黄金电子城"，单击"查询"按钮，查看该供货公司的采购中标信息。

4. 按时间查询

卖家可以根据时间查询采购中标信息，以"第 2 轮第 2 期"为例，如图 5-12 所示。

步骤 1：单击系统窗口左侧的"辅助工具"|"采购中标信息"项，打开"采购中标信息"页面。

步骤 2：在"时间"下拉列表框中选择"第 2 轮第 2 期"，单击"查询"按钮，查看该时间的采购中标信息。

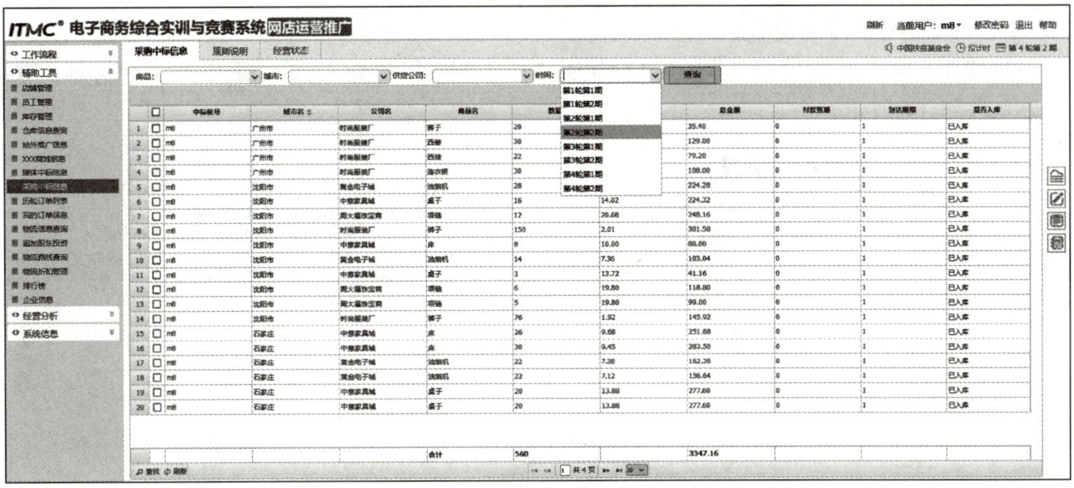

图 5-12　按时间查询采购中标信息

（二）库存数据查询

1. 仓库信息查询

卖家可以在"仓库信息查询"模块查询不同配送中心的库存信息。

步骤 1：单击系统窗口左侧的"辅助工具"|"仓库信息查询"项，打开"仓库信息查询"页面，如图 5-13 所示。

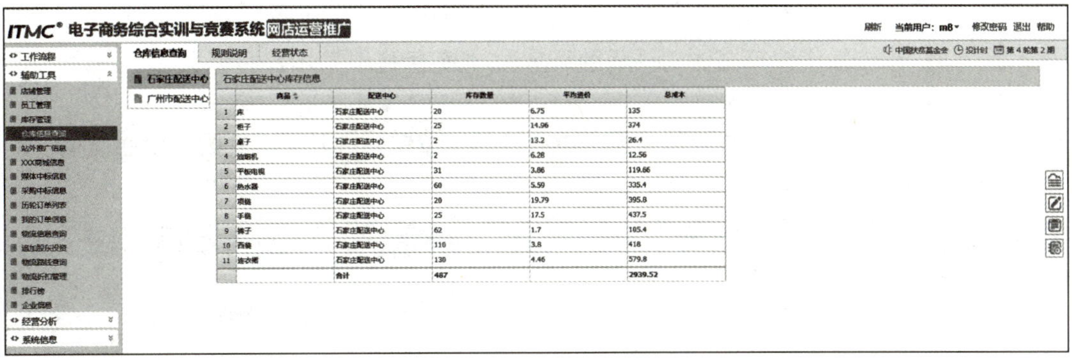

图 5-13　仓库信息查询

步骤 2：单击配送中心名称，以"石家庄配送中心"为例，选择的配送中心背景色将变为蓝色，可查看该配送中心库存信息下的商品信息，包括商品名称、库存数量、平均进价和总成本。

2. 库存管理

卖家可以在"库存管理"模块查询所有在库商品的库存信息、配送中心信息和订单统计信息，也可以进行不同仓库之间的货物调拨。

（1）商品库存信息查询。

步骤 1：单击系统窗口左侧的“辅助工具”|“库存管理”项，打开“库存管理”页面，如图 5-14 所示。

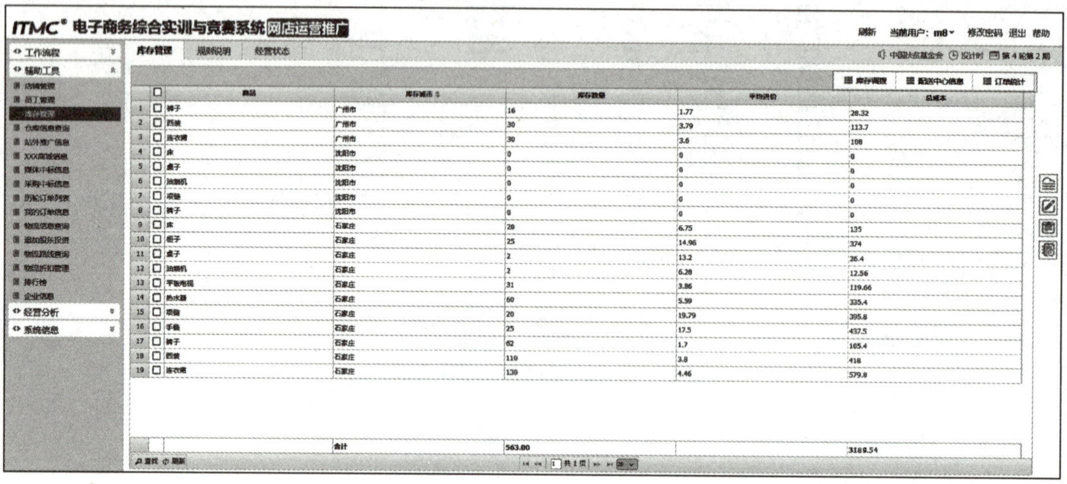

图 5-14　库存管理

步骤 2：查看商品、库存城市、库存数量、平均进价和总成本信息。

从图 5-14 中可以看到各库存商品信息，也可以知道目前该网店拥有两个库存城市，分别是石家庄和广州市，曾经拥有的库存城市是沈阳市。

（2）配送中心信息查询。

步骤 1：单击系统窗口左侧的“辅助工具”|“库存管理”项，打开“库存管理”页面，如图 5-14 所示。

步骤 2：单击系统窗口右侧的“配送中心信息”按钮，打开“查看配送中心信息”页面，如图 5-15 所示。

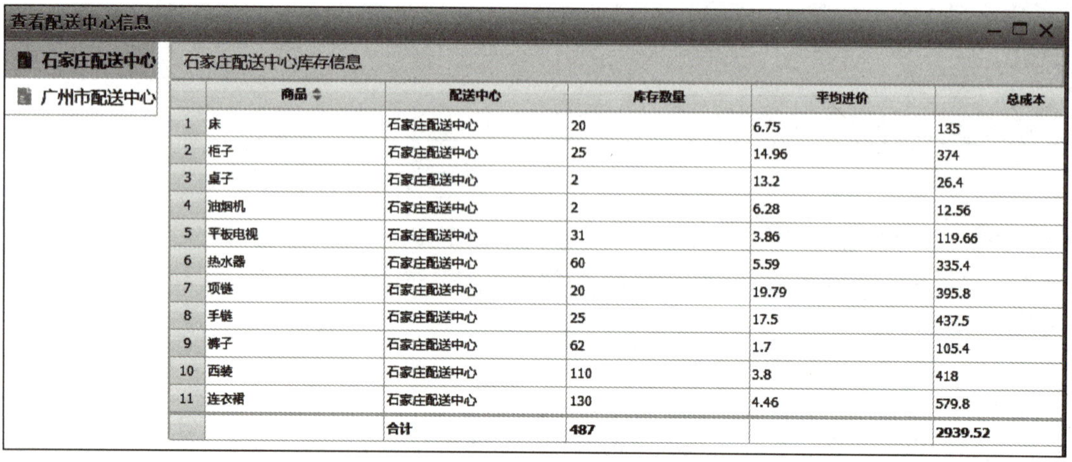

	商品	配送中心	库存数量	平均进价	总成本
1	床	石家庄配送中心	20	6.75	135
2	柜子	石家庄配送中心	25	14.96	374
3	桌子	石家庄配送中心	2	13.2	26.4
4	油烟机	石家庄配送中心	2	6.28	12.56
5	平板电视	石家庄配送中心	31	3.86	119.66
6	热水器	石家庄配送中心	60	5.59	335.4
7	项链	石家庄配送中心	20	19.79	395.8
8	手链	石家庄配送中心	25	17.5	437.5
9	裤子	石家庄配送中心	62	1.7	105.4
10	西装	石家庄配送中心	110	3.8	418
11	连衣裙	石家庄配送中心	130	4.46	579.8
		合计	487		2939.52

图 5-15　查看配送中心信息

步骤 3：单击配送中心名称，选择的配送中心背景色将变为蓝色，可查看该配送中心库存信息下的商品信息，包括商品名称、库存数量、平均进价和总成本。

（3）订单统计信息查询。

步骤 1：单击系统窗口左侧的"辅助工具"|"库存管理"项，打开"库存管理"页面，如图 5-14 所示。

步骤 2：单击系统窗口右侧的"订单统计"按钮，打开"订单统计信息"页面。

步骤 3：查看当期商品的订单信息，包括商品名称、城市名称、合计数量、平均价格和合计金额。

（4）库存调拨。

步骤 1：单击系统窗口左侧的"辅助工具"|"库存管理"项，打开"库存管理"页面，如图 5-14 所示。

步骤 2：单击系统窗口右侧的"库存调拨"按钮，打开"库存调拨"页面，如图 5-16 所示。

图 5-16　库存调拨

步骤 3：在"出库配送中心"下拉列表框中选择出库配送中心；在"调入配送中心"下拉列表框中选择调入配送中心；在"配送物流公司"下拉列表框中选择物流公司，系统默认为快递；在"商品"下拉列表框中选择商品名称；最后，填写需要调拨的数量。

步骤 4：单击"调拨"按钮，系统提示"确认调拨吗？"。单击"确定"按钮，系统提示"调拨成功！支付运费：7.56"。单击"确定"按钮，完成调拨。如果还需要继续进行调拨操作，那么重复执行步骤 3、步骤 4。

查看表 3-11 所示的部分城市间运价可知，广州市配送中心调拨到石家庄配送中心的快递单位运价为 10.8，调拨数量 5 刚好在单位运输数量范围内，不用加价。卖家目前与蚂蚁快递的交易次数已大于 20 次，成交金融已大于 80，查看表 3-9 所示的物流折扣可知，运费可享受七折优惠。因此，这笔库存调拨费用=10.8×0.7=7.56。

（三）商品动销率分析

卖家可通过计算商品动销率，判断各时期单品销售情况及库存情况，判断哪些商品是爆款，哪些商品是滞销品。

以计算某网店第 4 轮第 2 期项链的动销率为例。

步骤 1：单击系统窗口左侧的"辅助工具"|"库存管理"项，打开"库存管理"页面，如图 5-14 所示。

步骤 2：单击系统窗口右侧的"订单统计"按钮，打开"订单统计信息"页面。

步骤 3：查看当期项链的订单信息，如图 5-17 所示。从图 5-17 中可知，这期的项链订单涉及 4 个城市，合计数量=2+1+3+3=9。

序号	商品名	城市名称	合计数量	平均价格	合计金额
1	项链	北京	2	84.80	169.60
2	项链	沈阳市	1	84.80	84.80
3	项链	石家庄	3	84.80	254.40
4	项链	太原市	3	84.80	254.40
5	连衣裙	北京	10	13.20	132.00
6	连衣裙	沈阳市	11	13.20	145.20
7	连衣裙	石家庄	4	13.20	52.80
8	连衣裙	太原市	64	2.83	158.77
9	连衣裙	哈尔滨市	57	4.40	198.33
10	连衣裙	广州市	18	10.56	158.46
11	连衣裙	海口	59	2.83	145.58
12	连衣裙	长沙市	58	3.78	185.17
13	西装	北京	15	14.68	220.20
14	西装	沈阳市	20	14.68	293.60
15	西装	石家庄	47	9.88	418.16
16	西装	太原市	10	14.68	146.80
17	西装	哈尔滨市	8	14.68	117.44
18	西装	广州市	10	14.68	146.80

图 5-17　第 4 轮第 2 期项链订单统计信息

步骤 4：单击系统窗口左侧的"辅助工具"|"库存管理"项，打开"库存管理"页面，选择商品"项链"，查到项链的库存数量为 20。

步骤 5：计算商品动销率。商品动销率=（动销单品数量/库存总单品数量）×100%=9/20×100%=45%。

二、物流数据分析

（一）物流分析

1. 物流信息查询

步骤 1：单击系统窗口左侧的"辅助工具"|"物流信息查询"项，打开"物流信息查询"页面，如图 5-18 所示。可以看到系统中内置的 3 种运输方式：EMS、蚂蚁快递和平邮。

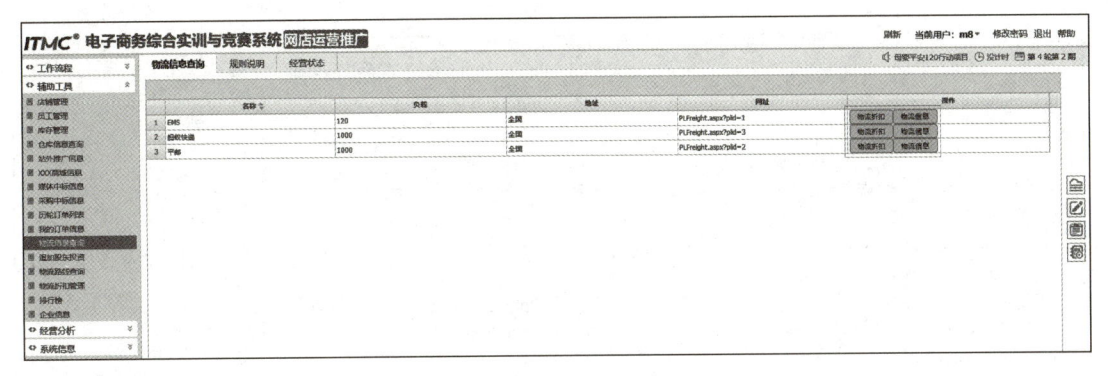

图 5-18　物流信息查询

步骤 2：单击"物流折扣"按钮，打开"物流折扣"页面，如图 5-19 所示。在"物流方式"下拉列表框中选择一种物流方式，单击"查询"按钮，查看该物流方式的折扣信息。可重复此步骤，分别查询 3 种物流方式的折扣信息，与表 3-9 中的信息进行比对。

图 5-19　物流折扣

步骤 3：单击"物流信息"按钮，打开"物流线路信息"页面，如图 5-20 所示。在"商品""发货城市""目的城市"和"物流方式"下拉列表框中选择商品、发货城市、目的城市和物流方式，单击"查询"按钮，查看物流线路信息，包括距离、单位数量、单位运价和单位加价等。重复此步骤，可查询更多城市之间的物流线路信息，与表 3-11 中的信息进行比对，也可以尝试自己动手完善表 3-11。

2. 物流路线查询

步骤 1：单击系统窗口左侧的"辅助工具"|"物流路线查询"项，打开"物流路线查询"页面，如图 5-21 所示。

步骤 2：在"商品""发货城市""目的城市"和"物流方式"下拉列表框中选择商品、发货城市、目的城市和物流方式，单击"查询"按钮，查看物流路线信息，包括距离、单位数量、单位运价和单位加价等。重复此步骤，可查询更多城市之间的物流路线信息。

"物流线路信息"页面和"物流路线查询"页面展示的信息基本一样。

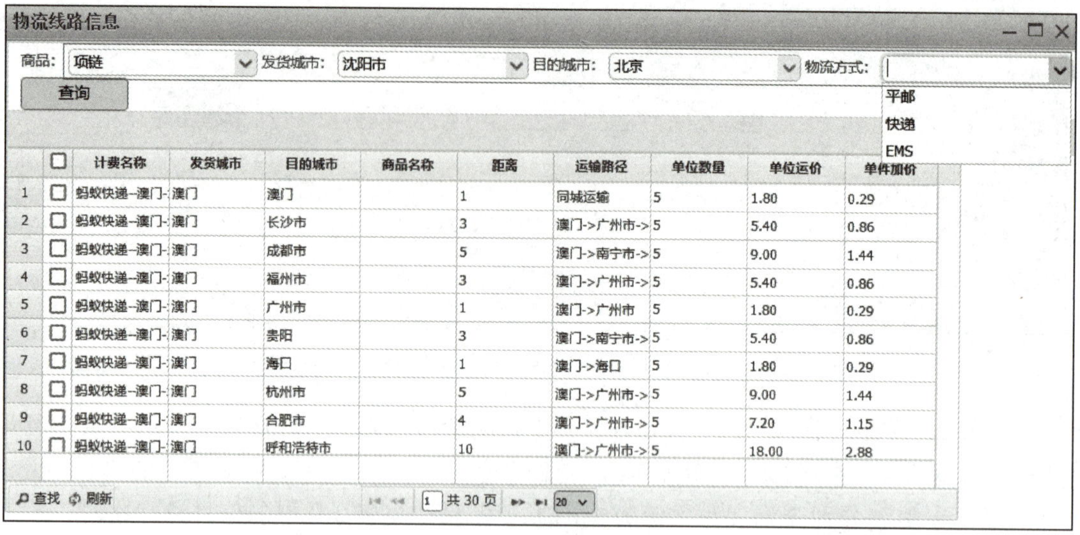

图 5-20　物流线路信息

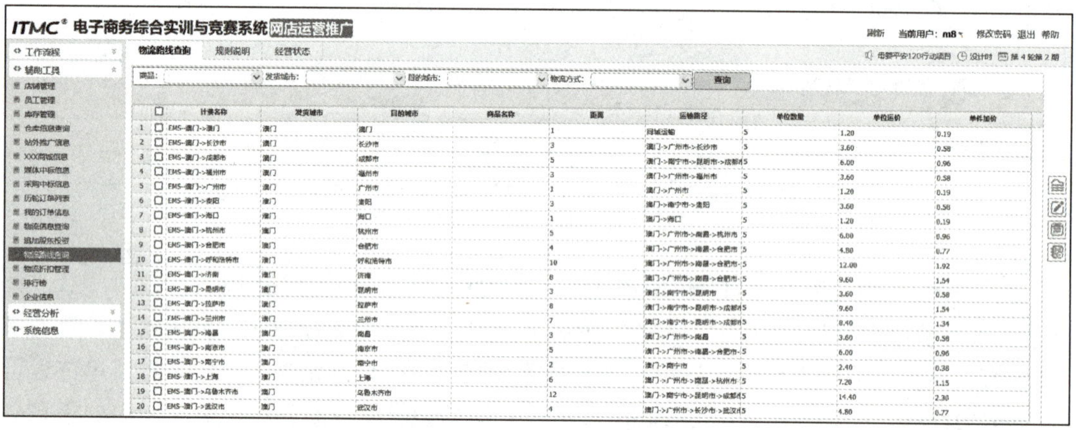

图 5-21　物流路线查询

备注：系统中，发货城市、目的城市之间的商品运费与城市间距离、物流方式和商品数量有关，与商品类型无关。

3. 物流折扣管理

步骤 1：单击系统窗口左侧的"辅助工具"|"物流折扣管理"项，打开"物流折扣管理"页面，如图 5-22 所示。

步骤 2：分别查询 3 种物流方式的折扣信息。EMS 规定，当最少交易次数达 12 次、最少交易金额为 50 时，物流费用可享受九折；蚂蚁快递规定，当最少交易次数达 20 次、最少交易金额为 80 时，物流费用可享受七折；平邮规定，当最少交易次数达 15 次、最少交易金额为 70 时，物流费用可享受五折。

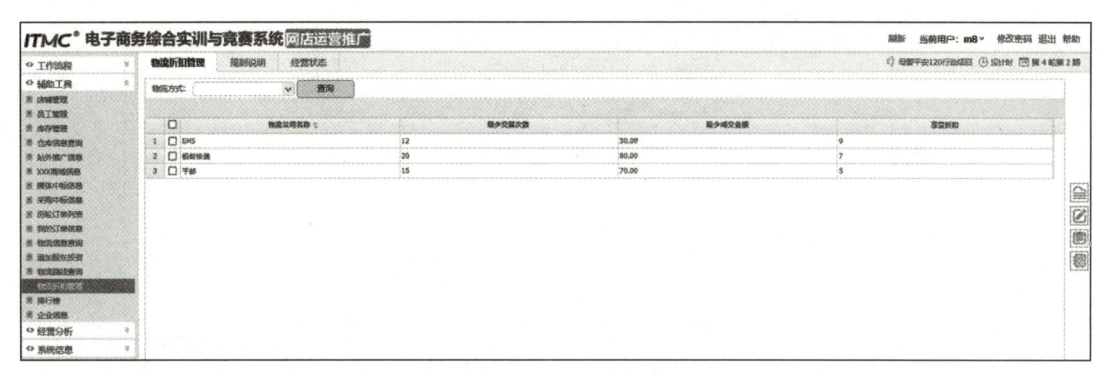

图 5-22　物流折扣管理

（二）配送中心选择分析

在"电商沙盘"系统中，配送中心费用主要包括建设费用（租赁费、维修费和搬迁费）及物流费用两个部分。配送中心设立的位置与数量需要考虑商品需求人群所在地和物流成本，要以"总费用最低"作为配送中心选择的原则。

某次网赛 5 轮经营中，商品需求人群每期出现的城市如表 5-2 所示。

表 5-2　5 轮经营中，商品需求人群每期出现的城市

经营期	城市									
1-1	北京	沈阳								
1-2	北京	沈阳								
2-1	北京	沈阳	石家庄	太原						
2-2	北京	沈阳	石家庄	太原						
3-1	北京	沈阳	石家庄	太原	哈尔滨	广州				
3-2	北京	沈阳	石家庄	太原	哈尔滨	广州				
4-1	北京	沈阳	石家庄	太原	哈尔滨	广州	海口	长沙		
4-2	北京	沈阳	石家庄	太原	哈尔滨	广州	海口	长沙		
5-1	北京	沈阳	石家庄	太原	哈尔滨	广州	海口	长沙	上海	杭州
5-2	北京	沈阳	石家庄	太原	哈尔滨	广州	海口	长沙	上海	杭州

第 1 轮的需求城市是北京和沈阳，综合考虑配送中心的租赁费、维修费、搬迁费和物流费，配送中心应设立在沈阳。第 2 轮出现新的需求城市石家庄和太原，查表 3-11 所示的部分城市间运价可知配送中心设立在石家庄比较合适。如果第 1 轮第 2 期沈阳配送中心仓库库存为 0，那么配送中心可以直接搬迁到石家庄；如果沈阳配送中心仓库还有库存，那么可以先在石家庄设立配送中心，进行库存调拨操作，然后把沈阳配送中心退租。第 3 轮出现新的需求城市哈尔滨和广州，查表 3-11 所示的部分城市间运价可知从石家庄配送中心往广州发货距离太远，建议在广州设立另一个配送中心。然后，根据石家庄配送中心和广州市配送中心与需求城市的距离，分别设置配送区域，如图 5-23 所示。

图 5-23　设置配送区域示例

任务三　销售数据分析

任务目标

1. 能够多维度分析销售数据，对网店运营策略进行优化和提升。
2. 能够对销售数据进行诊断分析，并提出合理化的建议。
3. 具备信息收集、分析的能力。
4. 具备责任意识，遵守电商行业规范。

任务分析

能够从订单撮合机制、流量数据、交易数据等多维度分析销售数据，并对网店运营过程中出现的问题进行分析；能够对销售数据进行诊断分析，并提出合理化的建议。

一、订单撮合机制分析

在资源有限的约束条件下,有时候放弃比不计代价地掠取更明智。网店不可能面面俱到,因此要确定重点商品,选取重点消费人群,制订合适的推广策略,以获得流量并提高转化率,进而获得更多的订单和丰厚的利润回报。电子商务沙盘交易体系如图 5-24 所示。

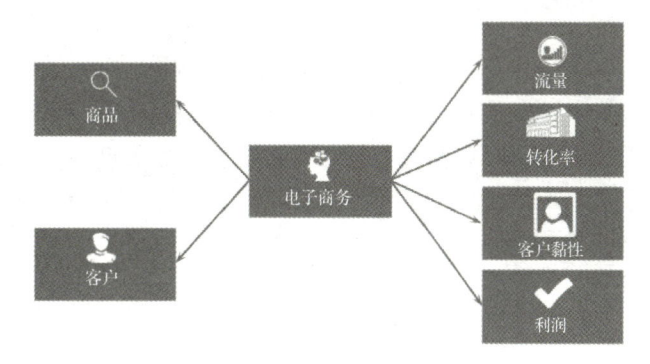

图 5-24 电子商务沙盘交易体系

(一)了解买家

如何从零开始在"电商沙盘"系统中开好一家网店?目前,"电商沙盘"系统已经面世 13 个年头,各个经营者对规则都有比较深刻的理解,竞争也越来越激烈。想要从竞争激烈的环境中脱颖而出,就需要搞清楚在该系统中开网店的最终目的是什么。

最终目的是依靠"电商沙盘"系统平台的流量获利,这就需要了解买家是怎么来的——流量把买家带进店;买家为什么买——流量转化让买家产生购买行为;买家怎么才能多买——黏性让买家重复购买。

"电商沙盘"系统的买家是怎么来的?买家是由系统模拟产生的,系统模拟买家的消费需求和搜索习惯,根据关键词搜索,寻找合适的卖家。买家订单产生示意图如图 5-25 和图 5-26 所示。

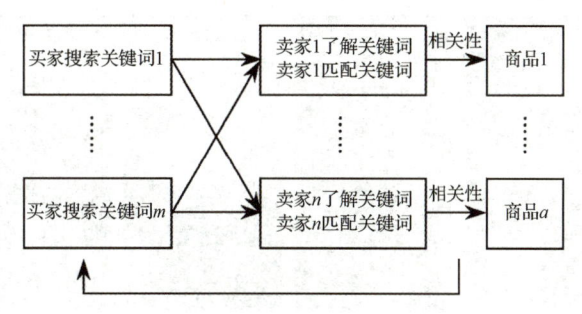

图 5-25 买家订单产生示意图 1

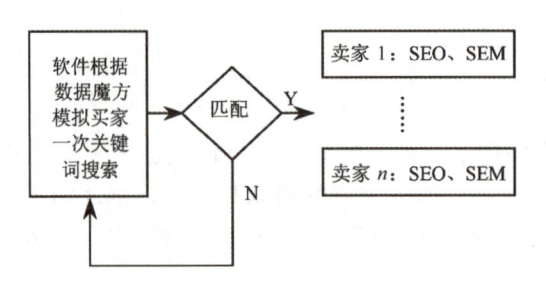

图 5-26　买家订单产生示意图 2

关键词是买卖双方解决供需关系的桥梁，数据魔方为卖家提供不同类目商品的市场需求信息及基于大数据的关键词的相关数据信息。因此，如果卖家想得到买家，那么需要掌握数据魔方提供的买家需求信息和搜索习惯，通过优化标题关键词尽可能地匹配买家的搜索习惯，在买家搜索某个关键词时，展示与该关键词相关的商品，并取得靠前的自然排名；或者通过对与自己所销售商品相关的关键词出具一定的竞价价格，在买家搜索其中某个关键词时，展示与该关键词相关的商品，并取得靠前的搜索排名。图 5-27 中的阴影部分为进店关键词。

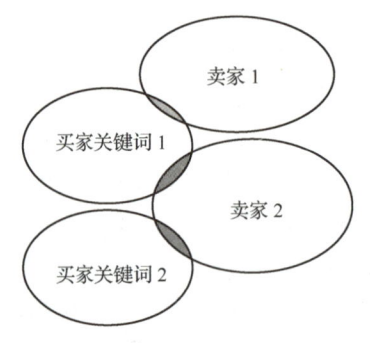

图 5-27　进店关键词（阴影部分）

（二）各类人群成交撮合

"电商沙盘"系统内置了 4 类消费人群，各类人群撮合规则如图 5-28 所示。

图 5-28　各类人群撮合规则

1. 低价人群成交撮合

低价人群成交撮合原理如图 5-29 所示。低价人群要通过 SEO、SEM 引流，之后 SEO 前 4 名、SEM 前 3 名进入成交环节，根据商品价格由低到高的顺序决定成交的卖家。假设 A4 组价格最低，那么 A4 组优先成交。

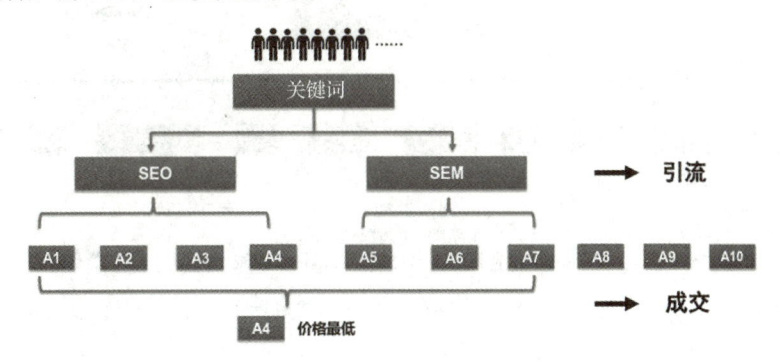

图 5-29　低价人群成交撮合原理

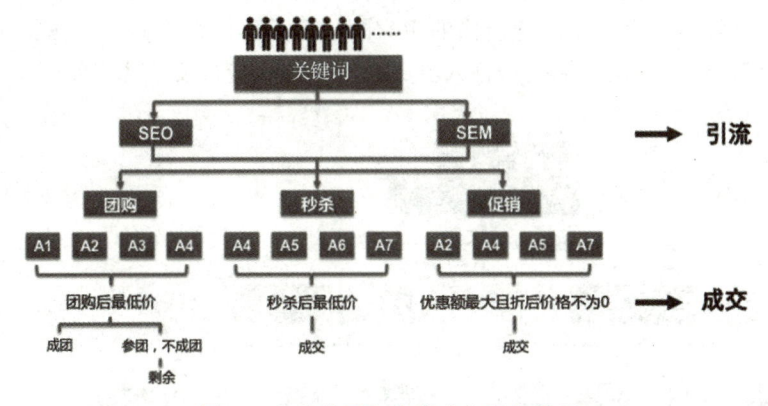

2. 犹豫不定人群成交撮合

犹豫不定人群成交撮合原理如图 5-30 所示。犹豫不定人群要通过 SEO、SEM 引流，之后 SEO 前 4 名、SEM 前 3 名进入成交环节，成交顺序依次是团购（团购后最低价，有的成团，有的参团却不成团，不成团的话这一部分需求剩余）、秒杀（秒杀后最低价）和促销（优惠额最大且折后价格不为 0），独立判断成交的卖家。

图 5-30　犹豫不定人群成交撮合原理

3. 品牌人群成交撮合

品牌人群成交撮合原理如图 5-31 所示。品牌人群要通过媒体影响力引流（站外推广：投广告）。通过媒体影响力、商品一口价、商品评价及城市影响力计算出品牌人群成交指数；根据买家对物流方式、售后服务的要求确定具备成交资格的卖家，从而计算出每个具备成交资格的卖家的品牌人群成交百分比（卖家在订单交易过程中获得订单的概率）；系统根据品牌人群成交百分比确定成交卖家。

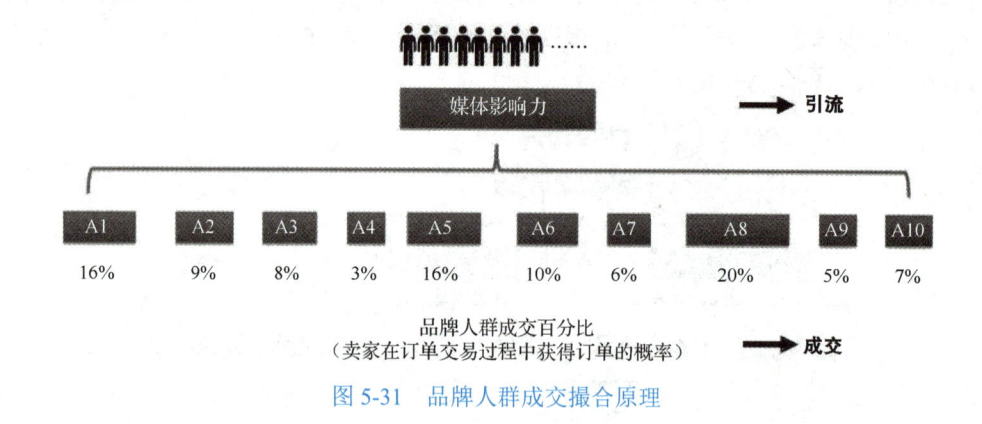

图 5-31　品牌人群成交撮合原理

备注：各组都有一个拿到订单的比例，但系统一般让品牌人群成交百分比高的组优先成交。

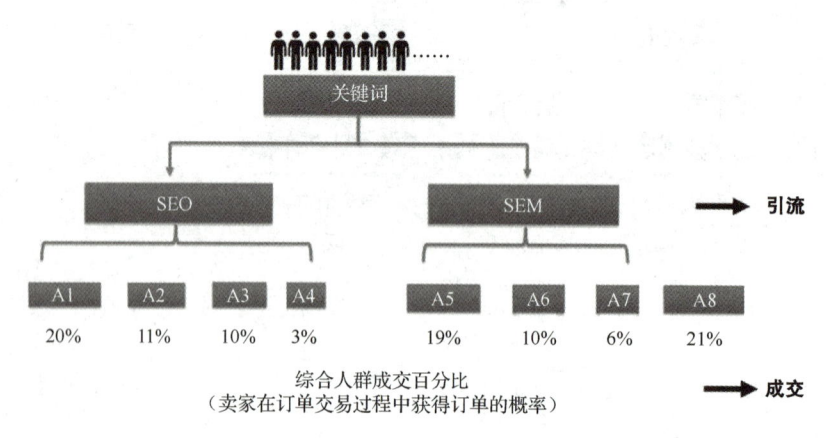

4. 综合人群成交撮合

综合人群成交撮合原理如图 5-32 所示。综合人群要通过 SEO、SEM 引流，之后 SEO 前 4 名、SEM 前 3 名进入成交环节。通过综合评价指数、商品一口价、商品评价及城市影响力计算出综合人群成交指数；根据买家对物流方式、售后服务的要求确定具备成交资格的卖家，从而计算出每个具备成交资格的卖家的综合人群成交百分比（卖家在订单交易过程中获得订单的概率）；系统根据综合人群成交百分比确定成交卖家。

图 5-32　综合人群成交撮合原理

二、流量数据分析

在现在这个"流量为王"的电子商务时代，没有流量就不会成交。"电商沙盘"系统中的网店流量有3个来源，分别为站内自然搜索流量、付费广告流量和站外流量。

想要做一个优秀的卖家，就需要深入分析系统提供的数据魔方，了解买家的消费需求和搜索习惯，掌握 SEO、SEM 关键词匹配方式和排名规则，从而取得较高的 SEO、SEM 排名，提高关键词的转化率，促使4类人群成交。"电商沙盘"系统订单成交规律如图 5-33 所示。

图 5-33　订单成交规律（销售漏斗）

如何才能让更多的买家光顾自家店铺呢？卖家必须做到店铺被买家搜索到、关键词被匹配；或者卖家的商品在系统中展现的位置比较好，与商品相关的关键词竞价价格排名靠前。买卖双方关键词匹配原理如图 5-34 所示。

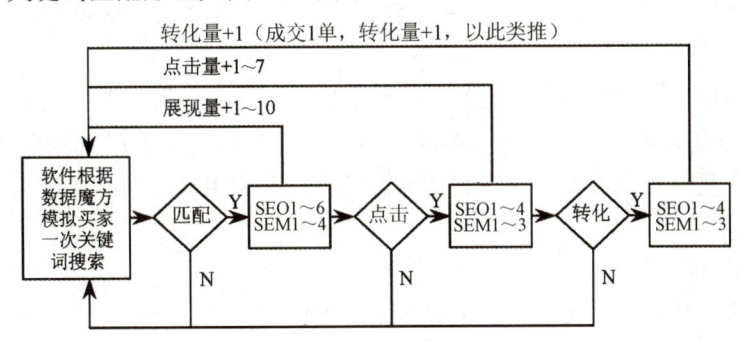

图 5-34　买卖双方关键词匹配原理

（一）自然搜索流量——SEO 优化

卖家通过优化标题关键词尽可能地匹配买家的搜索习惯，在买家搜索某个关键词时，展示与该关键词相关的商品，并取得靠前的自然排名。也就是说，卖家想要买家光顾自家的网店购买商品，必须做到商品被买家搜索到。

1. 关键词分析

商品标题是由关键词组合而成的。关键词是指买家在电子商务平台搜索时输入的表达个人需求的词汇，往往能直接反映买家搜索的意图。

（1）关键词类型。通常在一个商品标题当中会有品牌类、材质类、规格类、季节类、商品名称等词汇。关键词可以归类为以下几种。

① 核心词。核心词又称类目主词，一般是指商品名称或商品所属类目名称。核心词包括与商品紧密联系的、能准确表达商品的关键词，即大词、热词；搜索量大的关键词，在关键词热搜排行榜上排名靠前，通常由2~4个字组成，如项链、洗发水、钻石戒指等。

② 品牌词。品牌词即品牌名称，如海尔、美的、创维、长虹、康佳等。

备注：在真实的电子商务环境中，在优化商品标题组合的过程中要切忌使用未经授权的品牌词，否则可能构成侵权。

③ 属性词。属性词指的是描述商品特征属性的词语，包括商品规格、材质、颜色、风格等，如雪纺、高腰、玛瑙、钢化、液晶等。

④ 营销词。营销词指的是带有营销意味的词语，包含优惠信息、商品卖点等，通常作为核心词和属性词的补充，如包邮、2024年新款、正品等。

⑤ 长尾词。长尾词指的是商品的非中心关键词，但与中心关键词相关，可以带来搜索流量的组合关键词，一般由两个或两个以上的词组成，且通常由核心词、属性词、营销词等搭配而成，如32寸LED液晶电视、大码七分裤女夏、儿童家具套房男孩等。长尾词的优点是搜索精准，转化率高，搜索竞争小，展现机会大；缺点是搜索量小，展现量小。

（2）关键词挖掘。买家通过搜索关键词来寻找所需要的商品，在"电商沙盘"系统中，每种商品都有一个关键词词库。也就是说，买家一般利用词库里的词来寻找所需要的商品，因此，为了更好地了解商品关键词词库的特点，卖家可以对商品关键词词库进行词频分析。

① 关键词密度

关键词密度又称关键词频率，用来衡量某个关键词出现的次数与商品关键词词库中所有关键词出现的总次数的比例，一般用百分数表示。关键词出现的频率越高，关键词密度越大。举例来说，某个商品关键词词库共有100个关键词，而某个关键词出现5次，则可以说该关键词密度为5%。合理的关键词密度可以使卖家获得较高的排名，若关键词密度过大，则会起到相反的效果。

② 词频分析。通过对数据魔方的词库进行词频分析，卖家可以有依据地设置商品关键词。以油烟机关键词词库为例，数据魔方提供了165个关键词，每个关键词都包含展现量、点击量、点击率、转化量和转化率等相关数据信息，如图5-35所示。

对油烟机关键词词库进行词频分析可以得到词云图，如图5-36所示。油烟机词频排名前10的分词结果如表5-3所示。

油烟机数据魔方									
	关键词	展现量	点击量	转化量	点击率	转化率	点击花费	平均点击单价	搜索相关性
1	中山樱花油烟机	4523	1042	189	23.04%	18.14%	18.00	0.02	3.60
2	志高油烟机	4774	1137	189	23.82%	16.62%	6.00	0.01	3.40
3	油烟机中式	2631	710	95	26.99%	13.38%	156.00	0.22	3.20
4	油烟机正品	1018	255	47	25.05%	18.43%	126.00	0.49	4.60
5	油烟机樱花	2889	781	95	27.03%	12.16%	72.00	0.09	3.40
6	油烟机特价包邮	533	118	12	22.14%	10.17%	6.00	0.05	4.20
7	油烟机特价	713	189	24	26.51%	12.70%	6.00	0.03	2.80
8	油烟机全国联保	4415	1042	189	23.60%	18.14%	6.00	0.01	3.60
9	油烟机近吸	3297	758	95	22.99%	12.53%	12.00	0.02	2.60
10	油烟机电机	4087	947	95	23.17%	10.03%	18.00	0.02	2.00
11	油烟机触摸	4108	947	95	23.05%	10.03%	18.00	0.02	2.00
12	油烟机侧吸玻璃	3012	663	95	22.01%	14.33%	12.00	0.02	3.00
13	油烟机侧吸包邮	2444	474	47	19.39%	9.92%	6.00	0.01	4.00
14	油烟机侧吸	3119	725	77	23.24%	10.62%	1470.00	2.03	5.20
15	油烟机包邮	631	173	25	27.42%	14.45%	426.00	2.46	6.60
16	油烟机 正品	687	243	44	35.37%	18.11%	264.00	1.09	8.40
17	油烟机 樱花	4353	1042	189	23.94%	18.14%	6.00	0.01	3.60
18	油烟机 侧吸	2830	734	95	25.94%	12.94%	174.00	0.24	3.00
19	油烟机	12327	3102	361	25.16%	11.64%	2262.00	0.73	4.00
20	油烟	4330	1042	189	24.06%	18.14%	30.00	0.03	3.60

图 5-35　油烟机关键词词库信息

图 5-36　油烟机关键词词云图

图 5-36 原图

表 5-3　油烟机词频排名前 10 的分词结果

分词	油烟	烟机	油烟机	抽油烟机	樱花	侧吸	吸油烟机	正品	排油烟机	方太
词频	148	148	145	36	26	20	15	8	7	6
词库覆盖率	89.7%	89.7%	87.88%	21.82%	15.76%	12.12%	9.09%	4.85%	4.24%	3.64%
词库词	否	是	是	是	是	否	是	否	是	是
剔除"烟机"分词后词库覆盖率	/	/	/	/	2.42%	0	0	/	0	0.61%

由表 5-3 可知,"烟机"在整个油烟机关键词词库中覆盖率为 89.7%,"樱花"在整个油烟机关键词词库中覆盖率为 15.76%,以"烟机"开始做无重叠筛选后"樱花"覆盖率为 2.42%。如果卖家对油烟机标题的选词包括"烟机"和"樱花"两个关键词,那么可以覆盖油烟机整个关键词词库的 92.12%(89.7%+2.42%)。

【做一做】

请根据数据魔方分别制作 13 种商品关键词词云图。

2. SEO 商品排名

仍用项目三的得分规则,基于某关键词模拟买家的一次搜索,SEO 商品排名得分前 $M×0.6$ 名的卖家的商品会被展现;SEO 商品排名得分前 $N×0.4$ 名的卖家的商品会被点击。SEO 商品排名得分如图 5-37 所示。

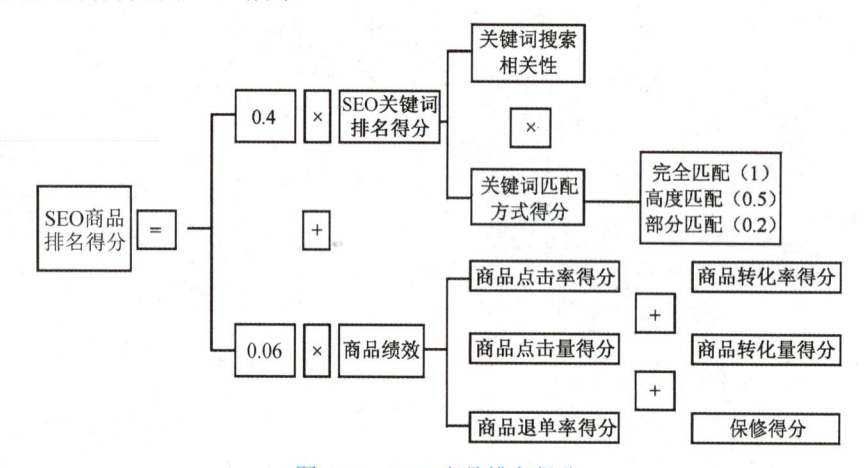

图 5-37 SEO 商品排名得分

3. SEO 优化

在优化商品标题时,应该注意以下两点。

(1)网店内不同类型的商品所采取的标题优化策略不同。网店内的商品根据销量可以分成爆款商品、日常销售款商品和新款/滞销款商品。

对于爆款商品,尽量选择行业中的大词、热词,尽可能选择词库覆盖率高的关键词。销量高的商品标题优化应该布局词库覆盖率高的关键词,这些爆款商品销量高,转化率高,商品绩效高,大词、热词可以更多地展现,更容易被买家搜索到。

对于日常销售款商品，基于商品属性词进行拓展，挖掘关键词，如可以选择词库覆盖率高的关键词和词库覆盖率低的关键词组合成商品标题。

对于新款商品，各个卖家都在同一条起跑线上，尽量选择行业中的大词、热词，选择词库覆盖率高的关键词。对于滞销款商品，则以获取精准流量为目标，尽可能选择竞争较小、词库覆盖率较低、较为精准的关键词，这些词往往是长尾词或低频词。新款/滞销款商品标题的前期优化阶段适合使用一些优质长尾词或低频词，以提高商品的转化率，从而提升商品的绩效。

（2）商品标题优化是一个动态过程，需要不断分析相关数据。商品标题关键词使用核心词（高频词）时，商品绩效越高，带来的流量越多。对于转化率和点击率较高的词，尽量不去调整，当商品的销量增加、绩效不断提升或保持高分时，带来的流量越多，就越容易成交。

当商品绩效较低时，SEO 排名进不了前 4 名，若卖家使用核心词（高频词），只会增加商品的点击量和展现量，无法成交，致使推广效果很差，反而会继续降低商品的绩效。此时，若卖家使用较为精准的长尾词（低频词），则推广效果优于核心词（高频词）。

以油烟机为例，如果卖家对油烟机标题的选词包括"烟机"和"樱花"两个关键词，那么可以覆盖油烟机整个关键词词库的 92.12%。若油烟机是新款或爆款商品，可以选用"烟机""樱花""油烟""华帝""家电""帅康""方太"等作为商品标题关键词；若油烟机是滞销款商品，可以选用"樱花""广州""电器""家电""帅康""海尔"等作为商品标题关键词。油烟机的以上标题关键词仅供参考，卖家可以根据实战经验不断做出调整。

（二）付费广告流量——SEM 推广

关键词搜索引流即直通车（SEM）对卖家而言是一个非常好的引流工具。在商品销量比较小的情况下，自然搜索流量比较少，想要获得更多的展现量或流量，可以使用直通车。直通车相当于搜索引擎的竞价排名，通过付费的方式，可以获得更好的展示机会。与搜索引擎竞价排名一样，卖家可以针对每个竞价词自由定价，并且可以看到排名位置，按照实际被点击次数付费。

1. 关键词分析

SEM 推广关键词词库和 SEO 关键词词库一致，关键词类型分析和关键词挖掘方法也相同。

2. SEM 商品排名

仍用项目三的得分规则，基于某关键词模拟买家的一次搜索，SEM 商品排名得分前 $M×0.4$ 名的卖家的商品会被展现；SEM 商品排名得分前 $N×0.3$ 名的卖家的商品会被点击。

SEM 商品排名规则主要由关键词质量分和竞价价格共同决定，乘积被称为 SEM 商品排名得分，即 SEM 商品排名得分=质量分×竞价价格，如图 5-38 所示。对于同一个关键词，SEM 商品排名得分越高，SEM 商品排名越靠前。

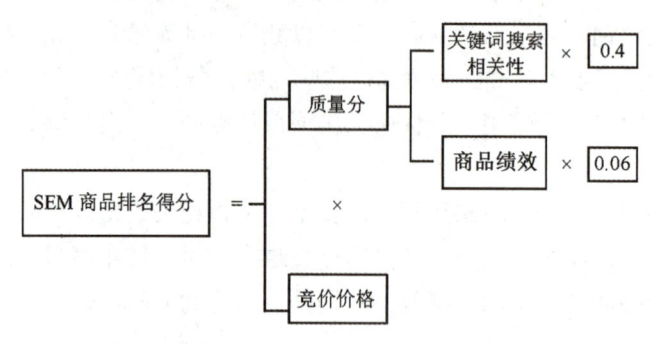

图 5-38　SEM 商品排名得分

关键词质量分越高，对 SEM 推广越有利，获得的推广效果越理想。根据 SEM 商品排名规则，关键词质量分越高，就越可以用更低的价格把 SEM 商品展现在更靠前的展示位，从而获得更大的流量。

3. SEM 扣费机制

前已述及，卖家实际为某个 SEM 关键词的一次点击支付的费用=该关键词排名下一名的竞价价格×（下一名的质量分/卖家的质量分）+0.01。通常情况下，不考虑溢价因素，实际扣费一定低于竞价价格。因此，可以把 SEM 推广关键词竞价价格称为卖家愿意为该关键词单次点击花费的最高价格。

另外，从上面的扣费公式可以看出，当竞争排名时，提高自己的质量分不仅能够降低竞价价格，还能够减少实际扣费。对于同一个排名，质量分高的卖家可以比质量分低的卖家省不少推广费用。如果短期内无法提高自己的质量分，那么舍弃一些竞争激烈的关键词，退而求其次，也可以节省不少推广费用。

4. SEM 推广商品选择

对大多数网店来说，对全部商品进行推广不但费时，而且容易造成资金的浪费。因此，需要从全部商品中选择目标商品或效果较好的商品进行推广。通常可以运用"二八法则"对商品进行初步选择。二八法则，又称二八定律、80/20 定律、帕累托法则、不平衡原则等，被广泛应用于社会学、企业管理学等众多领域。在任何一组商品中，主要的只占其中一小部分，约 20%，其余 80%尽管是多数，却是次要的。根据二八法则，在选择推广商品时可以选择网店内的爆款商品和主要销售的利润款商品进行推广，并选取少量有潜力的新款/滞销款商品进行推广。借助原先商品的销量、人气等，爆款商品竞争力更强，更容易获取 SEM 推广流量，且对 SEM 推广流量的使用效率更高。利润款商品虽然竞争力稍弱，但是利润空间大，可以为网店带来收益。

在运用二八法则初选商品后，卖家可以通过测款选出更适合推广的商品。所谓测款就是卖家花费一定的时间和资金对初选的商品进行推广，从推广的数据中进一步筛选推广效果好的商品。

5. SEM 推广关键词选择

（1）关键词添加。在选择关键词时，总的原则在于卖家为自己不同的商品选择合适的关键词，这些关键词能够让相应的商品有机会排名靠前获得流量，且获得的流量尽可能多。

一般可以根据商品不同发展阶段选择关键词。所谓商品不同发展阶段，本质就是商品的竞争力不同，不仅会直接影响商品所选关键词的质量分，还会影响关键词引入流量的转化效果。

爆款商品在同行业商品中具有较强的竞争力，容易在 SEM 推广关键词排名中获得比较靠前的位置，从而得到展现量和流量。因此，在选择爆款商品关键词时不用过多担心排名和转化效果，应尽量追求流量最大化，优先选择行业内热搜词、短词（高频词）。

日常销售款商品的竞争力弱于爆款商品，出价相同时排名不够靠前，如果想排名超过爆款商品，就得提高出价。因此，日常销售款商品不能盲目选择太多热词、短词（高频词），以免造成推广费用的浪费。为了保证关键词转化效果，不浪费推广资金，需要进行筛选，筛选出少量完全符合商品特征的热词、短词进行推广。另外，应重点选择搜索量较大的商品属性关键词进行比较精准的推广，在保证推广转化效果的情况下，尽可能多地获得流量。对于日常销售款商品来说，转化数据往往比点击数据更为重要。

新款商品对各个卖家来说都在同一条起跑线上，应尽量选择行业内热搜词、短词（高频词），选择词库覆盖率高的关键词。各个卖家质量分一致，只要出价合适，高频词就容易被展现、点击甚至成交。

滞销款商品是竞争力最差的，在进行推广时不能盲目选择关键词投入大量的资金，不然很容易造成推广资金的浪费。滞销款商品讲究一个循序渐进的"养词"过程，可以在推广初期，配合 SEO 选择一些符合自身商品属性的长尾词，利用长尾效应慢慢积攒展现量、点击量、点击率和转化量等。在不清楚哪些关键词有机会展现时，可以模仿测款的思路，粗略选择大量的长尾词进行测试，保留有机会被展现和点击的关键词进行后续的推广。

（2）关键词竞价价格。关键词竞价价格由卖家自己设定，不由搜索引擎设定。关键词的实际扣费不会超过卖家设置的关键词出价。关键词出价主要依据卖家的资金状况和对市场竞争的预判设置。

SEM 商品关键词质量分如图 5-39 所示。某卖家商品项链的关键词"项链"的质量分为 8，预估竞争对手的质量分为 10，愿意为关键词"项链"被点击一次所支付的价格为 1.5，那么该卖家要想排名超过竞争对手需要的竞价价格最低值=（竞争对手质量分×竞争对手竞价价格）/该卖家质量分=（10×1.5）/8≈1.88。因此，该卖家的关键词竞价价格只有大于 1.88 才能排名靠前。

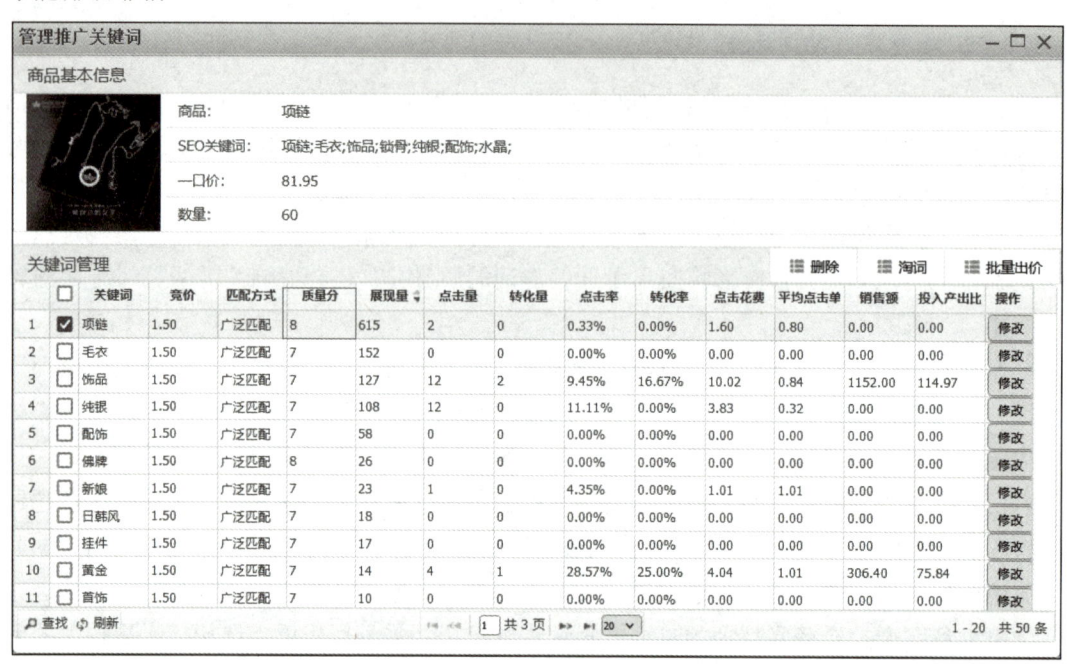

图 5-39　SEM 商品关键词质量分

6. SEM 推广计划预算设置

SEM 推广计划预算是指在一定时期内卖家愿意为推广计划支付的最高推广费用。推广计划预算是推广计划中非常重要的内容，每个推广计划都应有独立的预算，互不干扰。如果在规定的时期内，推广费用达到该推广计划预算，那么该推广计划就会"下线"，其他推广计划不受影响。卖家如果想继续推广这个计划，那么可以修改该推广计划预算，追加推广费用，等到下一个推广周期开始，推广计划重新"上线"。推广计划预算按"期"设置，要合理、足额。

（三）站外流量——媒体影响力引流

企业可通过站外推广获取站外流量。站外推广就是通过对企业网络营销站点的宣传吸引用户访问，同时树立企业的网上品牌形象，为企业营销目标的实现打下坚实的基础。

1. 查询自己网店的媒体中标信息

卖家单击系统窗口左侧的"辅助工具"|"媒体中标信息"项，系统会显示该网店所有的媒体中标信息。卖家也可以按"轮"和"期"查询媒体中标信息，如图 5-40 所示。

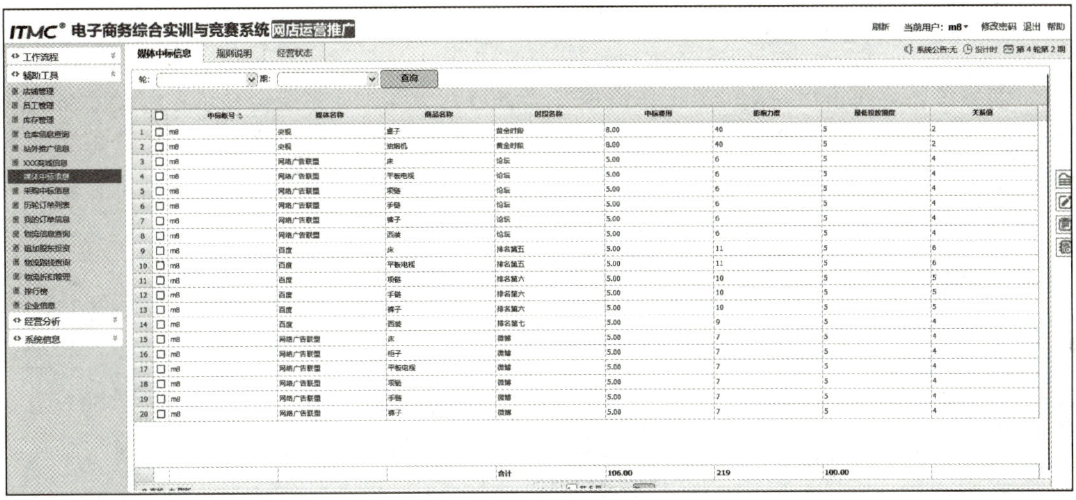

图 5-40　媒体中标信息

2. 查询所有网店的媒体中标信息

卖家单击系统窗口左侧的"辅助工具"|"站外推广信息"项，系统会显示所有网店当期的媒体中标信息，如图 5-41 所示。可以查看中标账号、媒体名称、商品名称、时段名称、中标费用、影响力度、最低投放额度和关系值信息。

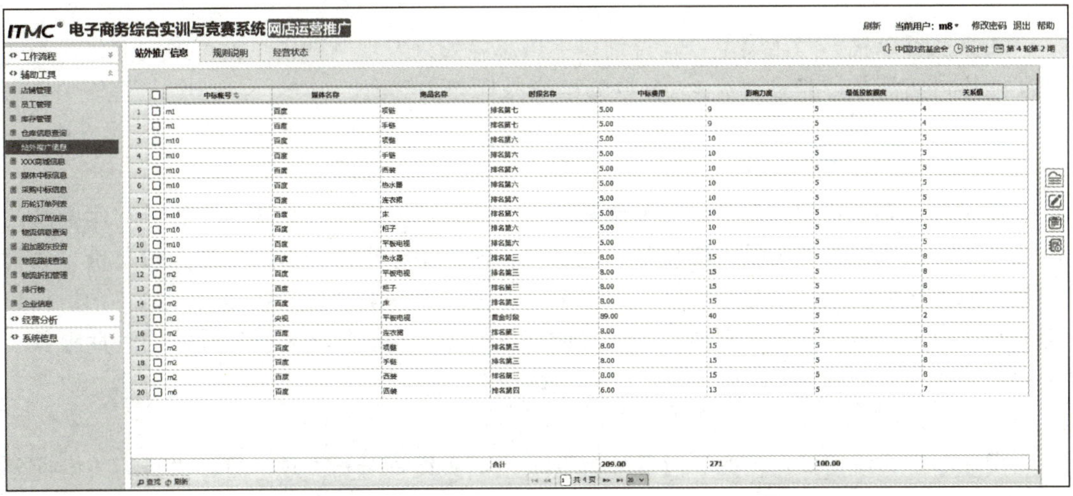

图 5-41　站外推广信息

三、交易数据分析

（一）推广效果分析

1. SEO 优化效果分析

卖家单击系统窗口左侧的"工作流程"|"SEO 优化"项，系统会显示各售卖商品的网店名、SEO 标题、库存数量、销售数量和一口价等信息，如图 5-42 所示。系统会每期更新销售数量，而 SEO 标题、库存数量和一口价需要卖家手动更新。通过比较本期销售数量与上期销售数量，就可以发现 SEO 优化的总体效果。

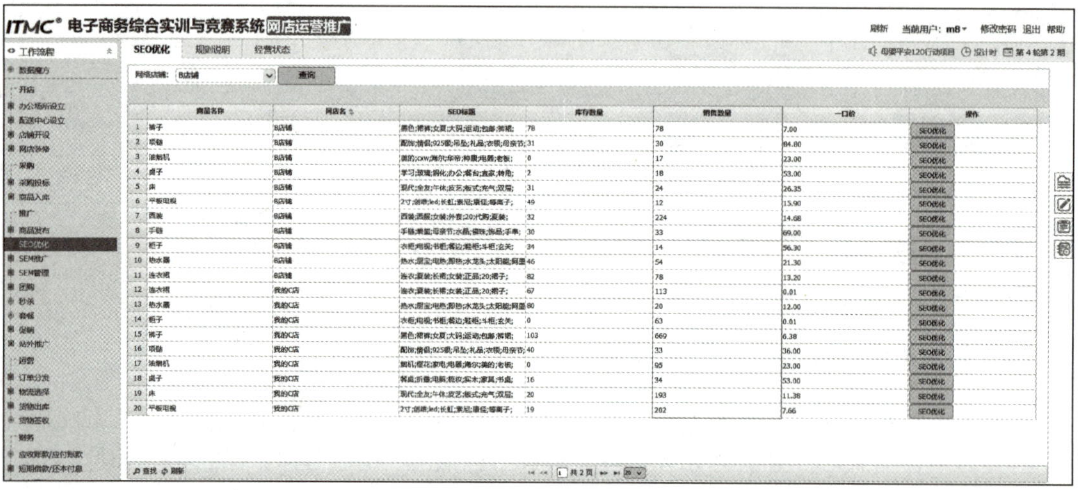

图 5-42　SEO 优化效果

卖家也可以根据网店类型分别查询以上信息。如果发现两期销量没有太大变化，那么说明网店自然流量排名没进前 4，需要修改商品标题关键词。

2. SEM 推广效果分析

卖家单击系统窗口左侧的"工作流程"|"SEM 管理"项，系统会显示各售卖商品的默认竞价、展现量、点击量、转化量、点击率、转化率、点击花费、平均点击单价、销售件数、销售额和投入产出比等信息，如图 5-43 所示。其中转化量指的是订单数，销售件数指的是销售的总数量。卖家根据以上信息调整关键词、竞价价格和推广计划的每期限额。

3. 进店关键词分析

卖家单击系统窗口左侧的"经营分析"|"进店关键词分析"项，打开"进店关键词分析"页面，如图 5-44 所示。

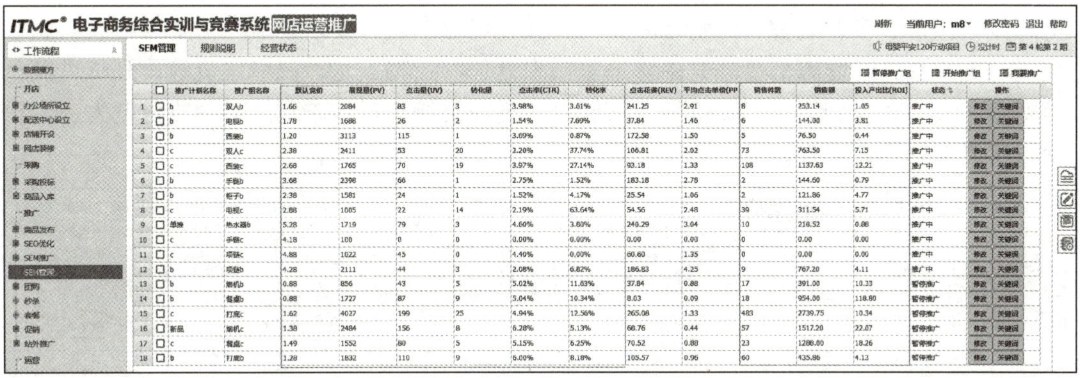

图 5-43　SEM 推广效果

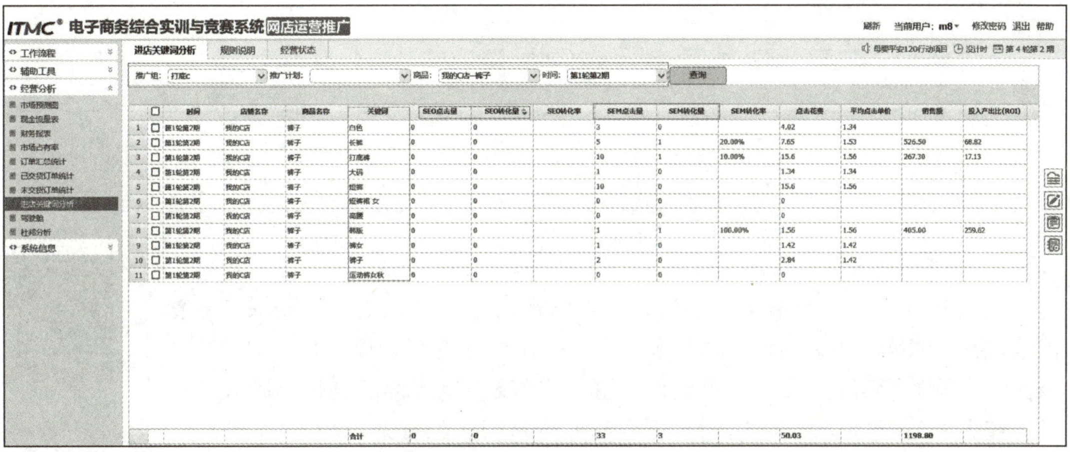

图 5-44　进店关键词分析

在"推广组""推广计划""商品"和"时间"下拉列表框中选择一种或多种查询方式，再单击"查询"按钮，查看进店关键词分析信息，包括时间、店铺名称、商品名称、关键词、SEO 点击量、SEO 转化量、SEO 转化率、SEM 点击量、SEM 转化量、SEM 转化率、点击花费、平均点击单价、销售额和投入产出比等信息。其中 SEO 转化量和 SEM 转化量指的是订单数。卖家根据以上信息调整关键词、竞价价格和推广计划的每期限额。

（二）订单管理

1. 我的订单信息

卖家通过"我的订单信息"模块可以查询网店目前的订单信息。

步骤 1：单击系统窗口左侧的"辅助工具"|"我的订单信息"项，打开"我的订单信息"页面，如图 5-45 所示。

步骤 2：在"商品""到达城市""物流方式""订单类型""消费人群"和"时间"下拉列表框中选择一种或多种查询方式，单击"查询"按钮，可查看订单信息，包括订单类型、到达城市、客户名称、到货期限、销售额、优惠金额、要求物流、消费人群、状态、到货进度和受订时间等信息。其中状态包括未处理、货物到达、已经出货等。到货进度都是红色，表明货物到达；到货进度还有绿色，说明已经出货但未到达；到货进度为空，说明订单尚未处理。

图 5-45　我的订单信息

图 5-45 原图

卖家通过"订单类型"下拉列表框可以查询订单来源是正常购买、套餐、秒杀，还是团购。卖家通过"消费人群"下拉列表框查询订单来自综合人群（综合评价人群）、低价人群（注重低价人群）、犹豫不定人群，还是品牌人群（注重品牌人群），可以验证网店的目标人群订单是否达到预期设想。

2. 订单汇总统计

卖家通过"订单汇总统计"模块可以查询网店截至目前各个商品的销售总数。

步骤 1：单击系统窗口左侧的"经营分析"|"订单汇总统计"项，打开"订单汇总统计"页面，如图 5-46 所示。

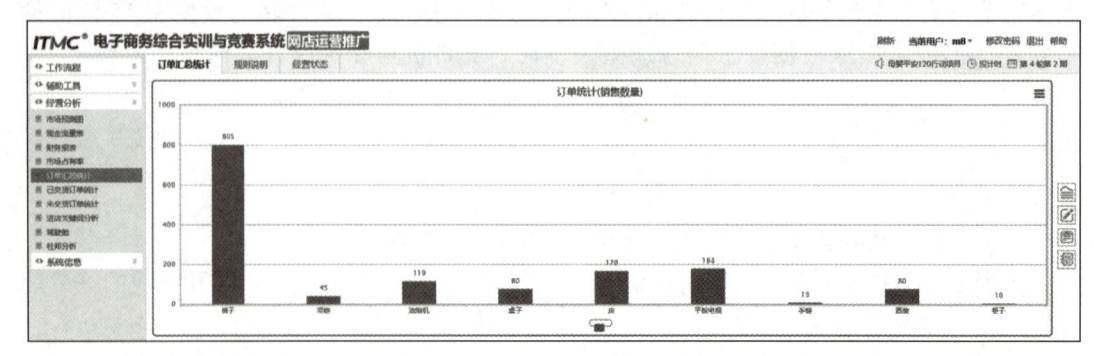

图 5-46　订单汇总统计

步骤2：查询已售出商品的销售总数。

3. 历轮订单列表

卖家通过"历轮订单列表"模块可以查询网店各期所有订单信息。

步骤1：单击系统窗口左侧的"辅助工具"|"历轮订单列表"项，打开"历轮订单列表"页面，如图5-47所示。

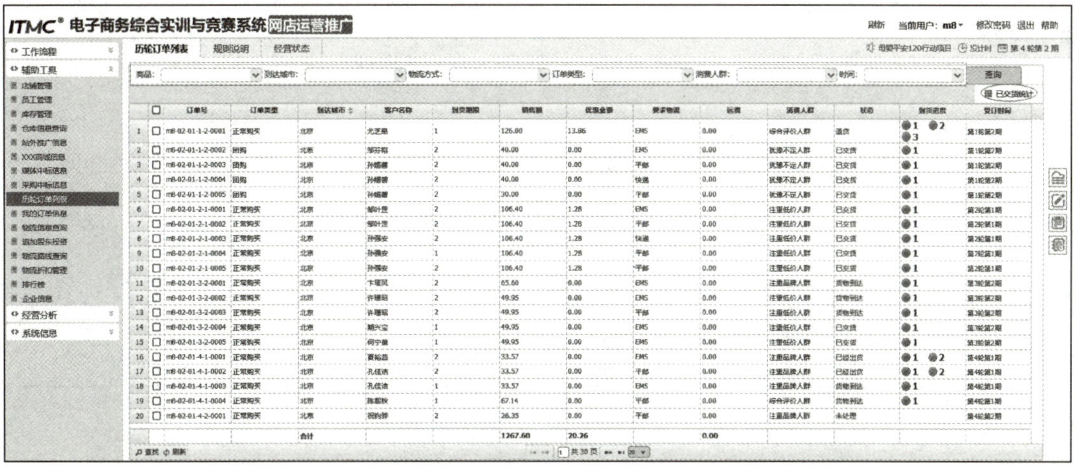

图 5-47　历轮订单列表

步骤2：在"商品""到达城市""物流方式""订单类型""消费人群"和"时间"下拉列表框中选择一种或多种查询方式，单击"查询"按钮，可查看订单信息，包括订单类型、到达城市、到货期限、销售额、优惠金额、要求物流、消费人群、状态、到货进度和受订时间等信息。其中状态包括未处理、货物到达、已经出货、已交货和退货。到货进度都是红色，表明货物到达；到货进度还有绿色，说明已经出货但未到达；到货进度为空，说明订单尚未处理。

步骤3：单击"已交货统计"按钮，按"轮"查询已交货订单统计信息，如图5-48所示。在"轮"下拉列表框中选择要查询的轮次，再单击"查询"按钮。重复此步骤可继续查询其他轮次的已交货订单统计信息。

4. 未交货订单统计

卖家通过"未交货订单统计"模块可以查询网店各期未交货订单。

步骤1：单击系统窗口左侧的"经营分析"|"未交货订单统计"项，打开"未交货订单统计"页面，如图5-49所示。

步骤2：在"轮"和"期"下拉列表框中选择一种或多种查询方式，单击"查询"按钮，可查看未交货订单统计信息，包括商品名、城市名称、合计数量、平均价格和合计金额等信息。

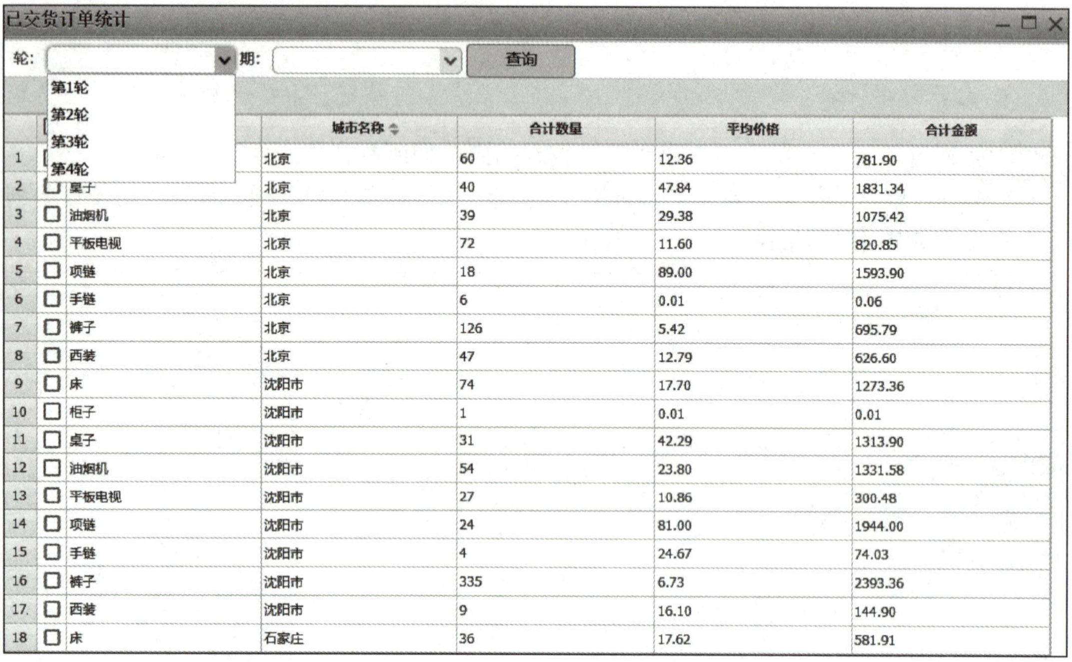

		商品名	城市名称	合计数量	平均价格	合计金额
1			北京	60	12.36	781.90
2		桌子	北京	40	47.84	1831.34
3		油烟机	北京	39	29.38	1075.42
4		平板电视	北京	72	11.60	820.85
5		项链	北京	18	89.00	1593.90
6		手链	北京	6	0.01	0.06
7		裤子	北京	126	5.42	695.79
8		西装	北京	47	12.79	626.60
9		床	沈阳市	74	17.70	1273.36
10		柜子	沈阳市	1	0.01	0.01
11		桌子	沈阳市	31	42.29	1313.90
12		油烟机	沈阳市	54	23.80	1331.58
13		平板电视	沈阳市	27	10.86	300.48
14		项链	沈阳市	24	81.00	1944.00
15		手链	沈阳市	4	24.67	74.03
16		裤子	沈阳市	335	6.73	2393.36
17		西装	沈阳市	9	16.10	144.90
18		床	石家庄	36	17.62	581.91

图 5-48　已交货订单统计

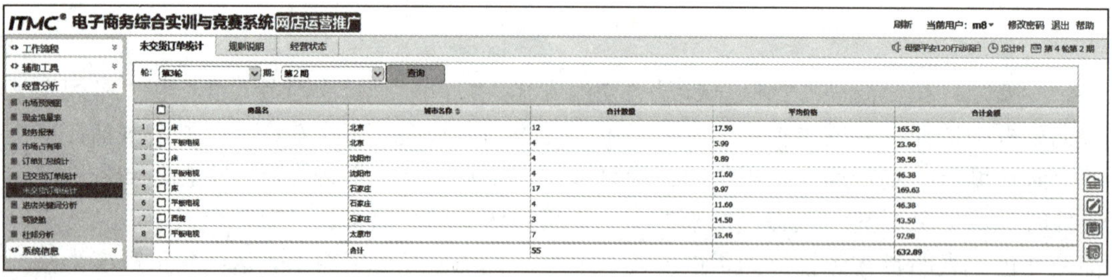

		商品名	城市名称	合计数量	平均价格	合计金额
1		床	北京	12	17.59	165.50
2		平板电视	北京	4	5.99	23.96
3		床	沈阳市	4	9.89	39.56
4		平板电视	沈阳市	4	11.60	46.38
5		床	石家庄	17	9.97	169.63
6		平板电视	石家庄	4	11.60	46.38
7		西装	石家庄	3	14.50	43.50
8		平板电视	太原市	7	13.46	97.98
			合计	55		632.89

图 5-49　未交货订单统计

5. 已交货订单统计

卖家通过“已交货订单统计”模块可以查询网店各轮已交货订单。

步骤 1：单击系统窗口左侧的“经营分析”|“已交货订单统计”项，打开“已交货订单统计”页面，如图 5-50 所示。

步骤 2：在“轮”下拉列表框中选择要查询的轮次，单击“查询”按钮。重复此步骤可继续查询其他轮次的已交货订单统计信息，包括商品名、城市名称、合计数量、平均价格和合计金额等信息。

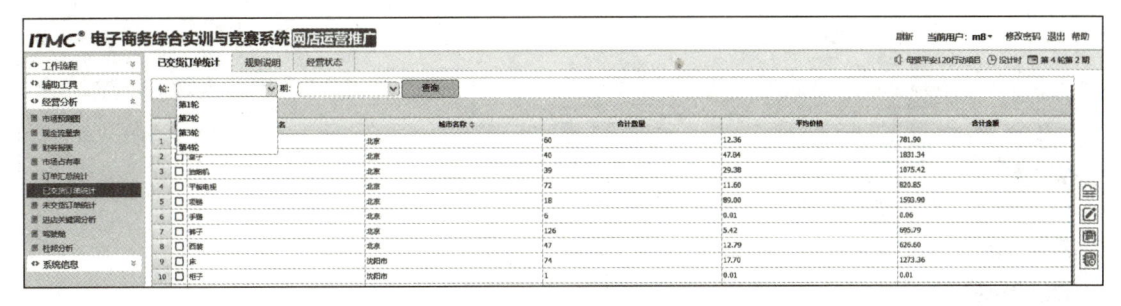

图 5-50 已交货订单统计

任务四　竞争数据分析

任务目标

1. 能够从排行榜、市场占有率等维度进行竞争力分析。
2. 能够通过竞争数据分析，诊断网店运营过程中的问题，并提出合理化的建议。
3. 具备信息收集、分析的能力。
4. 具备系统思考和独立思考的能力。

任务分析

知己知彼，百战不殆。对于网店运营人员来说，对竞争对手的分析是非常重要的。只有做好竞争对手的分析，了解对方的优点和弱点，才能制订更好的推广方案。

一、竞争对手数据分析

（一）排行榜分析

卖家通过"排行榜"模块可以查询各网店的得分排名，包括净利润排行榜、资产总计排行榜和慈善排行榜等，可以据此判断竞争对手的竞争力。

步骤 1：单击系统窗口左侧的"辅助工具"|"排行榜"项，打开"排行榜"页面，如图 5-51 所示。

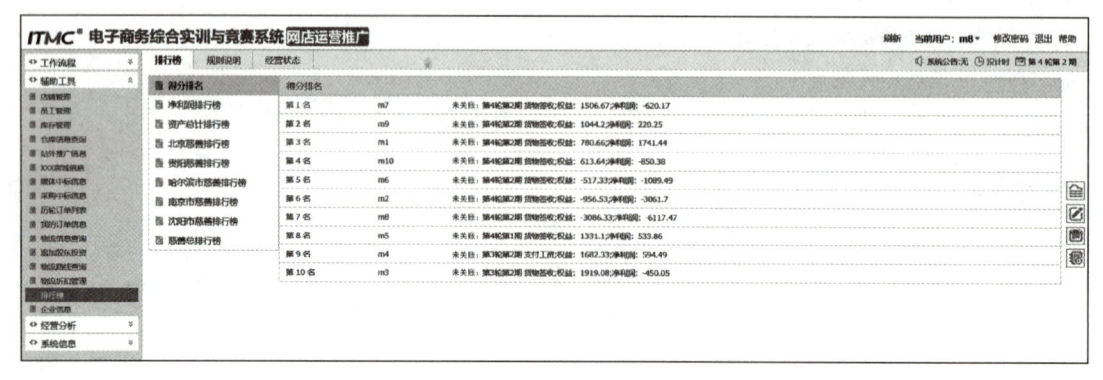

图 5-51　排行榜

步骤 2：单击"得分排名"按钮，查看各小组的经营进度、权益和净利润情况。这里各小组的净利润是实时更新的，可以据此预估竞争对手下一轮的权益和资金状况。

步骤 3：单击"净利润排行榜"按钮，查看各小组的净利润情况。这里各小组的净利润是隔一轮更新的。

步骤 4：单击"慈善总排行榜"按钮，查看各组的慈善捐款情况。根据慈善捐款数额可以判断竞争对手是否主打综合人群。

（二）市场占有率分析

卖家通过"市场占有率"模块可以查询各网店商品的市场占有率情况，可以据此判断竞争对手的相关商品是否有绩效，下期哪些商品有市场空隙。

步骤 1：单击系统窗口左侧的"经营分析"|"市场占有率"项，打开"市场占有率"页面，如图 5-52 所示。

步骤 2：在"选择轮份""选择期数"和"选择商品"下拉列表框中选择要查询的轮份、期数及商品，再单击"查询"按钮。重复此步骤可继续查询其他商品在不同时期的市场占有率。将鼠标指针放在饼图上，会相应显示某网店在某类人群中的占比和数量，可以据此推测该网店的哪些商品有绩效，哪些商品可能是爆款，下期哪些商品的哪些市场可能有空隙。

（三）×××商城信息

卖家通过"×××商城信息"模块可以查询各网店商品的销售情况，包括商品 SEO 排名和 SEM 排名、交易额度、订单量、人气和视觉值，以及商品一口价和具体的促销信息。

步骤 1：单击系统窗口左侧的"辅助工具"|"×××商城信息"项，打开"×××商城信息"页面，如图 5-53 所示。

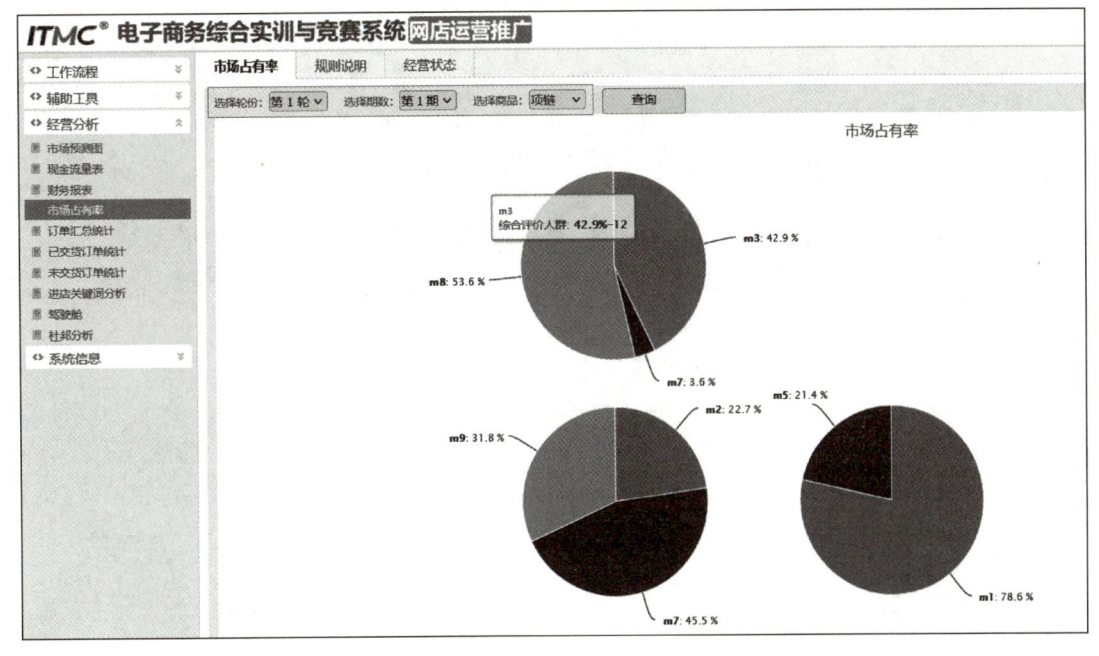

图 5-52　市场占有率

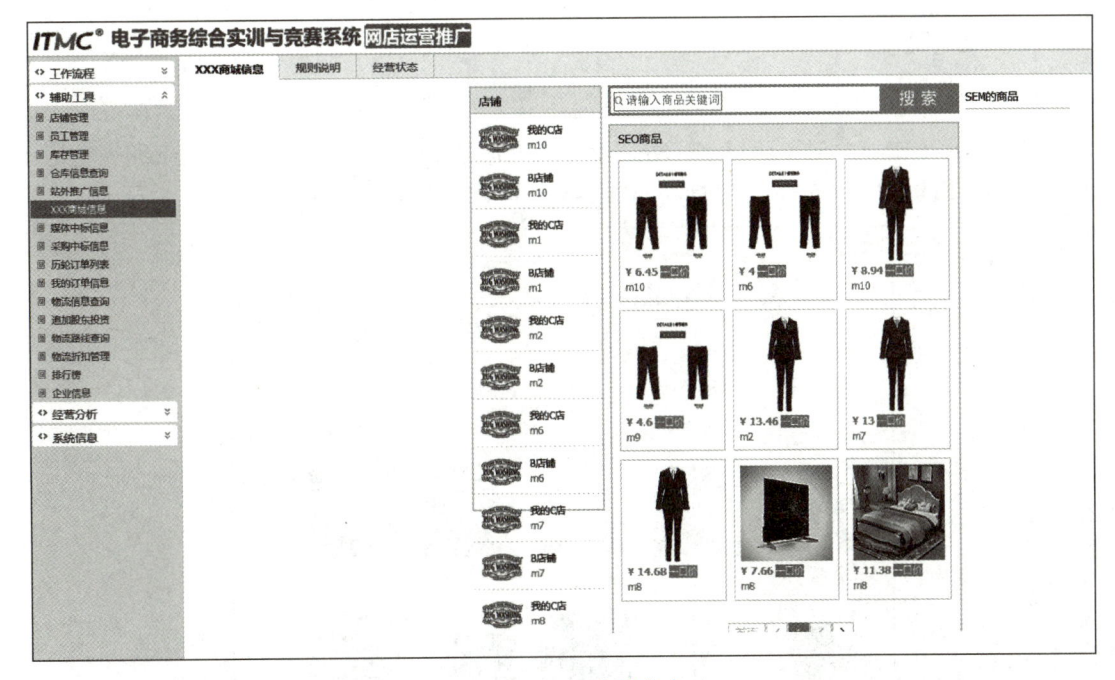

图 5-53　×××商城信息 1

步骤 2：在右侧输入框内输入商品关键词，如"打底"。单击"搜索"按钮，可以查看各小组相关商品的 SEO 排名和 SEM 排名，也可以看到商品一口价信息，如图 5-54 所示。

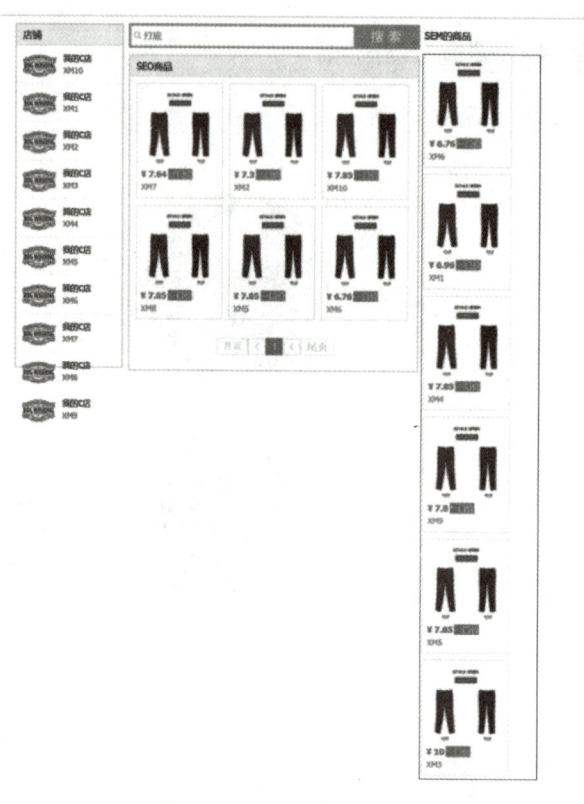

图5-54　×××商城信息2

步骤3：单击竞争对手店铺名，可以查看该网店的交易额度、订单量、人气和视觉值，以及商品一口价和具体的促销信息，如图5-55所示。

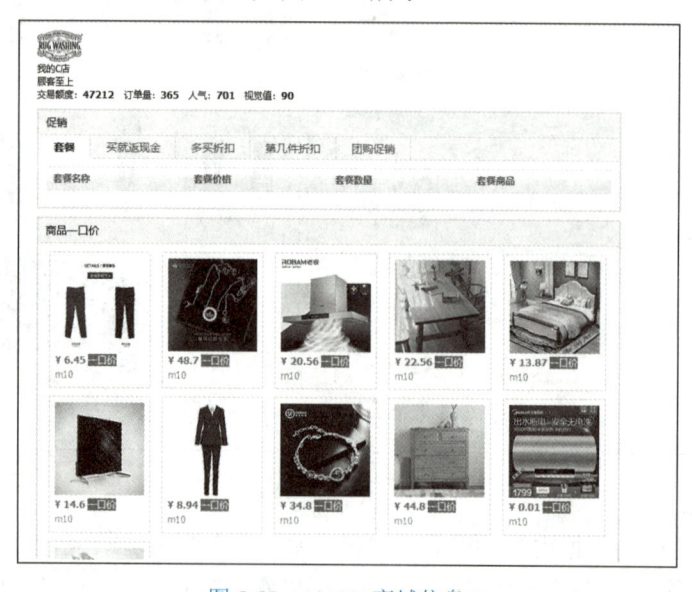

图5-55　×××商城信息3

电子商务沙盘运营分析 | 项目五

二、网店自身竞争力分析

（一）企业信息

卖家通过"企业信息"模块可以查询网店的企业基本信息、商品城市均价、城市影响力、商品评价和商品绩效等。

步骤1：单击系统窗口左侧的"辅助工具"|"企业信息"项，打开"企业信息"页面，如图5-56所示。

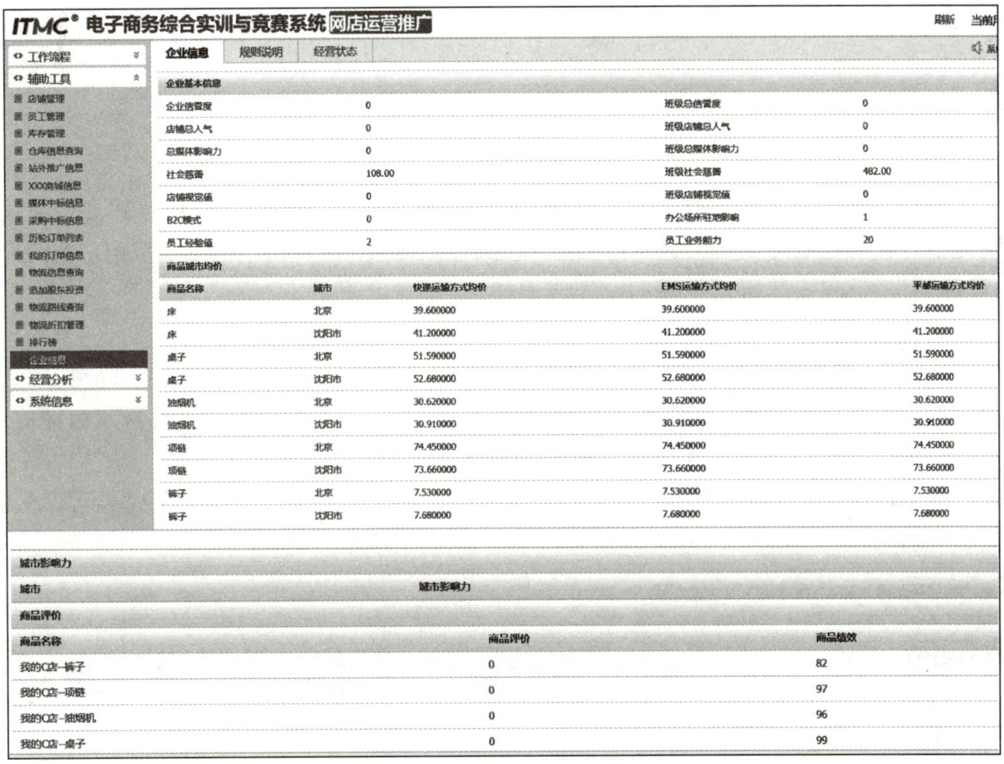

图 5-56　企业信息

步骤2：查看企业基本信息。通过企业基本信息里面的参数可以计算综合评价指数。

步骤3：查看商品城市均价、城市影响力和商品评价，计算综合人群成交指数。

步骤4：查看商品绩效。根据图5-56显示的商品绩效，可以推测裤子绩效不达标，需要推广；项链、油烟机和桌子有绩效，但不是爆款，可以适当推广。

（二）员工管理

当网店经营不善时，需要节省开支。如果网店经营者的经营目标是低价人群和犹豫不定人群，那么网店不需要太多高级员工，这时可以通过"员工管理"模块解雇员工。

241

步骤1：单击系统窗口左侧的"辅助工具"|"员工管理"项，打开"员工管理"页面，如图 5-57 所示。

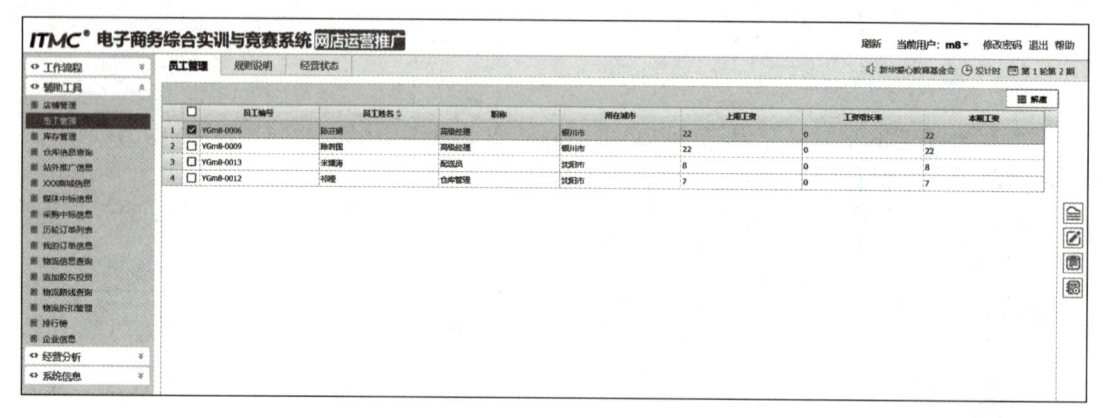

图 5-57　员工管理

步骤2：选择需要解雇的员工，被选中的员工背景色变为黄色，单击"解雇"按钮，系统提示"您确定要辞退吗？只有办公室人员才能被辞退"。单击"确定"按钮，系统提示"处理成功"，再单击"确定"按钮，完成操作。

（三）店铺管理

如果店铺是开放状态，那么竞争对手可以通过"×××商城信息"查看自家店铺信息。若不想网店信息被竞争对手看到，卖家可以关闭店铺。

步骤1：单击系统窗口左侧的"辅助工具"|"店铺管理"项，打开"店铺管理"页面，如图 5-58 所示。

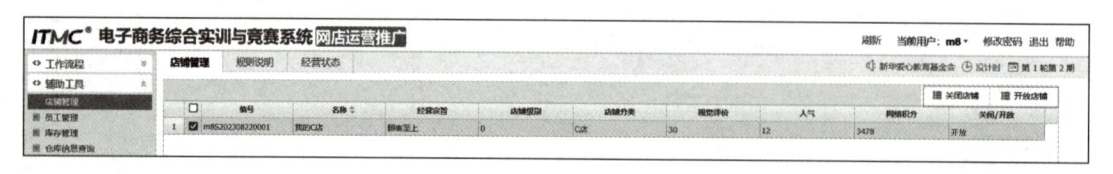

图 5-58　店铺管理

步骤2：选择需要关闭的店铺，被选中的店铺背景色变为黄色，单击"关闭店铺"按钮，系统提示"您确定要关闭店铺吗？"。单击"确定"按钮，系统提示"保存成功"，再单击"确定"按钮，完成操作。

步骤3：关闭店铺后，买家也不能进入店铺，所以需要在站外推广结束前重新开放店铺，否则将不会有订单产生。选择需要开放的店铺，被选中的店铺背景色变为黄色，单击"开放店铺"按钮（见图 5-59），系统提示"您确定要开放店铺吗？"。单击"确定"按钮，系统提示"保存成功"；再单击"确定"按钮，完成操作。

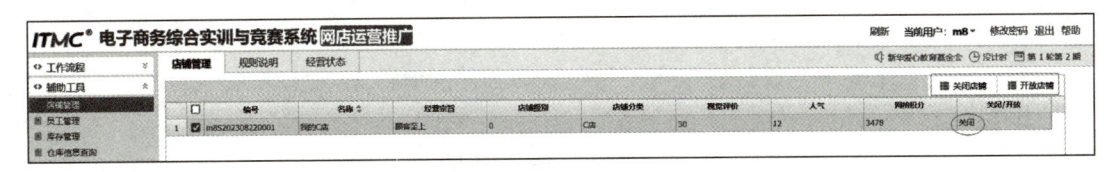

图 5-59　开放店铺

（四）杜邦分析

杜邦分析体系最初是由美国杜邦公司的一个经理创造的。杜邦分析法是利用各个主要的财务比率之间的内在联系，综合地分析和评价企业的财务状况和盈利能力的方法。它是以净资产收益率为首、以总资产收益率为核心的完整的财务指标分析体系。

杜邦分析图可以直观地反映哪些项目影响营业收入净利率和总资产周转率，找出这两项指标水平高低的原因，可以进一步发现问题产生的原因。

步骤1：单击系统窗口左侧的"经营分析"|"杜邦分析"项，打开"杜邦分析"页面，如图 5-60 所示。

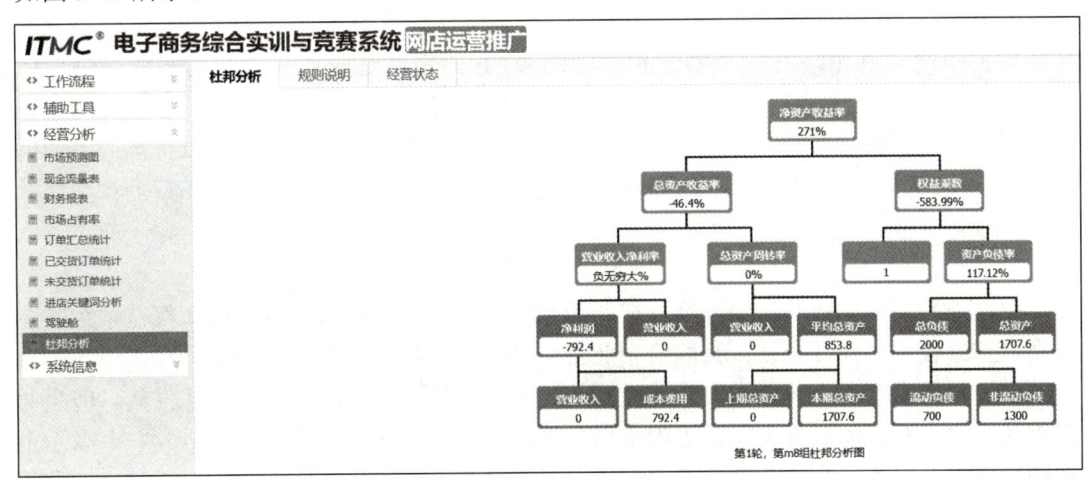

图 5-60　杜邦分析

步骤2：查看杜邦分析图。

杜邦分析法的基本思想是将企业的净资产收益率逐级分解为多个财务指标，有助于深入分析和比较企业的经营业绩。

由图 5-60 可以看出，杜邦分析法实际上是从两个角度来分析财务状况的：一是进行内部管理因素分析；二是进行资产结构和风险分析。

净资产收益率=总资产收益率×权益乘数

其中：

总资产收益率=营业收入净利率×总资产周转率

所以：

$$净资产收益率=营业收入净利率×总资产周转率×权益乘数$$

其中：

$$营业收入净利率=净利润/营业收入$$
$$=（营业收入-成本费用）/营业收入=1-成本费用/营业收入$$
$$总资产周转率=营业收入/平均总资产$$
$$权益乘数=1/（1-资产负债率）$$
$$资产负债率=总负债/总资产$$
$$总负债=流动负债+非流动负债$$

1. 净资产收益率分析

净资产收益率是一个综合性很强的财务比率，是杜邦分析体系的核心，是反映企业为其所有者创造利润能力强弱的重要指标，是企业投资、筹资等各种经营活动效率的综合体现。净资产收益率由总资产收益率和权益乘数的乘积决定，提高二者的数值都可以提高净资产收益率。但是，提高总资产收益率与提高权益乘数的意义截然不同。总资产收益率反映的是企业利用现有资产创造利润的能力，它的提高是企业经营效率和资金利用效率的提高，表明投资者的投入在企业中得到了更加有效的利用，是企业管理人员对股东的真正贡献。而权益乘数的提高虽然也可以提高净资产收益率，但这却是以提高股东的财务风险为代价的，因此它对提高股东权益价值的贡献不大，甚至可能起到相反的作用。

2. 权益乘数分析

权益乘数表示企业的负债程度。权益乘数越大，企业的负债程度越高。权益乘数既能给企业带来较大的杠杆利益，又能给企业带来较大的风险。当市场上的资金成本率低于企业的投资收益率时，企业应加大负债经营的比重，以便获得较高的财务杠杆收益。但企业也因此承担了较高的财务风险，因为市场条件一旦恶化，即当市场上的资金成本率高于企业的投资收益率时，企业就会负担较重的利息和面临不能按期还债的危机。所以，权益乘数对企业来说是把双刃剑。

3. 总资产收益率分析

总资产收益率是反映企业经营效率和盈利能力的重要指标，它体现了企业全部资产的盈利能力和创新能力。总资产收益率由营业收入净利率和总资产周转率的乘积决定，它的大小取决于营业收入净利率和总资产周转率。因此，要想提高总资产收益率，可以从提高营业收入净利率和提高总资产周转率两方面入手。提高营业收入净利率又可以从两方面入手：一是提高销售额，二是降低成本费用（销售成本和各种费用支出）。提高总资产周转率实际上是要在总资产不变的情况下，提高营业收入，这同样需要从两方面入手：一是降低单位商品成本，从而在资产周转期不变的情况下减少单位商品占用的资产，使同样的资产可以产生更多的营业收入；二是提高各类资产的周转率，缩短商品占用资产的时间，创造更多的营业收入。

4. 营业收入净利率分析

营业收入净利率反映了企业净利润与营业收入之间的关系。一般来说，营业收入增加，企业的净利润也会随之增加。但要想提高营业收入净利率，必须一方面提高销售额，另一方面降低成本费用，这样才能使净利润的增长高于营业收入的增长，从而使营业收入净利率得到提高。由此可见，要想提高营业收入净利率，必须在以下两个方面下功夫。

（1）开拓销售渠道，提高销售额，增加营业收入。在市场经济中，企业必须深入调查研究市场情况，了解市场的供需关系。在战略上，从长远的利益出发，尽力上架新商品；在策略上，保证商品的销售渠道，开拓B店，努力提高市场占有率。

（2）加强成本费用控制，降低耗费，增加利润。利用杜邦分析体系，可以分析企业的成本费用是否合理，以便发现企业在成本费用方面存在的问题，为加强成本费用管理提供依据。企业要想在激烈的市场竞争中立于不败之地，就要在营销与商品销售类目上下功夫，尽可能降低商品的成本，这样才能增强商品在市场上的竞争力。同时，要严格控制企业的管理费用、财务费用等各种期间费用，降低耗费，增加利润。如果企业所承担的利息费用过高，就应该进一步分析企业的资产结构是否合理，负债比率是否过高，因为不合理的资产结构也会影响企业的所有者权益。

5. 资产状况分析

（1）分析企业的资产结构是否合理，如流动资产与固定资产的比例是否合理，它不仅关系到企业的偿债能力，还会影响企业的获利能力。一般来说，流动资产直接体现了企业的偿债能力和变现能力，而固定资产则体现了企业的经营规模、盈利潜力等。合理的资产结构表现为企业对流动性与盈利性的兼顾和不偏颇。企业资产一般要求保持一定的流动性，如果流动资产比例过高，那么表明企业的资产没有被有效地使用，这种流动性的维持可能是以企业盈利能力的下降为代价而实现的。企业要及时发现流动资产中闲置资产的具体种类，到底是现金持有量过大出现现金闲置的现象，还是流动资产中存货和应收账款过多影响了企业的资金周转。另外，还应该分析企业固定资产中经营性固定资产与非经营性固定资产的比例。顾名思义，非经营性固定资产是指没有投入生产经营的固定资产，必然不会给企业带来收益。如果非经营性固定资产在总资产中的比例过高，将会影响企业的盈利能力。所以，在总资产不变的情况下，要尽可能地减少非经营性固定资产的比例和数额。

（2）结合营业收入，分析企业的资产周转情况。资产周转速度直接影响企业的盈利能力，如果企业资产周转速度较慢，就会占用大量资金，减少企业的利润。对资产周转情况进行分析时，不仅要分析企业的总资产周转率，还要分析企业的存货周转率和应收账款周转率等有关各资产组成部分的使用效率，从而判断影响资产周转的主要问题出在哪里。

【练一练】

根据图 5-61 提供的财务报表数据，把相应的数值填入图 5-62，完成杜邦分析。

利润表				资产负债和所有者权益合计							
				资产				负债及所有者权益			
项目	表达式	上轮值	当轮值	项目	表达式	上轮值	当轮值	项目	表达式	上轮值	当轮值
营业收入	+	3883.14	13953.04	流动资产				流动负债			
减：营业成本	-	1219.46	3605.57	货币资金	+	2764.61	9882.20	短期借款	+	1500.00	1100.00
营业税金及附加	-	45.28	175.90	其他应收款	+	99.25	0.00	应付账款	+	0.00	0.00
销售费用	-	597.41	2358.94	应收账款	+	0.00	0.00	预收账款	+	0.00	0.00
管理费用	-	1484.40	1186.46	存货：				应交税费		632.25	3547.78
财务费用	-	0.00	175.00	原材料	+	0.00	0.00	流动负债合计	=	2132.25	4647.78
营业利润	=	536.59	6451.23	在途物资	+	0.00	0.00	非流动负债			
加：营业外收入	+	0.00	0.00	库存商品	+	170.83	506.64	长期借款	+	0.00	0.00
减：营业外支出	-	0.00	0.00	发出商品	+	0.00	0.00	非流动负债合计	=	0.00	0.00
利润总额	=	536.59	6451.23	流动资产合计	=	3034.69	10388.64	负债合计	=	2132.25	4647.78
减：所得税费用	-	134.15	1612.81	非流动资产				所有者权益			
净利润	=	402.44	4838.42	固定资产原价				实收资本		500.00	500.00
				土地和建筑	+	0.00	0.00	未分配利润	+	402.44	5240.86
				机器和设备	+	0.00	0.00				
				减：累计折旧	-	0.00	0.00				
				固定资产账面价值		0.00	0.00				
				在建工程	+	0.00	0.00				
				非流动资产合计	=	0.00	0.00	所有者权益合计	=	902.44	5740.86
				资产总计		3034.69	10388.64	负债和所有者权益总计	=	3034.69	10388.64

得分：43515

图 5-61 财务报表数据

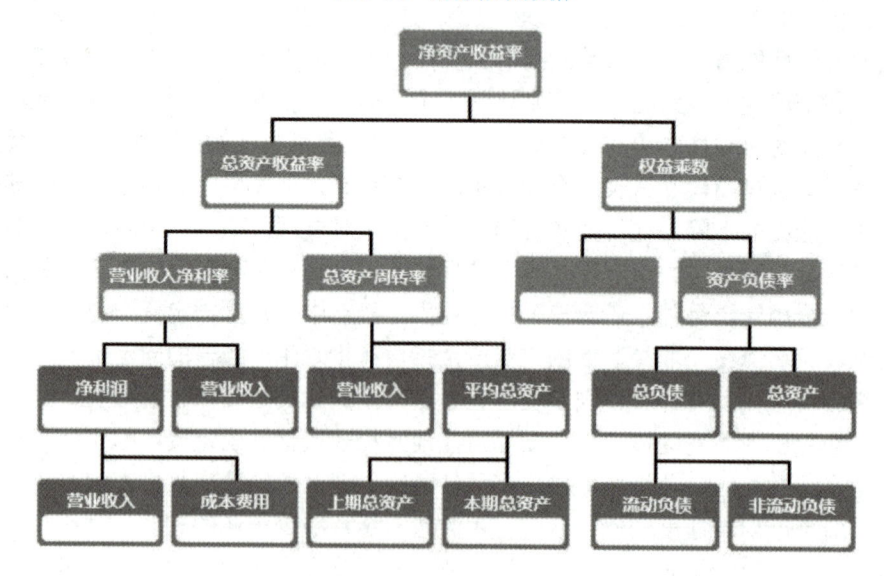

图 5-62 杜邦分析练习

（净资产收益率 — 总资产收益率 × 权益乘数；总资产收益率 = 营业收入净利率 × 总资产周转率；营业收入净利率 = 净利润 / 营业收入；总资产周转率 = 营业收入 / 平均总资产；平均总资产 = (上期总资产 + 本期总资产) / 2；营业收入净利率涉及营业收入与成本费用；资产负债率 = 总负债 / 总资产；总负债 = 流动负债 + 非流动负债）

246

(五)经营能力指标分析

经营能力包括收益力、成长力、安定力、活动力和生产力,合称"五力",如表5-4所示。

表5-4 "五力"分析

收益力	毛利率	(营业收入-直接成本)/营业收入×100%
	利润率	净利润/营业收入×100%
	总资产净利率	净利润/[(期初资产总计+期末资产总计)/2]×100%
	净资产收益率	净利润/[(期初所有者权益总计+期末所有者权益总计)/2]×100%
	销售利润率	利润总额/营业收入×100%
	总资产收益率	利润总额/资产总计×100%
成长力	收入成长率	(本期营业收入-上期营业收入)/上期营业收入×100%
	利润成长率	(本期净利润-上期净利润)/上期净利润×100%
	净资产成长率	(本期末资产总计-上期末资产总计)/上期末资产总计×100%
安定力	流动比率	期末流动资产/期末流动负债×100%
	速动比率	(期末流动资产-期末商品库存)/期末流动负债×100%
	资产负债率	期末负债合计/期末资产总计×100%
活动力	存货周转率	当期营业成本/[(期初商品库存+期末商品库存)/2]×100%
	应收账款周转率	当期销售净额/当期平均应收账款×100%
生产力	人均利润	当期利润总额/当期员工人数
	人均营业收入	当期营业收入/当期员工人数

(1)收益力表明企业是否具有盈利的能力,指标中的净资产收益率是投资者较为关心的,反映的是投资者投入资金的活力和能力。一般而言,这几个指标越高越好。

(2)成长力表明企业具有成长的潜力,即持续能力。一般而言,这几个指标越高越好。

(3)安定力是衡量企业财务状况是否稳定、会不会发生财务危机的指标。流动比率大于2、速动比率大于1时,认为短期偿债能力较好。资产负债率越高,说明企业面临的财务风险越大,获利能力越强,在60%~70%较为合理。

(4)活动力从企业资产的管理能力方面对企业经营业绩做出评价。两个周转率越高,说明企业资金周转速度越快,获利能力越强。

(5)生产力是衡量人力资源产出能力的指标,包括人均利润和人均营业收入。

拓展提升

一、1+X 网店运营推广职业技能等级证书(高级)测试题

测试题

二、电商小课堂

章丘铁锅里的工匠精神

因为《舌尖上的中国3》，章丘铁锅迅速"走红"，线上、线下"求锅者"众多。令人意外的是，面对海量的订单，章丘铁锅的传承人不但一单未接，而且在各大电商平台下架了所有铁锅商品并关闭网店，同时发布声明呼吁广大消费者理性消费，不要让传统技艺染上过多的金钱味道。

事实上，订单意味着市场、意味着利益，这个浅显的道理，对章丘铁锅的传承人来说自然也是非常清楚的。但从报道中不难看出，由于章丘铁锅技艺的复杂性，要历经十二道工序，过十八遍火，一千（摄氏）度高温锤炼，经受三万六千次锻打，直到锅如明镜才算完成。这样手工锤打的铁锅生产量非常有限，每年加起来只有几千口，根本无法满足瞬时出现的数十万口铁锅订单需求。换句话说，章丘铁锅要满足客户需求，只有两条路可选：一是改变工艺，实行机械化生产；二是减少生产的流程和环节，降低标准甚至偷工减料。章丘铁锅传承人为了维护品牌的纯真性，继续选择传统工艺进行实锤慢打，一门心思把产品做好。表面上看，章丘铁锅传承人的这种选择多少有点"食古不化"的味道，甚至在其他同行看来是非常愚蠢的。但实际上，这才是真正的高明，也是对市场经济规律的深刻领悟——谁能提供高品质的产品，谁就能赢得市场。产品知名度和消费者的消费能力提升后，产品质量、性能和用户体验，就变得更加重要。

【点评】

在电子商务创新创业活动中，我们也要弘扬工匠精神。例如，商品图片处理、客户投诉处理等工作，往往是日复一日地不断重复同一种工作任务，这就需要在平常的工作中积累经验，提升技能。这时候，工匠精神就体现在对待工作是否细致严谨、持续专注上。企业通过电商平台销售商品，需要将商品的图片上传到电商平台，图片的质量会影响商品的销售，此时就需要对商品图片进行处理和美化，这一看似简单的工作，却需要从业者严谨的作风和专注的品质。又如，电子商务领域的客服工作，从业者要将客户满意度从99%提升到99.9%，甚至是99.99%，无限接近100%。精益求精、追求卓越就是电子商务实践所需要的一种工匠精神。

目 录
CONTENTS

实训 1　电商沙盘平台认知 ··· 1

实训 2　利用数据魔方分析市场 ··· 5

实训 3　创设你的网店 ··· 10

实训 4　商品采购与发布 ··· 21

实训 5　SEO 优化与 SEM 推广 ··· 29

实训 6　活动营销与站外推广 ·· 40

实训 7　订单管理 ··· 55

实训 8　财务结算 ··· 71

实训 1　电商沙盘平台认知

一、实训目的

本实训旨在使学生了解电商沙盘平台的各个模块，熟悉模拟工作流程，为今后电商沙盘的继续学习奠定基础。

二、实训背景

小魏想尝试开一家网店。但是随着目前主流电子商务平台入驻门槛的提高，流量获取成本也逐渐增高，他没有足够的资金，所以一直未把梦想付诸实践。后来在学习"电子商务综合实训与竞赛系统"的课堂上等到了机会，他利用"电商沙盘"系统实现了开网店创业的梦想。小魏即将开启他的创业之旅，当务之急是尽快熟悉"电商沙盘"系统的相关知识，为后期的模拟经营做好准备工作。

三、实训步骤

1. 组建团队

根据老师的要求，组建2~4人的电商沙盘模拟经营团队。

2. 获取账号

"电商沙盘"系统训练账号可以从老师处获取，如果没有，可以登录全国职业院校技能大赛高职组电子商务技能赛项官网，在"帮助&文件下载"模块下载"中教畅享在线账号使用申请表"，以单位名义向中教畅享（北京）科技有限公司申请软件使用权限，获取在线账号，如图1-1所示。

3. 登录系统

学生利用分配到的学生账号，在登录界面输入账号和密码（账号由教师端设定，初始密码为123）。登录系统后，请及时修改密码，如图1-2所示。

学生选择不同角色进入系统看到的训练模块是不一样的，即不同角色有不同的任务清单和权限。店长是模拟企业的总负责人，拥有系统所有模块的操作权限；推广专员主要负责扩大销售，因此只拥有推广模块的操作权限（商品发布、搜索引擎优化、关键词竞价推广、促销活动和站外推广设置）；运营主管主要负责订单分发和货物签收等操作；财务主管主要负责财务模块的操作（贷款、支付工资和各种费用、交税等）。在"电商沙盘"系统中进行模拟经营时，一般选择"店长"身份登录系统，进行相关操作。

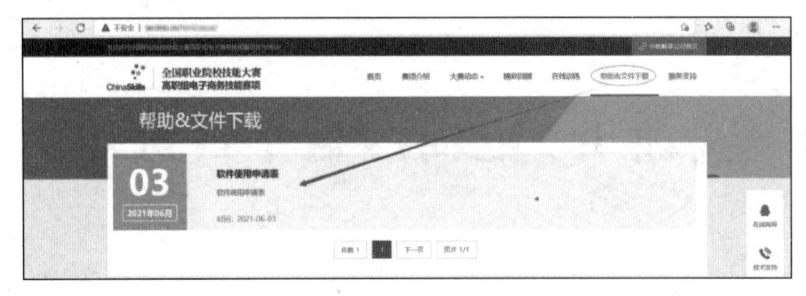

图 1-1　软件使用申请表获取方式

4. 学习规则

"电商沙盘"系统模拟经营要在一定的规则下进行，各模拟网店只有严格按照规则进行操作，诚信经营，才能在竞争中求生存、求发展。在进行网店经营操作时，系统的每个操作步骤都包含规则说明，如图 1-3 所示。同学们在初始经营过程中需要熟悉这些规则。规则的学习是枯燥的，但也是必要的，只有懂得规则，才能游刃有余。

图 1-2　修改密码

图 1-3　规则说明

四、实训成果

（1）组建电商沙盘模拟经营团队，填写表 1-1 所示的团队信息记录单。

表 1-1　团队信息记录单

团队名称			组别	
创业口号				
团队分工	职务	姓名	主要职责	
主要成员	店长			
	推广专员			
	运营主管			
	财务主管			

（2）登录"电商沙盘"系统，浏览系统各功能模块，完成表 1-2～表 1-4 的填写。

表 1-2 "工作流程"模块操作要点和主要规则

操作任务		操作要点和主要规则
数据魔方	数据魔方	
开店	办公场所设立	
	配送中心设立	
	店铺开设	
	网店装修	
采购	采购投标	
	商品入库	
推广	商品发布	
	SEO 优化	
	SEM 推广	
	SEM 管理	
	团购	
	秒杀	
	套餐	
	促销	
	站外推广	
运营	订单分发	
	物流选择	
	货物出库	
	货物签收	
财务	应收账款/应付账款	
	短期借款	
	支付工资	
	支付相关费用	
	交税	
	长期借款	
	关账	
	进入下一期/轮	

表 1-3 "辅助工具"模块操作要点和主要规则

操作任务	操作要点和主要规则
店铺管理	
员工管理	
库存管理	
仓库信息查询	
站外推广信息	
×××商城信息	

续表

操作任务	操作要点和主要规则
媒体中标信息	
采购中标信息	
历轮订单列表	
我的订单信息	
物流信息查询	
追加股东投资	
物流路线查询	
物流折扣管理	
排行榜	
企业信息	

表1-4 "经营分析"模块操作要点和主要规则

操作任务	操作要点和主要规则
市场预测图	
现金流量表	
财务报表	
市场占有率	
订单汇总统计	
已交货订单统计	
未交货订单统计	
进店关键词分析	
驾驶舱	
杜邦分析	

五、实训评价

填写如表1-5所示的学生自评和教师评价表。

表1-5 学生自评和教师评价表

评价内容	分值	学生自评	教师评价
能够根据组内分配角色，熟悉相应功能模块操作	10		
能够根据各功能模块的操作任务，提炼操作要点	30		
能够根据各功能模块的规则说明，掌握规则要点	30		
能够归纳总结出各操作任务之间的内在联系	10		
信息收集、分析、总结提炼能力	10		
团队成员之间合作，共同完成任务	10		
总分	100		

六、所思所获

实训 2　利用数据魔方分析市场

一、实训目的

本实训旨在使学生了解某类目和商品的市场知识，初步掌握行业市场趋势、竞争对手分析方法，为网店开设做好前期市场数据调研工作。

二、实训背景

小魏组建好电商沙盘模拟经营团队后，准备开展市场数据的调研。

三、实训步骤

1. 市场趋势分析

通过分析市场趋势，找出市场容量大、发展前景好的类目（商品）。市场趋势分析的操作步骤及关键点如下。

步骤1：单击系统窗口左侧的"经营分析"|"市场预测图"项，打开"市场预测图"页面，如图2-1所示。

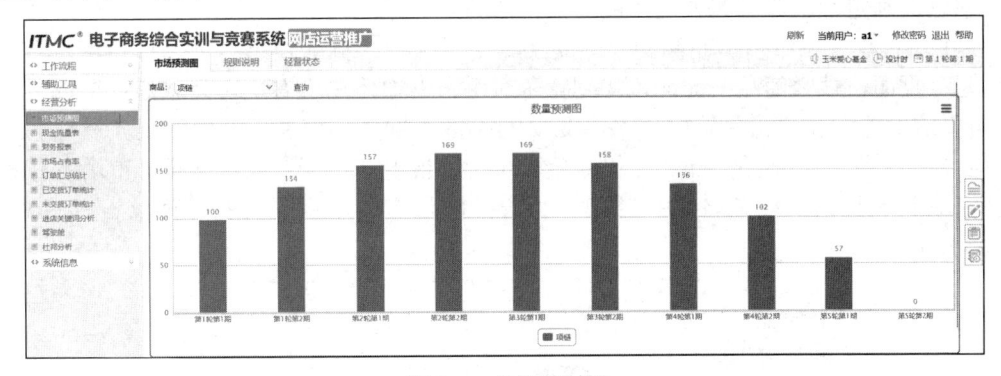

图2-1　市场预测图

步骤2：采集并处理商品数据。根据市场预测图，选择需要查看的商品，单击"查询"按钮，查看商品的数量和价格预测图，采集各期商品的数量和价格预测数据。

步骤3：分析各类目行业容量及发展趋势，确定重点经营的类目（商品）。

2. 目标人群分析

网店运营过程中及时了解客户需求，就可以给前期商品布局提供参考，也可以在网店后期运营过程中更好地调整经营方向，优化商品结构，提高店铺转化率。目标人群分析的操作步骤及关键点如下。

步骤 1：单击系统窗口左侧的"工作流程"|"数据魔方"项，打开"数据魔方"页面，如图 2-2 所示。

图 2-2　数据魔方

步骤 2：采集并处理目标人群数据。选择需要查看的商品，查看并采集商品的需求城市、市场平均价格、品牌人群需求数量、综合人群需求数量、低价人群需求数量和犹豫不定人群需求数量。

3. 竞争对手分析

网店的发展不仅取决于自身商品的特色卖点、服务能力及运营手段，还会受到竞争对手的影响。对竞争对手的定位及经营数据进行分析，可以让卖家在制订网店经营策略时更有针对性。确定竞争对手、锁定竞品的操作步骤及关键点如下。

步骤 1：单击系统窗口左侧的"辅助工具"|"×××商城信息"项，打开"×××商城信息"页面，搜索商品关键词，找到竞争对手。例如，在"×××商城信息"页面搜索"项链"这个关键词，就会显示 SEO、SEM 排名靠前的店铺信息，从而圈定竞争对手。

步骤 2：单击系统窗口左侧的"经营分析"|"市场占有率"项，打开"市场占有率"页面，选择要查询的经营时期和商品，了解各商品的市场竞争情况（市场占有率），如图 2-3 所示。

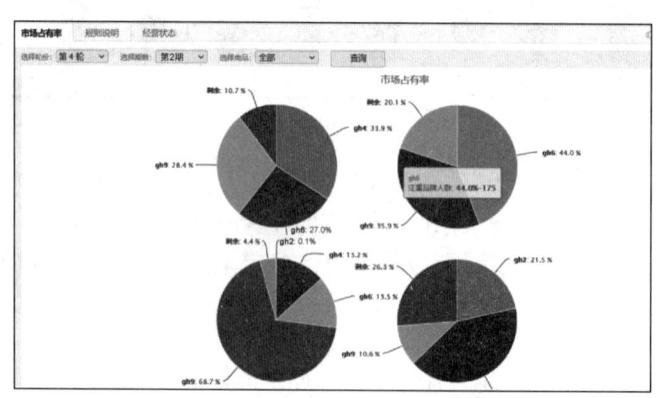

图 2-3　市场占有率

为了进一步明确竞争对手，还需要结合目标人群推测竞争对手的媒体中标费用。其中，品牌人群通过媒体影响力引流（站外推广：投广告），单击系统窗口左侧的"经营分析"|"媒体中标信息"项，打开"媒体中标信息"页面，查看本店铺的媒体中标信息（选择轮次和期次后单击"查询"按钮），如图2-4所示。

图2-4　媒体中标信息

四、实训成果

（1）打开"市场预测图"页面，根据系统提供的预测数据，记录各商品的需求量和需求价格，计算对应的销售额，填入表2-1。

表2-1　商品销售额预测

品类	商品	周期									
		1-1	1-2	2-1	2-2	3-1	3-2	4-1	4-2	5-1	5-2
珠宝	项链										
	手链										
	戒指										
家具	桌子										
	床										
	柜子										
家电	油烟机										
	平板电视										
	热水器										
	空调										
服装	裤子										
	西装										
	连衣裙										

（2）打开"数据魔方"页面，根据系统提供的不同城市、不同商品和不同人群需求量，计算各类人群对商品的需求量及占比，填入表2-2。

表 2-2　各类人群对商品的需求量及占比

目标人群商品需求量	第____轮第____期								
品牌人群									
低价人群									
综合人群									
犹豫不定人群									
总需求量	100%	100%	100%	100%	100%	100%	100%	100%	100%

（3）打开"市场占有率""媒体中标信息"和"×××商城信息"页面，根据竞争对手的店铺数据分析竞争对手情况，并将其填入竞争对手监视表，如表 2-3 所示。

表 2-3　竞争对手监视表

竞争对手	商品名称	上期销量	上期售价	成交信息（人群、关键词等）	是否有绩效
对手 1 组号_____					
对手 2 组号_____					
对手 3 组号_____					
对手 4 组号_____					
对手 5 组号_____					
对手 6 组号_____					

续表

竞争对手	商品名称	上期销量	上期售价	成交信息（人群、关键词等）	是否有绩效
对手 7 组号_____					
对手 8 组号_____					
对手 9 组号_____					

五、实训评价

填写如表 2-4 所示的学生自评和教师评价表。

表 2-4 学生自评和教师评价表

评价内容	分值	学生自评	教师评价
能够根据市场预测图进行市场需求分析	20		
能够根据数据魔方提供的数据进行目标人群分析	20		
能够根据"市场占有率""媒体中标信息"和"×××商城信息"页面提供的数据进行竞争对手分析	30		
能够归纳总结出各数据之间的内在联系	10		
信息收集、分析、总结提炼能力	10		
团队成员之间合作，共同完成任务	10		
总分	100		

六、所思所获

实训 3 创设你的网店

一、实训目的

本实训旨在使学生了解网店开设的步骤,通过办公场所设立、配送中心选择、网店开设和网店装修流程操作,学会简单的网店开设,为今后网店运营推广的继续学习奠定基础。

二、实训背景

作为网店的管理者,必须以长远的眼光制订合理的店铺开设方案。开 C 店还是 B 店,或者两个店铺一起开;办公场所设立、配送中心选址建仓及网店装修等都是小魏需要解决的问题。

三、实训步骤

1. 办公场所设立

设立办公场所是网店运营的第一步,"电商沙盘"系统规定开店需要先设立办公场所。设立办公场所包含选择办公城市、选择办公场所类型和招贤纳士 3 个方面。

(1)选择办公城市。

步骤 1:单击系统窗口左侧的"工作流程"|"办公场所设立"项,打开"办公场所设立"页面。

步骤 2:选择建设城市,被选中的城市名颜色变为红色。本次示例经营选择"银川市"。

步骤 3:单击"下一步"按钮,进入"选择办公场所类型"页面。

(2)选择办公场所类型。

步骤 1:选择办公场所类型,被选中的办公场所类型背景色变为灰色,如图 3-1 所示。本次示例经营选择"普通办公室"。

步骤 2:单击"下一步"按钮,进入"招贤纳士"页面。如果此时需要修改办公城市,可以单击"上一步"按钮,返回"选择建设城市"页面进行修改。

(3)招贤纳士。

步骤 1:选择需要招聘的员工(在要选择的员工前面的复选框内打"√"),被选中的员工背景色变为黄色,如图 3-2 所示。本次示例经营选择 1 个高级经理。

图 3-1　选择办公场所类型

图 3-2　选择员工

步骤 2：单击"完成"按钮，系统提示"您确定要建立办公场所吗？"。如果单击"确定"按钮，系统提示"办公场所建立完成！支付租赁费：96；支付建筑维修费：4"，如图 3-3 所示。如果单击"取消"按钮，则可以重复以上步骤进行修改。

图 3-3　办公场所设立扣费提示

步骤 3：单击"确定"按钮，完成办公场所设立操作。系统将自动从网店现金账户中扣除如图 3-3 所示的租赁费和建筑维修费。如果网店的现金余额不足，则需要卖家去融资，还不足的话，网店将破产。

根据网店经营需求，卖家如果需要对已经筹建完成的办公场所进行调整，可以通过改建、再次招贤纳士和搬迁操作来完成，如图 3-4 所示。

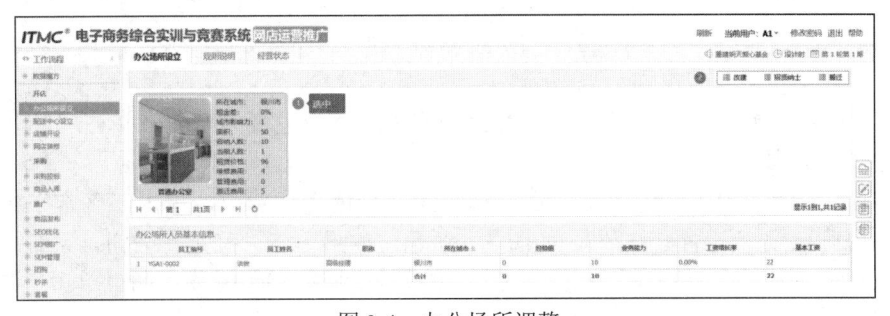

图 3-4　办公场所调整

（4）办公场所改建。

步骤1：单击系统窗口左侧的"工作流程"|"办公场所设立"项，打开"办公场所设立"页面。

步骤2：选择办公场所，被选中的办公场所类型背景色变为灰色，单击"改建"按钮，进入"办公场所改建"页面。

步骤3：选择需要的办公场所类型，被选中的办公场所类型背景色变为灰色，单击"确定"按钮，系统提示"您确定要扩建办公场所吗？"，如图3-5所示。如果单击"确定"按钮，系统提示"扩建办公场所成功！租赁费：64；建筑维修费：4"，如图3-6所示。如果单击"取消"按钮，则可以重复以上步骤进行修改。

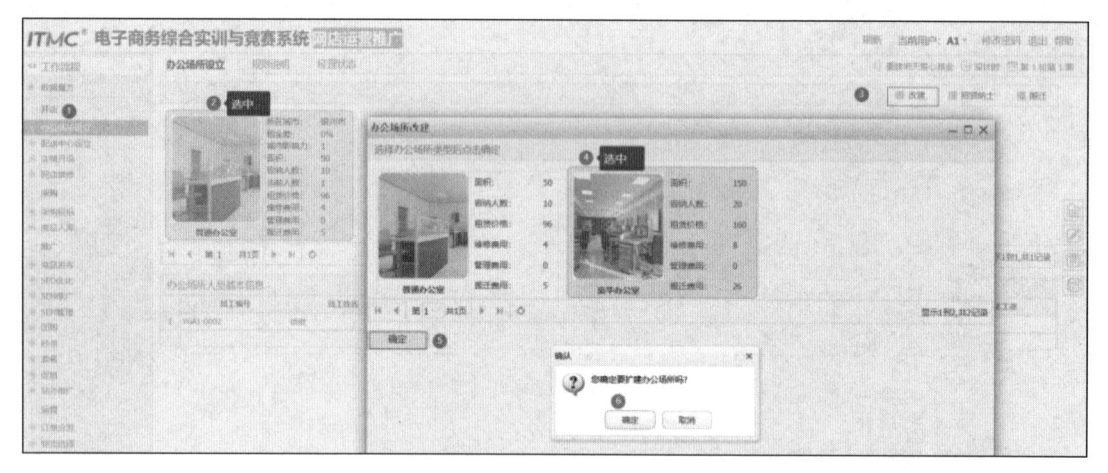

图3-5 办公场所改建

步骤4：单击"确定"按钮，完成办公场所改建操作。系统将自动从网店现金账户中扣除如图3-6所示的租赁费和建筑维修费（以将普通办公室改建成豪华办公室为例）。如果网店的现金余额不足，则需要卖家去融资，还不足的话，网店将破产。因此，卖家最好先确认现金余额是否充足。

图3-6 办公场所改建扣费提示

（5）再次招贤纳士。

步骤1：单击系统窗口左侧的"工作流程"|"办公场所设立"项，打开"办公场所设立"页面。

步骤2：选择办公场所，被选中的办公场所类型背景色变为灰色，单击"招贤纳士"按钮，进入"招贤纳士"页面。

步骤3：选择需要的员工，此时选择的员工背景色变为黄色，单击"确定"按钮，系统提示"您确定要招贤纳士吗？"，如图3-7所示。如果单击"确定"按钮，系统提示"办公场所人员招聘成功"，单击"确定"按钮，完成再次招贤纳士操作。如果单击"取消"按钮，则可以重复以上步骤进行修改。

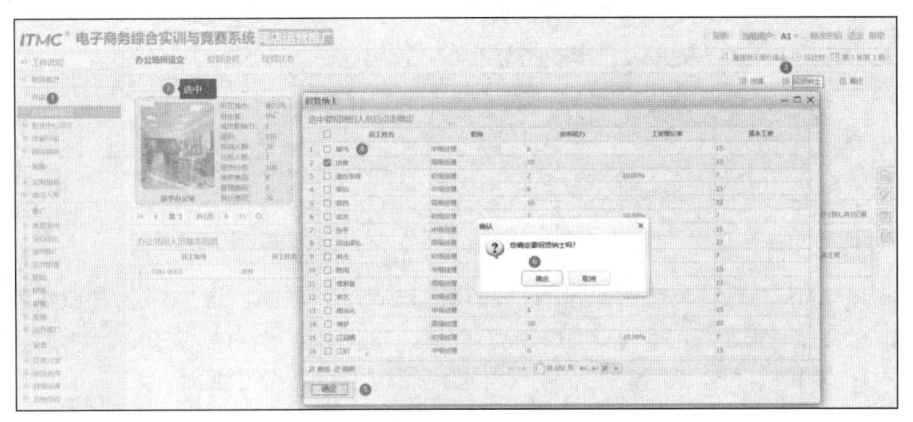

图 3-7　再次招贤纳士

（6）办公场所搬迁。

步骤 1：单击系统窗口左侧的"工作流程"|"办公场所设立"项，打开"办公场所设立"页面。

步骤 2：选择需要调整的办公场所，被选中的办公场所背景色变为灰色，单击"搬迁"按钮，系统提示"您确定要搬迁吗？搬迁将收取搬迁费用"，如图 3-8 所示。如果单击"确定"按钮，将回到"办公场所设立"页面，单击想要搬迁到的城市（以搬迁到石家庄为例），系统提示"搬迁办公场所成功！支付搬迁费用：26；补足租赁费：32"，如图 3-9 所示。如果单击"取消"按钮，则可以重复以上步骤进行修改。

图 3-8　办公场所搬迁

步骤 3：单击"确定"按钮，完成办公场所搬迁。系统将自动从网店现金账户中扣除如图 3-9 所示的搬迁费用和租赁费。如果网店的现金余额不足，则需要卖家去融资，还不足的话，网店将破产。因此，卖家最好先确认现金余额是否充足。

图 3-9　办公场所搬迁扣费提示

2. 配送中心设立

（1）租赁。

步骤 1：单击系统窗口左侧的"工作流程"|"配送中心设立"项，打开"配送中心设立"页面，如图 3-10 所示。

图 3-10 配送中心设立

步骤 2：单击"租赁"按钮，进入"选择建设城市"页面，选择配送中心城市，被选中的城市名颜色将变为红色。本次示例经营选择"沈阳市"作为配送中心。

步骤 3：单击"下一步"按钮，进入"选择配送中心类型"页面。

步骤 4：选择需要的配送中心类型，被选中的配送中心背景色变为灰色，单击"完成"按钮，系统提示"您确定要租赁吗？"，如图 3-11 所示（以租赁超级小型配送中心为例）。如果单击"确定"按钮，系统提示"配送中心租赁完成！支付租赁费：115；支付建筑维修费：12"，如图 3-12 所示。如果单击"取消"按钮，则可以重复以上步骤进行修改。

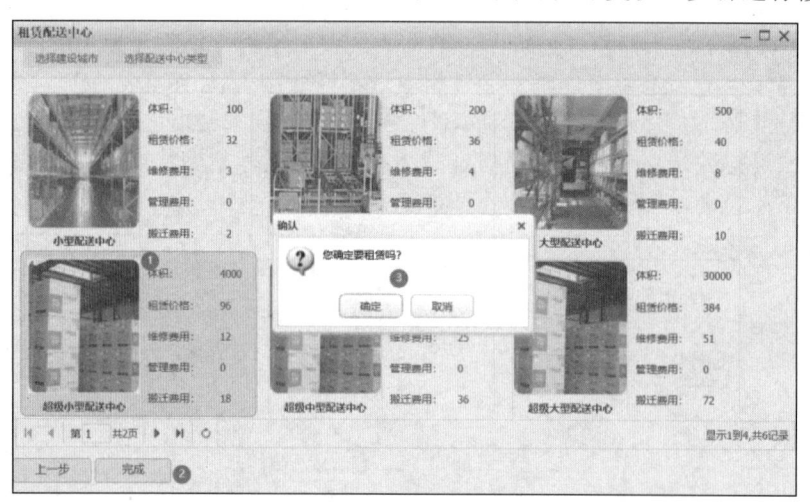

图 3-11 配送中心租赁

步骤 5：单击"确定"按钮，完成配送中心租赁。系统将自动从网店现金账户中扣除如图 3-12 所示的租赁费和建筑维修费。如果网店的现金余额不足，则需要卖家去融资，还不足的话，网店将破产。

图 3-12 配送中心租赁扣费提示

（2）改建。

步骤 1：单击系统窗口左侧的"工作流程"|"配送中心设立"项，打开"配送中心设立"页面。

步骤 2：选择需要调整的配送中心，被选中的配送中心背景色变为灰色，单击"改建"按钮，进入"配送中心改建"页面。

步骤3：选择需要的配送中心类型，被选中的配送中心背景色变为灰色，单击"确定"按钮，系统提示"您确定要改建吗？"。如果单击"确定"按钮，系统提示支付租赁费和建筑维修费。如果单击"取消"按钮，则可以重复以上步骤进行修改。

步骤4：单击"确定"按钮，完成配送中心改建。系统将自动从网店现金账户中扣除相应的租赁费和建筑维修费。如果网店的现金余额不足，系统提示"现金不足，无法进行改建"，此时需要卖家去融资，还不足的话，网店将破产。因此，卖家最好先确认现金余额是否充足。

（3）搬迁。

步骤1：单击系统窗口左侧的"工作流程"|"配送中心设立"项，打开"配送中心设立"页面。

步骤2：选择需要调整的配送中心，被选中的配送中心背景色变为灰色，单击"搬迁"按钮，系统提示"您确定要搬迁吗？搬迁将收取搬迁费用！"，如图 3-13 所示。如果单击"确定"按钮，进入"配送中心设立"页面，选择配送中心城市（以搬迁到石家庄为例），系统提示"搬迁配送中心成功！支付搬迁费用：36"。如果单击"取消"按钮，则可以重复以上步骤进行修改。

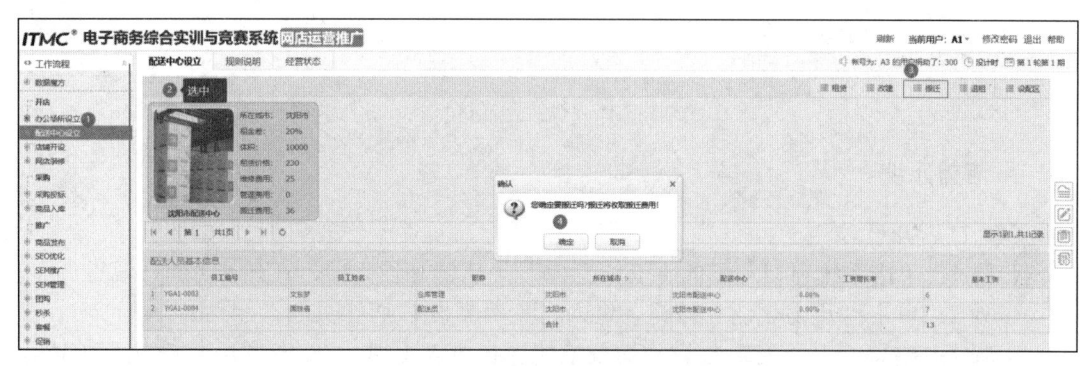

图 3-13　配送中心搬迁

步骤3：单击"确定"按钮，完成配送中心搬迁。系统将自动从网店现金账户中扣除相应的搬迁费用。如果网店的现金余额不足，系统提示"现金不足，无法进行搬迁"，则需要卖家去融资，还不足的话，网店将破产。因此，卖家最好先确认现金余额是否充足。

（4）退租。

步骤1：单击系统窗口左侧的"工作流程"|"配送中心设立"项，打开"配送中心设立"页面。

步骤2：选择需要调整的配送中心，被选中的配送中心背景色变为灰色，单击"退租"按钮，系统提示"您确定要退租选择的配送中心吗？"。如果单击"确定"按钮，系统提示"配送中心退租成功！"，如图 3-14 所示。如果单击"取消"按钮，则可以重复以上步骤进行修改。

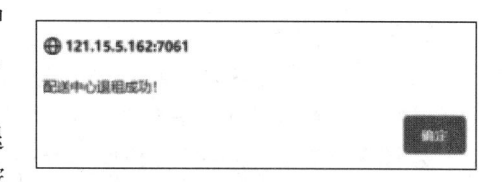

图 3-14　配送中心退租成功提示

步骤3：单击"确定"按钮，完成配送中心退租操作。如果网店只有一个配送中心则不能退租。

（5）设配区。

步骤1：单击系统窗口左侧的"工作流程"|"配送中心设立"项，打开"配送中心设立"页面。

步骤2：选择需要调整的配送中心，被选中的配送中心背景色变为灰色，单击"设配区"按钮，进入"设置配送区域"页面。

步骤3：选择配送中心、配送区域和物流公司，单击"设置"按钮，完成配送区域设置，如图3-15所示。

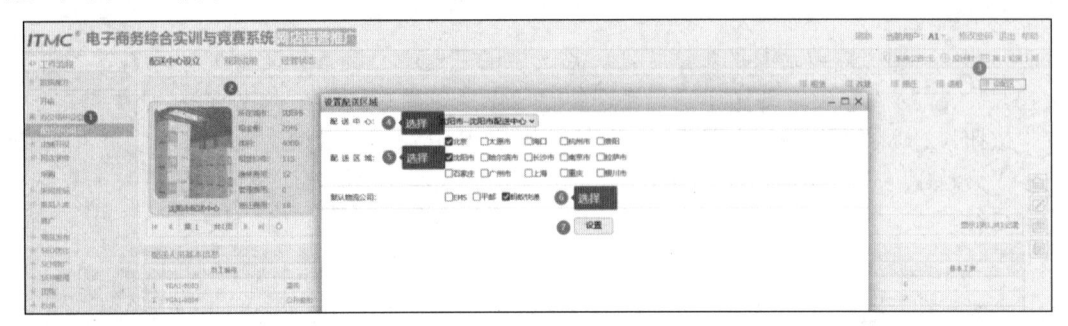

图3-15　设置配送区域

3. 店铺开设

（1）C店开设。

步骤1：单击系统窗口左侧的"工作流程"|"店铺开设"项，打开"店铺开设"页面。

步骤2：单击"开设C店"按钮，进入"免费开设C店"页面。

步骤3：填写C店名称、经营宗旨及描述（也可以不填），单击"开设C店"按钮，完成C店开设，如图3-16所示。

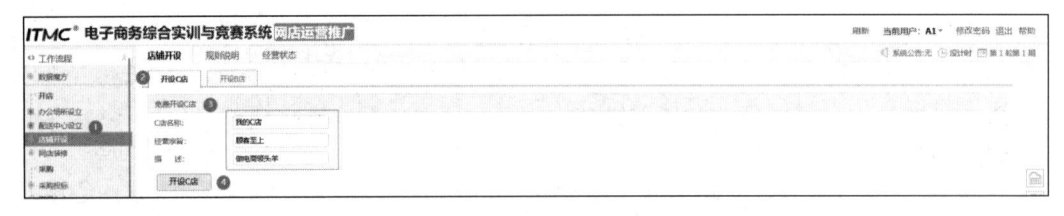

图3-16　开设C店

（2）B店开设。

步骤1：单击系统窗口左侧的"工作流程"|"店铺开设"项，打开"店铺开设"页面。

步骤2：单击"开设B店"按钮，进入"开设B店"页面，如图3-17所示。

步骤3：单击"筹建"按钮，交易软件研发进度前进一格，已经筹建过的周期系统会用红色表示，未筹建的周期则用绿色表示，如图3-18所示。开设B店需要4个筹备周期才可投入市场运营。

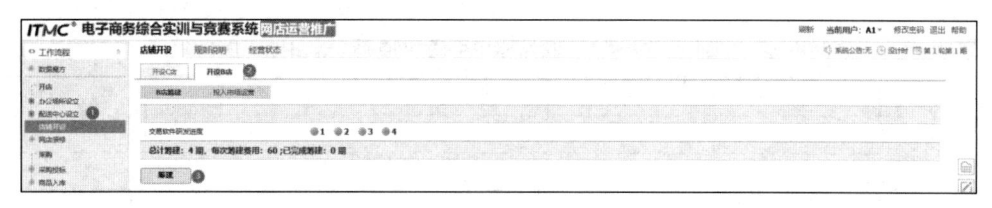

图 3-17　开设 B 店

图 3-18　开设 B 店（筹建）

图 3-18 原图

4. 网店装修

步骤 1：单击系统窗口左侧的"工作流程"|"网店装修"项，打开"网店装修"页面。

步骤 2：选择需要装修的网店，被选中的配送中心背景色变为灰色，单击"网店装修"按钮，打开"网店装修模板"页面，如图 3-19 所示。

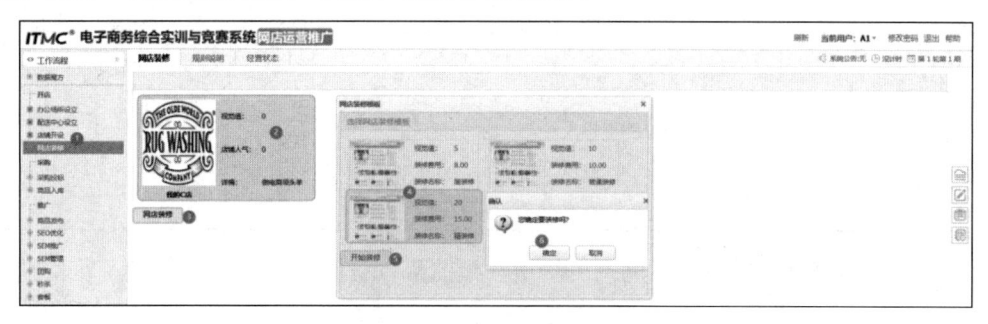

图 3-19　网店装修

步骤 3：选择需要的网店装修模板，被选中的配送中心背景色变为灰色。如果单击"开始装修"按钮，系统提示"您确定要装修吗？"。如果单击"确定"按钮，系统提示"装修完成"。如果单击"取消"按钮，则可以重复以上步骤进行修改。如果网店的现金余额不足，则需要卖家去融资，还不足的话，网店将破产。因此，最好先确认现金余额是否充足。

四、实训成果

（一）办公场所设立

（1）收集办公城市的基本信息，填入表 3-1。

表 3-1　办公城市的基本信息

区域	城市	工资差	租金差	城市影响力	是否支持邮寄
东北					
华北					
华东					
华南					
华中					
西北					
西南					

（2）根据网店的经营风格和针对的不同目标人群，分析并选择办公城市，并且说明选择的理由。

（3）分析不同办公城市、不同办公场所类型的租赁费用，将相关信息填入表 3-2。

表 3-2　办公场所费用分析表

办公场所类型	城市	租金差	租赁价格	维修费用	搬迁费用	是否搬迁	合计
普通办公室	银川	0	96	4	5	否	100

（4）分析初级经理、中级经理、高级经理的业务能力和工资情况，结合网店目标人群特点，确定招聘员工的级别和数量，将相关信息填入表 3-3。

表 3-3　招贤纳士分析表

目标人群	员工级别	业务能力	数量	基本工资	工资增长率	每期增加经验值

（二）配送中心设立

（1）收集需求城市的基本信息，选址建仓，将相关信息填入表 3-4。

表 3-4　配送中心选择

配送中心	目的城市	距离	单位数量	单位运价（蚂蚁快递）	单位加价（蚂蚁快递）
配送中心选择理由说明：					
配送中心搬迁理由说明：					

（2）根据配送中心类型的基本信息，选择合适的配送中心类型，将相关信息填入表 3-5。

表 3-5　配送中心类型选择

配送中心类型	体积	租赁价格（基价）	维修费用	搬迁费用
配送中心选择理由说明：				
配送中心搬迁理由说明：				

（三）店铺开设

根据网店运营目标确定开设 C 店或 B 店（筹建），将相关信息填入表 3-6。

表 3-6　店铺开设

网店类型	筹备周期	筹备费用	站外推广
C 店			否
B 店			是

（四）网店装修

采集网店装修模板的基本信息，将相关信息填入表 3-7。

表 3-7　网店装修模板的基本信息

装修名称	装修费用	视觉值

五、实训评价

填写如表 3-8 所示的学生自评和教师评价表。

表 3-8　学生自评和教师评价表

评价内容	分值	学生自评	教师评价
能够根据市场需求信息选择合适的办公城市和办公场所类型	20		
能够根据市场需求信息选择合适的配送中心城市和配送中心类型，并合理进行改建、搬迁等操作	35		
能够根据网店经营发展需求，合理布局店铺类型，并选择合适的模板对店铺进行装修	15		
能够归纳总结出各数据之间的内在联系	10		
信息收集、分析、总结提炼能力	10		
团队成员之间合作，共同完成任务	10		
总分	100		

六、所思所获

实训 4 商品采购与发布

一、实训目的

本实训旨在使学生了解选品的数据来源和方法，能够对商品进行角色定位，并完成商品的采购和发布相关操作。

二、实训背景

商品是网店的基石，是一个店铺"修炼内功"的重中之重，接下来摆在小魏面前的问题是经营哪些商品，该怎样选品，如何制订采购计划并完成采购投标和商品入库工作，最后根据市场环境、竞争对手和自身店铺情况，制订出合理的商品价格与商品发布策略。

三、实训步骤

（一）采购投标

1. 添加采购信息

步骤 1：单击系统窗口左侧的"工作流程"|"采购投标"项，打开"采购投标方案制订"（系统中为"采购投标方案制定"）页面。

步骤 2：单击"添加"按钮，进入"采购信息"页面，如图 4-1 所示。选择采购城市和采购商品，输入采购数量和单价信息，同时仔细核对，切勿将采购数量和单价信息输反。

图 4-1 采购投标

步骤3：单击"保存"按钮，系统提示"添加成功"。单击"确定"按钮，完成采购信息添加操作。如果还需要进行商品采购，可重复执行步骤2和步骤3。

2. 修改采购信息

步骤1：选择需要修改的采购信息，被选中的采购信息背景色变为黄色，单击"编辑"按钮，进入"采购信息"页面。

步骤2：选择采购城市和采购商品，输入采购数量和单价信息，如图4-2所示，同时仔细核对，切勿将采购数量和单价信息输反。确认无误后，单击"保存"按钮，系统提示"修改成功"，完成采购信息修改操作。如果还需要进行采购信息修改，可重复执行步骤1和步骤2。

图 4-2　修改采购信息

3. 删除采购信息

（1）删除单个采购信息。

步骤1：选择需要删除的单个采购信息，被选中的采购信息背景色变为黄色。

步骤2：单击"删除"按钮，系统提示"删除成功"。单击"确定"按钮，完成单个采购信息删除操作。如果还需要进行单个采购信息删除，可重复执行步骤1和步骤2。

（2）删除多个采购信息。

步骤1：选择多个需要删除的采购信息，被选中的采购信息背景色变为黄色。

步骤2：单击"删除"按钮，系统提示"您确定要删除吗？"，如图4-3所示。单击"确定"按钮，系统提示"删除成功"。单击"确定"按钮，完成多个采购信息删除操作。如果在单击"确定"按钮前还想修改采购信息，则单击"取消"按钮。如果还需要删除多个采购信息，可重复执行步骤1和步骤2。

图 4-3　删除多个采购信息

4. 采购投标与跳过

（1）采购投标。

采购信息添加完毕，即采购投标方案添加完成后，还需要投标。

步骤：单击"投标"按钮，系统提示"确定下达采购订单吗？每期只能采购一次！"，如图 4-4 所示。单击"确定"按钮，如果系统提示"发布采购信息冻结资金 998.26"（以图 4-2 中的采购信息为例），则单击"确定"按钮，完成采购投标操作。如果系统提示"当前余额不够支付本次交易，请减少采购数量！"，说明网店的现金账户余额小于采购金额，需要卖家去融资或者减少采购数量，而后再进行采购投标操作。如果在单击"确定"按钮前还想修改采购信息，则单击"取消"按钮，修改采购方案。

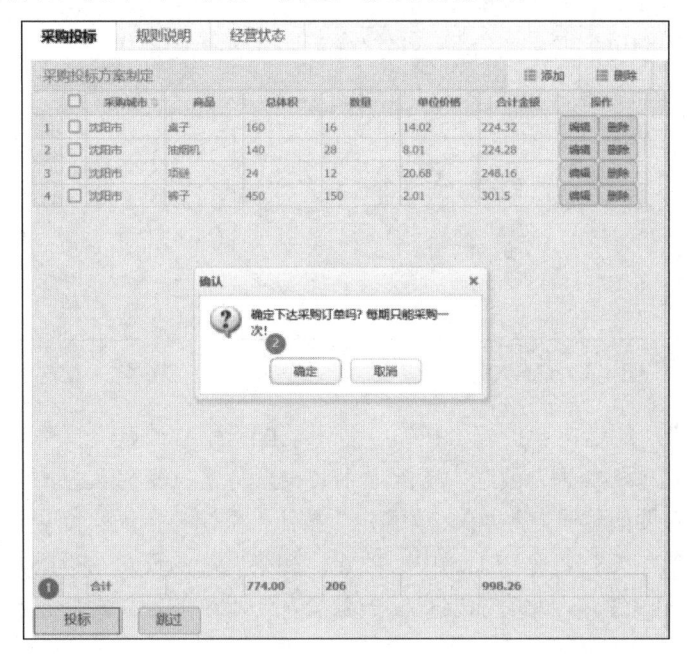

图 4-4　采购投标

（2）采购跳过。

步骤：单击"跳过"按钮，系统提示"确定不需要采购订单吗？每期只能采购一次！"。单击"确定"按钮，如果系统提示"跳过发布采购信息成功！"，如图 4-5 所示，则单击"确定"按钮，完成采购跳过操作。如果在单击"确定"按钮前还想修改采购信息，则单击"取消"按钮，修改采购方案。

图 4-5　采购跳过提示

卖家制订完采购投标方案后，要尽量避免把"投标"按钮单击成"跳过"按钮，否则会对后续的经营带来不利影响。

（二）商品入库和配送中心扩建

结束采购后，系统会自动评判中标网店，接下来需进行商品入库、跳过入库和配送中心扩建操作。

1. 商品入库

网店要对采购成功的商品进行入库操作，即商品入库。

步骤1：单击系统窗口左侧的"工作流程"|"商品入库"项，打开"商品入库"页面，如图4-6所示。

步骤2：选择需要入库的采购订单，被选中的采购订单背景色变为黄色，单击"商品入库"按钮，如果系统提示"采购入库成功！"，则单击"确定"按钮，完成商品入库操作；如果系统提示"沈阳市配送中心容量不足！"（见图4-7），则单击"确定"按钮，返回"商品入库"页面，执行步骤3。

图4-6　商品入库　　　　　　　　图4-7　配送中心容量不足提示

步骤3：单击"配送中心扩建"按钮，进入"配送中心改建"页面，卖家根据实际需求选中需要的配送中心类型，被选中的配送中心类型背景色变为灰色，单击"确定"按钮，系统提示"您确定要改建吗？"。单击"确定"按钮，系统将自动从网店现金账户中扣除相应的租赁费和建筑维修费，完成配送中心改建。如果网店的现金余额不足，系统提示"现金不足，无法进行改建！"，此时需要卖家去融资，还不足的话，网店将破产。因此，卖家最好先确认现金余额是否充足。

配送中心扩建完成后，再执行步骤1和步骤2。

2. 跳过入库

跳过入库的操作主要在以下两种情况下执行：一是卖家没有采购到商品，无法进行正常的商品入库，这时需要进行"跳过入库"操作；二是卖家如果在"采购投标"时选择的是"跳过"，那么也需要执行"跳过入库"操作。

步骤1：单击系统窗口左侧的"工作流程"|"商品入库"项，打开"商品入库"页面，如图4-6所示。

步骤2：单击"跳过入库"按钮，系统提示"跳过成功！"。单击"确定"按钮，完成跳过入库操作。

（三）商品发布

1. 发布新商品

步骤1：单击系统窗口左侧的"工作流程"|"商品发布"项，打开"商品发布"页面，如图4-8所示。

图4-8 商品发布

步骤2：单击"发布新商品"按钮，进入"填写商品基本信息"页面，设置商品名称、选择店铺、填写商品一口价、设置运费方式和选择是否保修，设置完成后，单击"发布"按钮，如图4-9所示。如果系统提示"发布成功！"，则单击"确定"按钮，完成一个商品的发布操作。重复执行步骤2，直到商品发布完毕。

图4-9 发布新商品

如果单击"发布"按钮后，系统提示"超过预售设定值；预售最大数量是20件！"，如图4-10所示，则单击"确定"按钮，此时需要卖家修改商品数量。修改后，单击"发布"按钮，如果系统提示"发布成功！"，则单击"确定"按钮，完成一个商品的发布操作。重复执行步骤2，直到商品发布完毕。

如果单击"发布"按钮后，系统提示"平邮默认运费不能超过 10""快递默认运费不能超过 10"或"EMS 默认运费不能超过 10"，如图4-11所示，则单击"确定"按钮，此时需要卖家修改运费信息。修改后，单击"发布"按钮，如果系统提示"发布成功！"，则单击"确定"按钮，完成一个商品的发布操作。重复执行步骤2，直到商品发布完毕。

图 4-10　预售数量超标提示　　　　　　　图 4-11　运费设置超标提示

2. 修改商品信息

已经发布的商品在教师端结束站外推广之前都可以进行修改操作。

步骤 1：单击系统窗口左侧的"工作流程"|"商品发布"项，打开"商品发布"页面，如图 4-8 所示。

步骤 2：选择需要修改信息的商品，被选中的商品背景色变为黄色，单击"修改"按钮，填写商品一口价、设置运费方式和选择是否保修，设置完成后，单击"发布"按钮，如图 4-12 所示。如果系统提示"修改发布成功！"，则单击"确定"按钮，完成一个商品信息的修改操作。重复执行步骤 2，直到需要修改的商品信息修改发布完毕。

图 4-12　修改商品信息

3. 上架/下架商品

（1）商品下架

步骤 1：单击系统窗口左侧的"工作流程"|"商品发布"项，打开"商品发布"页面，如图 4-8 所示。

步骤 2：选择需要下架的商品，被选中的商品背景色变为黄色，如图 4-13 所示。单击"下架"按钮，如果系统提示"处理成功！"，则单击"确定"按钮，完成商品的下架操作。

（2）商品上架

步骤 1：单击系统窗口左侧的"工作流程"|"商品发布"项，打开"商品发布"页面，如图 4-8 所示。

步骤 2：选择需要上架的商品，被选中的商品背景色变为黄色，如图 4-14 所示。单击"上架"按钮，如果系统提示"处理成功！"，则单击"确定"按钮，完成商品的上架操作。

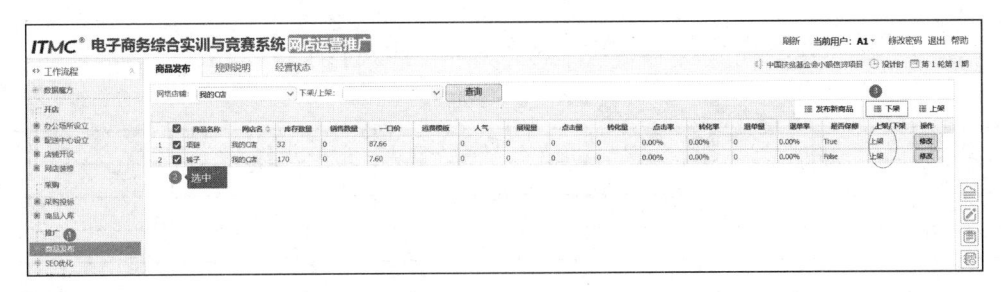

图 4-13　商品下架

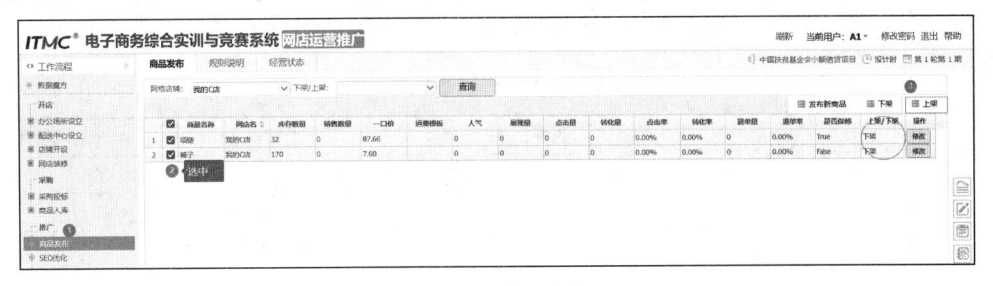

图 4-14　商品上架

四、实训成果

（1）对供应商供货情况进行分析，将相关信息填入表 4-1，以此作为批量采购或者分批采购的选择依据。

表 4-1　供应商供货信息

商品	促销方式				供货信息		
	数量	信誉度	享受账期	享受折扣	供应数量	单位体积	最低价格

（2）根据商品供货信息、促销信息及网店运营目标，制订采购计划，将相关信息填入表 4-2。

表 4-2　采购计划

采购城市	目标人群	商品	采购信息		
			数量	价格	体积

（3）对采购中标商品进行入库操作，将相关信息填入表 4-3。

表 4-3　商品入库信息

配送中心	商品	数量	价格	体积

（4）分析市场信息、竞争对手信息及网店的经营计划，将相关信息填入表 4-4。

表 4-4　商品发布信息

商品	目标人群	销售目的		上架数量		保修费用	
		赚钱	绩效	预售	不预售	否	是
							/
							/
							/
							/
							/

五、实训评价

填写如表 4-5 所示的学生自评和教师评价表。

表 4-5　学生自评和教师评价表

评价内容	分值	学生自评	教师评价
能够根据选品原则，筛选并确定目标商品	20		
能够按照采购计划进行采购投标，并合理选择采购策略	10		
能够将采购到的商品入库，根据实际情况进行仓库扩建等操作	10		
能够根据商品信息进行商品发布，并制订合理的物流和售后策略	10		
能够详细分析商品定价的影响因素，不断优化现有商品价格	20		
能够归纳总结出各数据之间的内在联系	10		
信息收集、分析、总结提炼能力	10		
团队成员之间合作，共同完成任务	10		
总分	100		

六、所思所获

实训 5　SEO 优化与 SEM 推广

一、实训目的

本实训旨在使学生了解 SEO、SEM 的概念，理解 SEO、SEM 的设计思路。知晓自然搜索排名和 SEM 付费推广的影响因素，为自己网店的商品找到流量的突破口。

二、实训背景

根据销售漏斗原理，只有较多的引流才会有较多的销售量。小魏需要根据网店的经营目标分析市场情况，结合商品特性、竞争对手策略预判等制订推广策略，实施 SEO 优化和 SEM 推广，获取流量。

三、实训步骤

（一）SEO 优化

步骤 1：单击系统窗口左侧的"工作流程"|"SEO 优化"项，打开"SEO 优化"页面，如图 5-1 所示。

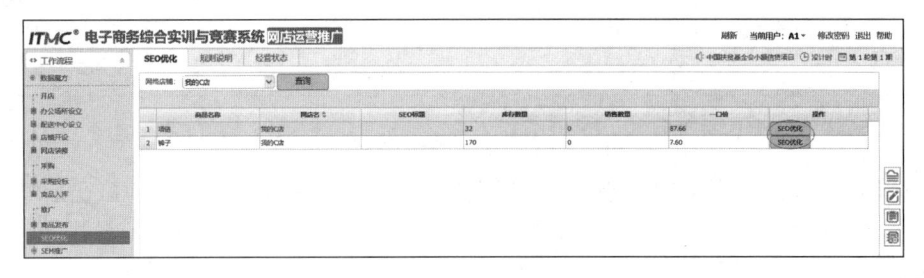

图 5-1　SEO 优化

步骤 2：选择需要进行 SEO 优化的商品，被选中的商品背景色变为黄色。单击"SEO 优化"按钮，进入"SEO 标题优化"页面。如果卖家采用的是数据魔方内的现有关键词，则执行步骤 3；如果卖家采用的是自设关键词，则执行步骤 4。

步骤 3：单击"我要淘词"按钮，打开"淘关键词"页面，选择相应商品的数据魔方关键词（勾选要选择的关键词的复选框）。关键词可按展现量、点击量、转化量等参数进行排名，在标题栏单击展现量、点击量、转化量等参数即可将关键词按照从高到低或从低到高的顺序排列。单击"加入标题"按钮，系统提示"您确定要选择这些关键词吗？"，如图 5-2 所示。

图 5-2　在数据魔方中选择关键词提示

如果单击"确定"按钮，选择的关键词将进入"SEO 优化（标题）"栏内，如图 5-3 所示；如果在单击"确定"按钮前还想修改关键词，则单击"取消"按钮，修改关键词。相关操作完成后，单击"保存"按钮，完成 SEO 标题优化。

步骤 4：在"SEO 优化（标题）"栏内输入自设关键词，如图 5-4 所示，单击"保存"按钮，完成 SEO 优化。每个商品最多 7 个关键词，关键词分别用分号（;）隔开；如果所设关键词超过 7 个，则保存前 7 个；每个关键词不能超过 10 个字。

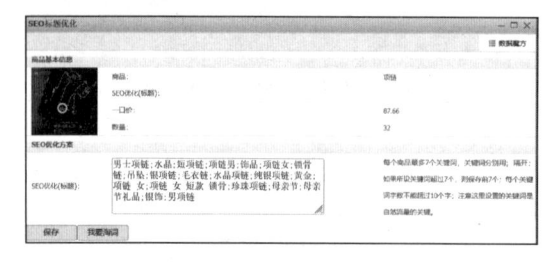

图 5-3　淘关键词　　　　　　　　　　　图 5-4　自设关键词

关键词的选取直接影响进店流量，进而影响到商品销售额。所以，卖家在后续的经营过程中需要根据商品销售情况优化 SEO 关键词，以努力提升网店的自然流量排名，提高商品销售额，如图 5-5 所示。

图 5-5　SEO 优化与销售额示例

（二）SEM 推广

SEM 推广包括账户管理和计划管理两个部分，如图 5-6 所示。

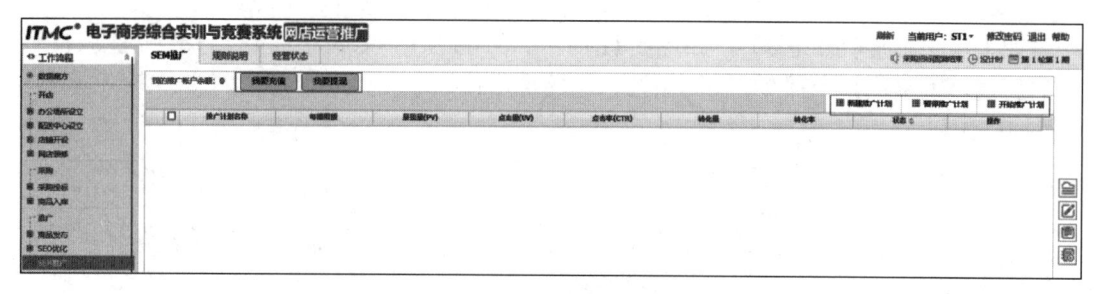

图 5-6　SEM 推广

1. SEM 推广账户管理

（1）我要充值。进行 SEM 推广必须先进行充值，如果 SEM 推广账户余额为 0 或负数，系统无法进行 SEM 推广。

步骤 1：单击系统窗口左侧的"工作流程"|"SEM 推广"项，打开"SEM 推广"页面，如图 5-6 所示。

步骤 2：单击"我要充值"按钮，输入充值金额后单击"充值"按钮，如图 5-7 所示。如果系统提示"充值的现金不足！"，说明网店的现金余额不足，则需要卖家去融资，还不足的话，就需要卖家调整充值金额。若充值成功，界面如图 5-8 所示。如果网店的现金余额允许，在教师端结束站外推广之前，卖家都可以根据需要调整 SEM 推广账户余额。

图 5-7　推广账户充值前　　　　图 5-8　推广账户充值后

（2）我要提现。

步骤 1：单击系统窗口左侧的"工作流程"|"SEM 推广"项，打开"SEM 推广"页面，如图 5-6 所示。

步骤 2：单击"我要提现"按钮，输入提现金额后单击"提现"按钮，如图 5-9 和图 5-10 所示。提现的金额将转入网店的现金账户。提现金额需小于推广账户余额且必须是大于或等于 1 的整数，否则无法提现。

图 5-9　推广账户提现前　　　　图 5-10　推广账户提现后

2. SEM 推广计划管理

（1）新建推广计划。

步骤 1：单击系统窗口左侧的"工作流程"|"SEM 推广"项，打开"SEM 推广"页面，如图 5-6 所示。

步骤 2：单击"新建推广计划"按钮，打开"新推广计划"页面，填写推广计划名称和每期限额（系统默认是 50），如图 5-11 所示。然后单击"保存"按钮，完成一个推广计划的新建。重复执行步骤 2，直到需要新建的推广计划建立完成。每个网店最多可以新建 4 条推广计划。

图 5-11　完成新建推广计划前

新建推广计划完成后，系统将打开"新建推广组"页面，如图 5-12 所示。这里可以单击"新建推广组"页面右上角的"×"按钮，后续操作可以在"SEM 管理"页面完成。

图 5-12　完成新建推广计划后

（2）修改推广计划。卖家在后期经营过程中，可以根据商品销售情况修改推广计划。

步骤 1：单击系统窗口左侧的"工作流程"|"SEM 推广"项，打开"SEM 推广"页面。

步骤 2：选择需要调整的 SEM 推广计划，被选中的推广计划背景色变为黄色。单击"修改"按钮，打开"修改推广计划基本信息"页面，如图 5-13 所示。修改每期限额，单击"保存"按钮。重复执行步骤 2，直到需要修改的推广计划修改完毕。

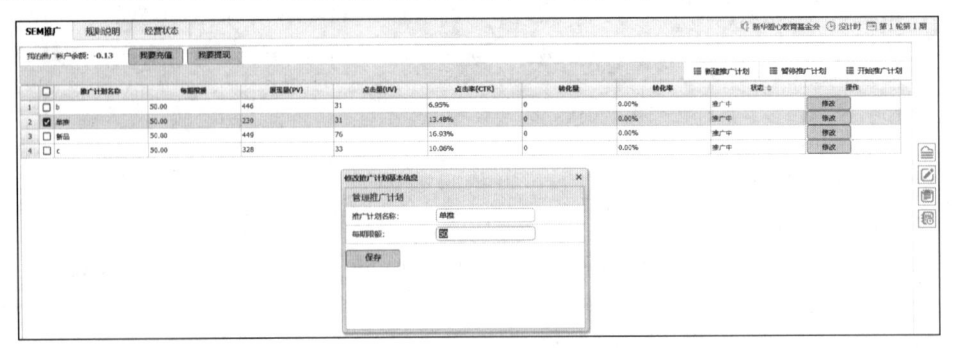

图 5-13　修改推广计划基本信息

（3）暂停推广计划。根据网店情况，可以暂停目前推广效果不佳或暂时不需要的推广计划。

步骤 1：单击系统窗口左侧的"工作流程"|"SEM 推广"项，打开"SEM 推广"页面。

步骤 2：选择需要调整的 SEM 推广计划，被选中的推广计划背景色变为黄色。单击"暂停推广计划"按钮，系统提示"处理成功！"，如图 5-14 所示。单击"确定"按钮，完成相关操作。

图 5-14　暂停推广计划

（4）开始推广计划。根据网店情况，可以重新开始目前暂停推广的推广计划。

步骤 1：单击系统窗口左侧的"工作流程"|"SEM 推广"项，打开"SEM 推广"页面。

步骤 2：选择需要重新开始推广的且状态为暂停推广的 SEM 推广计划，被选中的推广计划背景色变为黄色。单击"开始推广计划"按钮，系统提示"处理成功！"，如图 5-15 所示。单击"确定"按钮，完成相关操作。

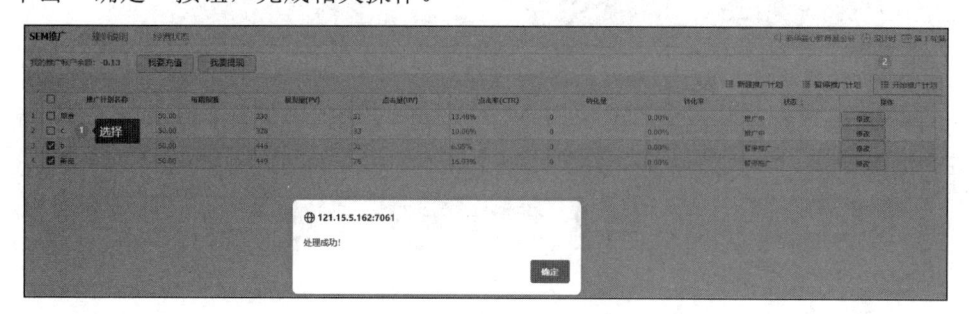

图 5-15　开始推广计划

（三）SEM 管理

根据推广计划，可以针对每种商品设计不同的推广组，再根据关键词为每个推广组制订相应的出价策略。

（1）我要推广。

步骤 1：单击系统窗口左侧的"工作流程"|"SEM 管理"项，打开"SEM 管理"页面。

步骤 2：单击"我要推广"按钮，打开"新建推广组"页面，如图 5-16 所示。填写推广组名称和默认竞价（系统默认是 0.05），选择推广商品和推广计划，然后单击"保存"按钮，打开"管理推广关键词"页面。

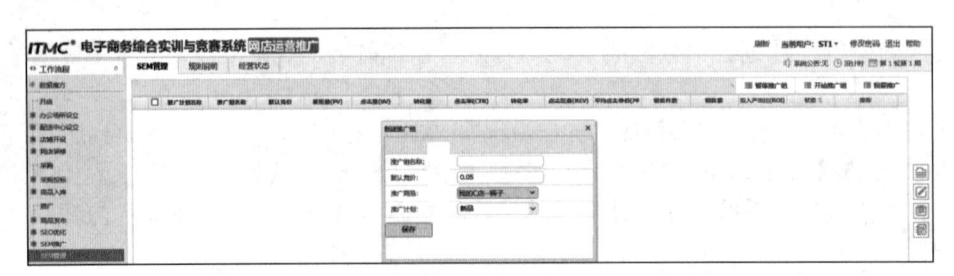

图 5-16 新建推广组

步骤 3：单击"淘词"按钮，打开"淘词"页面，如图 5-17 所示。选择要进行推广的关键词，然后单击"加入推广"按钮，系统提示"您确定要推广选择的关键词吗？"。如果单击"确定"按钮，则系统提示"保存成功！"，单击"确定"按钮，完成相关操作。如果单击"取消"按钮，可修改关键词，完成相关操作。

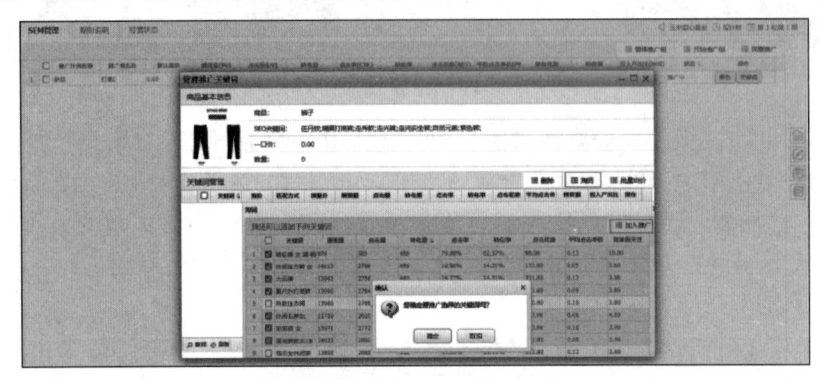

图 5-17 淘词

单击"淘词"页面右上角的"×"按钮，选取的关键词进入"关键词管理"页面，如图 5-18 所示。

图 5-18 关键词管理

单击"管理关键词"页面右上角的"×"按钮,完成一个推广组的新建。重复执行步骤2和步骤3,直到需要新建的推广组建立完成。

(2)修改推广组。SEM推广组的默认竞价和关键词会影响进店付费流量,进而影响到商品销售额。卖家在后期经营过程中,可以根据商品销售情况修改推广组信息。

① 修改推广组基本信息。

步骤1:单击系统窗口左侧的"工作流程"|"SEM管理"项,打开"SEM管理"页面。

步骤2:选择需要修改的推广组,被选中的推广组背景色变为黄色。单击"修改"按钮,打开"修改推广组基本信息"页面,如图5-19所示。修改默认竞价,考虑是否调整推广计划,单击"保存"按钮,完成一个推广组修改。

图5-19 修改推广组基本信息

重复执行步骤2,直到需要修改的推广组完成修改。

② 调整关键词。

步骤1:单击系统窗口左侧的"工作流程"|"SEM管理"项,打开"SEM管理"页面。

步骤2:选择需要修改的推广组,被选中的推广组背景色变为黄色。单击"关键词"按钮,打开"管理推广关键词"页面,如图5-20所示。可以进行删除关键词、新增关键词(淘词)、批量出价(批量修改默认竞价和匹配方式)和修改单个关键词(修改默认竞价和匹配方式)的操作。

图5-20 管理推广关键词

步骤 3：单击"批量出价"按钮，打开"批量改价"页面，如图 5-21 所示。批量修改默认竞价和匹配方式，单击"保存"按钮，系统提示"保存成功！"。单击"确定"按钮，完成相关操作。

图 5-21 批量改价

步骤 4：单击"修改"按钮，打开"修改竞价"页面，如图 5-22 所示。修改默认竞价和匹配方式，单击"保存"按钮，系统提示"保存成功！"。单击"确定"按钮，完成相关操作。重复执行步骤 4，直到需要修改的关键词修改完成。

图 5-22 修改竞价

（3）暂停推广组。根据网店推广计划，可以暂停目前推广效果不佳或暂时不需要推广的推广组。

步骤 1：单击系统窗口左侧的"工作流程"|"SEM 管理"项，打开"SEM 管理"页面。

步骤 2：选择需要调整的 SEM 推广组，被选中的推广组背景色变为黄色。单击"暂停推广组"按钮，系统提示"处理成功！"，如图 5-23 所示。单击"确定"按钮，完成相关操作。

图 5-23　暂停推广组处理成功提示

（4）开始推广组。根据网店推广计划，可以重新开始目前暂停推广的推广组。

步骤 1：单击系统窗口左侧的"工作流程"|"SEM 管理"项，打开"SEM 管理"页面。

步骤 2：选择需要重新开始推广的且状态为暂停推广的推广组，被选中的推广组背景色变为黄色。单击"开始推广组"按钮，系统提示"处理成功！"，如图 5-24 所示。单击"确定"按钮，完成相关操作。

图 5-24　开始推广组处理成功提示

四、实训成果

（一）SEO 优化

（1）了解 SEO 优化规则，将 SEO 商品排名得分相关信息填入表 5-1。

表 5-1　SEO 商品排名得分

排名得分	分解项		数据来源或计算方式
SEO 商品排名得分	SEO 关键词排名得分（权重 0.4）	关键词搜索相关性	
		×	
		关键词匹配方式得分	
	+		
	商品绩效（权重 0.06）	商品点击率得分	
		商品点击量得分	
		商品转化率得分	
		商品转化量得分	
		商品退单率得分	
		保修得分	

（2）分析商品关键词词库，选取 SEO 标题关键词，将相关信息填入表 5-2。

表 5-2　SEO 标题关键词选取

商品	高搜索量关键词	低搜索量关键词	标题

（二）SEM 推广

（1）了解 SEM 推广规则，将 SEM 商品排名得分相关信息填入表 5-3。

表 5-3　SEM 商品排名得分

排名得分	分解项			数据来源或计算方式
SEM 商品排名得分	竞价价格			
	×			
	质量分	SEM 关键词排名得分（权重 0.4）	关键词搜索相关性	
		+		
		商品绩效（权重 0.06）	商品点击率得分	
			商品点击量得分	
			商品转化率得分	
			商品转化量得分	
			商品退单率得分	
			保修得分	

（2）根据推广资金使用情况，计算出 SEM 推广资金预算上限，将相关信息填入表 5-4。

表 5-4　SEM 推广资金预算

项目	表达式	金额
现有资金	/	
站外推广预算	-	
物流费用预算	-	
预估签收货款	+	
还短期借款	-	
借短期借款	+	
支付工资	-	
支付相关费用	-	
缴税	-	
还长期借款	-	
借长期借款	+	
SEM 推广资金预算上限	=	

（3）根据 SEM 推广策略编制推广计划，设置推广组，选取关键词，制订竞价策略，将相关信息填入表 5-5。

表 5-5　SEM 推广策略

推广策略	金额上限	推广组	关键词选取	竞价	匹配方式
SEM 推广资金预算		/	/	/	/
SEM 推广计划 1					
SEM 推广计划 2					
SEM 推广计划 3					
SEM 推广计划 4					

五、实训评价

填写如表 5-6 所示的学生自评和教师评价表。

表 5-6　学生自评和教师评价表

评价内容	分值	学生自评	教师评价
能够根据推广需求制订 SEO 策略，提高网店的曝光率，获取免费流量	30		
能够精确预算推广资金上限，合理分配推广资金	10		
能够根据推广需求制订 SEM 策略，提高网店的曝光率，获取站内付费流量	30		
能够归纳总结出各数据之间的内在联系	10		
信息收集、分析、总结提炼能力	10		
团队成员之间合作，共同完成任务	10		
总分	100		

六、所思所获

实训 6　活动营销与站外推广

一、实训目的

本实训旨在使学生理解网店活动的含义，理解不同类型网店活动的特点，训练学生根据店铺情况进行活动营销的能力。

二、实训背景

流量是网店运营的基础，转化是网店运营的核心。提升网店营销转化率是一项整体的运营工作，而营销活动是提升营销转化率的一个主要手段。小魏通过团购、秒杀、套餐、促销等活动营销提升网店营销转化率，同时制订并实施可行的站外推广策略，以提高网店的曝光率，获取站外付费流量。

三、实训步骤

一、活动营销

在"电商沙盘"系统中，活动营销包括团购、秒杀、套餐和促销4种方式。

（一）团购

1. 添加新团购

步骤1：单击系统窗口左侧的"工作流程"|"团购"项，打开"团购"页面。

步骤2：单击"添加"按钮，打开"添加新团购"页面，如图6-1所示。填写团购名称（也可以不填），选择需要团购的商品，设置团购折扣，输入最少购买数量（系统默认是10，最大是20）。单击"保存"按钮，系统提示"保存成功！"。单击"确定"按钮，完成相关操作。重复执行步骤2，直到需要团购的商品信息设置完成。新团购活动添加成功后，默认处于上架状态。

2. 修改团购

步骤1：单击系统窗口左侧的"工作流程"|"团购"项，打开"团购"页面。

步骤2：选择需要修改的团购活动，被选中的团购活动背景色变为黄色。单击"修改"按钮，打开"修改团购信息"页面，填写团购名称（也可以不填），选择需要团购的商品，设置团购折扣，输入最少购买数量（系统默认是10，最大是20）。单击"保存"按钮，系统提示"保存成功！"。单击"确定"按钮，完成相关操作。

重复执行步骤2，直到需要修改的团购活动信息修改完成。

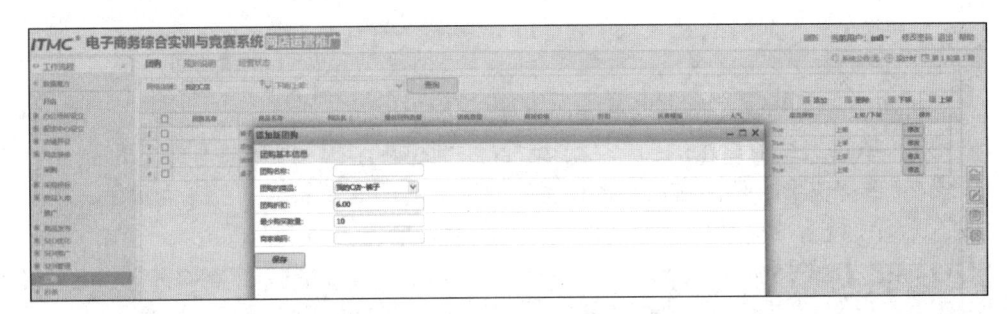

图 6-1　添加新团购

3. 删除团购

步骤 1：单击系统窗口左侧的"工作流程"|"团购"项，打开"团购"页面。

步骤 2：选择需要删除的团购活动，被选中的团购活动背景色变为黄色。单击"删除"按钮，系统提示"删除成功！"，如图 6-2 所示。单击"确定"按钮，完成相关操作。

图 6-2　删除团购成功提示

4. 团购下架

对暂时不需要的团购活动，卖家可以单击"下架"按钮设置活动暂停；后期如果需要恢复，卖家可以单击"上架"按钮继续进行团购促销活动。

步骤 1：单击系统窗口左侧的"工作流程"|"团购"项，打开"团购"页面。

步骤 2：选择需要下架的团购活动，被选中的团购活动背景色变为黄色。单击"下架"按钮，系统提示"处理成功！"，如图 6-3 所示。单击"确定"按钮，完成相关操作。

图 6-3　团购下架成功提示

5. 团购上架

对下架的团购活动，卖家可以单击"上架"按钮将其上架。

步骤1：单击系统窗口左侧的"工作流程"|"团购"项，打开"团购"页面。

步骤2：选择需要上架团购活动的商品，被选中的团购商品背景色变为黄色。单击"上架"按钮，系统提示"处理成功！"，如图6-4所示。单击"确定"按钮，完成相关操作。

图6-4　团购上架成功提示

（二）秒杀

1. 开启秒杀

步骤1：单击系统窗口左侧的"工作流程"|"秒杀"项，打开"秒杀"页面。

步骤2：选择需要开启秒杀的商品，被选中的秒杀商品背景色变为黄色。单击"开启秒杀"按钮，系统提示"您确定要开启秒杀吗？"，如图6-5所示。单击"确定"按钮，系统提示"保存成功！"，完成相关操作。

图6-5　开启秒杀

2. 结束秒杀

步骤1：单击系统窗口左侧的"工作流程"|"秒杀"项，打开"秒杀"页面。

步骤2：选择需要结束秒杀的商品，被选中的秒杀商品背景色变为黄色。单击"结束秒杀"按钮，如图6-6所示，系统提示"您确定要结束秒杀吗？"。单击"确定"按钮，系统提示"保存成功！"，完成相关操作。

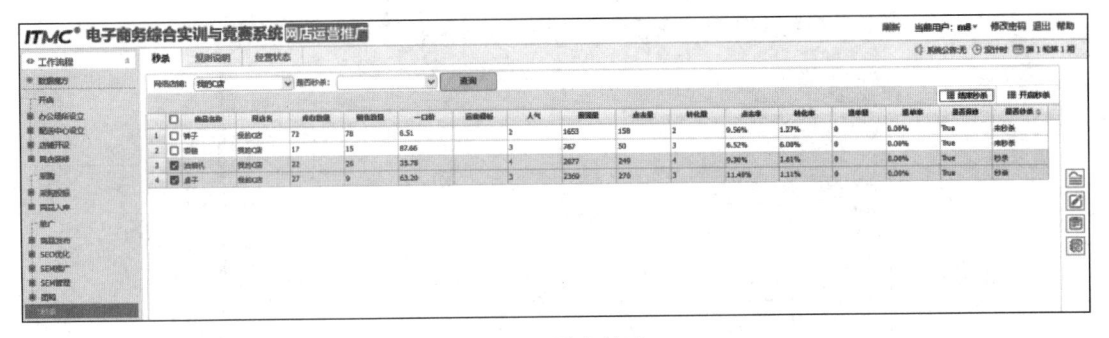

图 6-6　结束秒杀

（三）套餐

1. 添加新套餐

步骤 1：单击系统窗口左侧的"工作流程"|"套餐"项，打开"套餐"页面。

步骤 2：单击"添加新套餐"按钮，打开"添加新套餐"页面，如图 6-7 所示。单击"添加套餐列表"后的"添加"按钮，打开"套餐商品"页面，选择商品，输入单价和数量（系统默认是 1，不能修改）。单击"保存"按钮，系统提示"保存成功！"。单击"确定"按钮，完成一件商品的添加。重复执行步骤 2，最多可添加 3 个套餐商品。

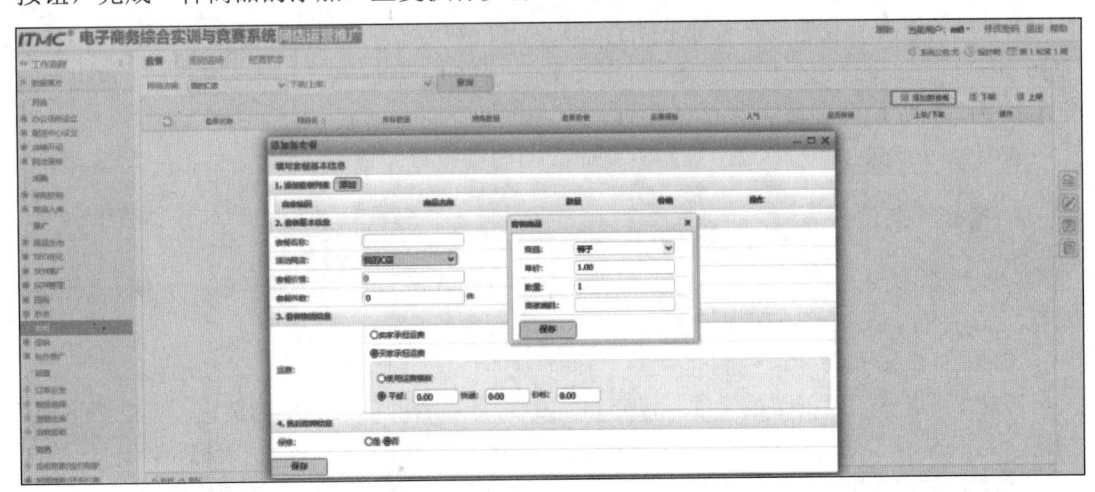

图 6-7　添加新套餐

商品添加完成后，可以对商品进行修改和删除操作。如图 6-8 所示。

步骤 3：以修改套餐商品为例，填写套餐名称（名称不能为空），选择活动网店，设置套餐件数（最高 1000），选择物流方式和设置售后保障信息。单击"保存"按钮，系统提示"保存成功！"。单击"确定"按钮，完成一个套餐活动的添加。

重复执行步骤 2 和步骤 3，直到需要添加的套餐设置完成。新套餐活动添加成功后，默认处于上架状态。

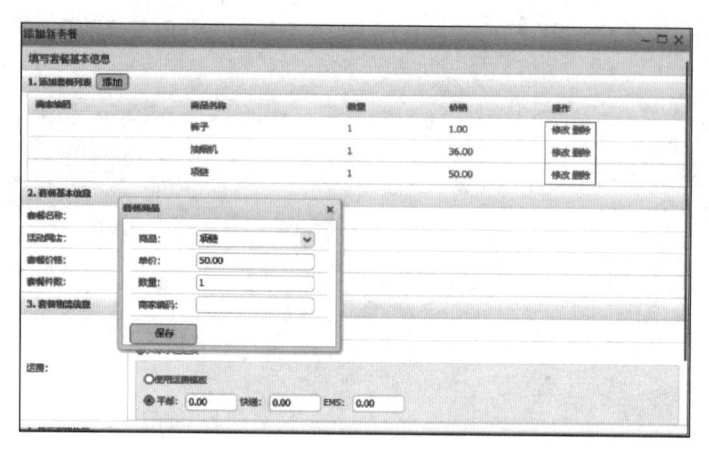

图 6-8　添加新套餐时修改套餐商品

2. 修改套餐

步骤 1：单击系统窗口左侧的"工作流程"|"套餐"项，打开"套餐"页面。

步骤 2：选择需要修改的套餐活动，被选中的套餐活动背景色变为黄色。单击"修改"按钮，打开"修改套餐信息"页面。单击"修改"或"删除"按钮，调整套餐商品种类、商品单价和数量，单击"保存"按钮。

步骤 3：修改套餐名称（名称不能为空），选择活动网店，设置套餐件数（最高 1000），选择物流方式和设置售后保障信息。单击"保存"按钮，系统提示"保存成功！"。单击"确定"按钮，完成一个套餐活动的修改。

重复执行步骤 2 和步骤 3，直到需要修改的套餐设置完成。

3. 套餐下架

对暂时不需要的套餐活动，卖家可以单击"下架"按钮设置活动暂停；后期如果需要恢复，卖家可以单击"上架"按钮继续进行套餐活动。

步骤 1：单击系统窗口左侧的"工作流程"|"套餐"项，打开"套餐"页面。

步骤 2：选择需要下架的套餐活动，被选中的套餐活动背景色变为黄色。单击"下架"按钮，系统提示"处理成功！"，如图 6-9 所示。单击"确定"按钮，完成相关操作。

图 6-9　套餐下架成功提示

4. 套餐上架

对下架套餐活动，卖家可以单击"上架"按钮恢复套餐活动。

步骤1：单击系统窗口左侧的"工作流程"|"套餐"项，打开"套餐"页面。

步骤2：选择需要上架的套餐活动，被选中的套餐活动背景色变为黄色。单击"上架"按钮，系统提示"处理成功！"，如图6-10所示。单击"确定"按钮，完成相关操作。

图6-10 套餐上架成功提示

（四）促销

1. 满就送促销

（1）添加满就送促销活动。

步骤1：单击系统窗口左侧的"工作流程"|"促销"项，打开"满就送促销"页面。

步骤2：单击"添加"按钮，打开"买就返现金基本信息"页面，如图6-11所示。填写促销名称（名称不能为空），选择活动限制，设置促销商品范围、金额要求和优惠金额。单击"保存"按钮，系统提示"保存成功！"。单击"确定"按钮，完成一个满就送促销活动的添加。

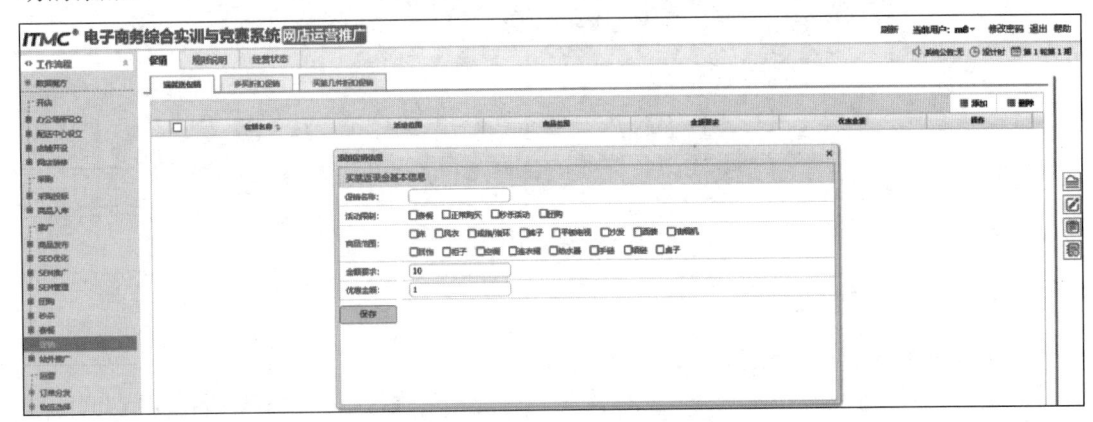

图6-11 买就返现金基本信息

重复执行步骤 2，直到需要添加的满就送促销活动设置完成。

（2）修改满就送促销活动。

步骤 1：单击系统窗口左侧的"工作流程"|"促销"项，打开"满就送促销"页面。

步骤 2：选择需要修改的满就送促销活动，被选中的满就送促销活动背景色变为黄色。单击"修改"按钮，打开"修改促销信息"页面，如图 6-12 所示。修改促销名称（名称不能为空），选择活动限制，设置促销商品范围、金额要求和优惠金额。单击"保存"按钮，系统提示"修改成功！"。单击"确定"按钮，完成一个满就送促销活动的修改。

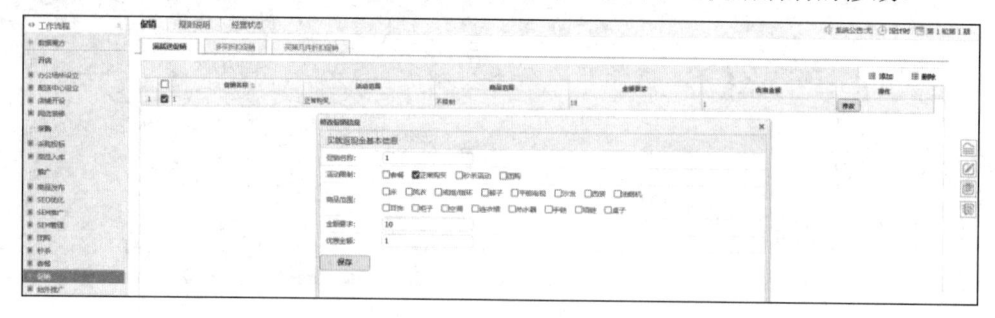

图 6-12　修改促销信息

重复执行步骤 2，直到需要修改的满就送促销活动修改完成。

（3）删除满就送促销活动。

步骤 1：单击系统窗口左侧的"工作流程"|"促销"项，打开"满就送促销"页面。

步骤 2：选择需要删除的满就送促销活动，被选中的满就送促销活动背景色变为黄色。单击"删除"按钮，系统提示"您确定要删除吗？"，如图 6-13 所示。单击"确定"按钮，完成相关操作。

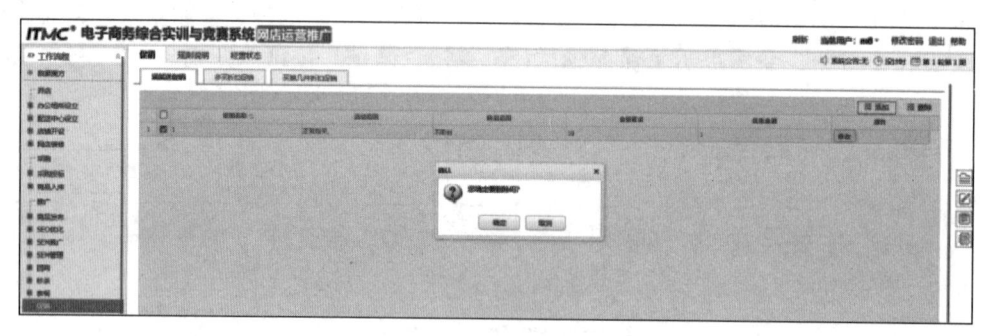

图 6-13　删除满就送促销活动提示

2. 多买折扣促销

（1）添加多买折扣促销活动。

步骤 1：单击系统窗口左侧的"工作流程"|"促销"项，打开"多买折扣促销"页面。

步骤 2：单击"添加"按钮，打开"多购买享受折扣基本信息"页面，如图 6-14 所示。填写促销名称（名称不能为空），选择活动限制，设置促销商品范围、购买最少件数和享受折扣。单击"保存"按钮,系统提示"添加成功!"。单击"确定"按钮,完成一个多买折扣促销活动的添加。

图 6-14 多购买享受折扣基本信息

重复执行步骤 2,直到需要添加的多买折扣促销活动设置完成。

(2)修改多买折扣促销活动。

步骤 1:单击系统窗口左侧的"工作流程"|"促销"项,打开"多买折扣促销"页面。

步骤 2:选择需要修改的多买折扣促销活动,被选中的多买折扣促销活动背景色变为黄色。单击"修改"按钮,打开"修改促销信息"页面,如图 6-15 所示。修改促销名称(名称不能为空),选择活动限制,设置促销商品范围、购买最少件数和享受折扣。单击"保存"按钮,系统提示"修改成功!"。单击"确定"按钮,完成一个多买折扣促销活动的修改。

图 6-15 修改促销信息

重复执行步骤 2,直到需要修改的多买折扣促销活动修改完成。

(3)删除多买折扣促销活动。

步骤 1:单击系统窗口左侧的"工作流程"|"促销"项,打开"多买折扣促销"页面。

步骤 2:选择需要删除的多买折扣促销活动,被选中的多买折扣促销活动背景色变为黄色。单击"删除"按钮,系统提示"您确定要删除吗?",如图 6-16 所示。单击"确定"按钮,完成相关操作。

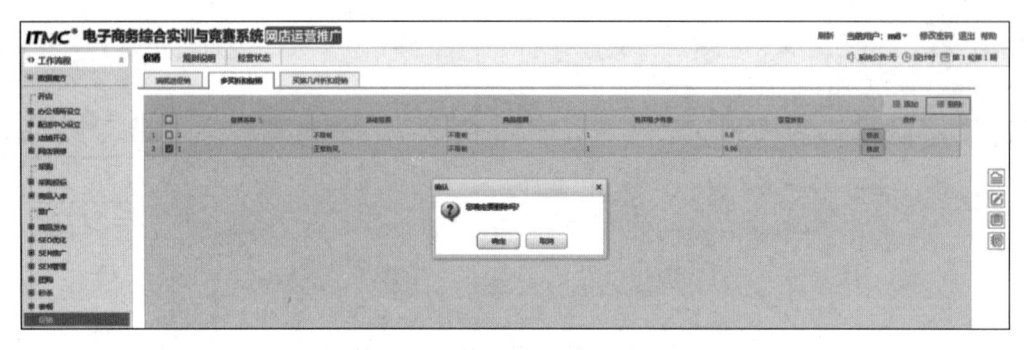

图 6-16　删除多买折扣促销活动提示

二、站外推广

（一）添加站外推广

步骤 1：单击系统窗口左侧的"工作流程"|"站外推广"项，打开"站外推广"页面。

步骤 2：单击"添加"按钮，打开"站外推广"页面，如图 6-17 所示。选择推广商品和推广方式，设置投标价格。单击"保存"按钮，系统提示"添加成功！"。单击"确定"按钮，完成一条站外推广的添加。

图 6-17　添加站外推广

重复执行步骤 2，直到需要添加的站外推广设置完成。

（二）修改站外推广

步骤 1：单击系统窗口左侧的"工作流程"|"站外推广"项，打开"站外推广"页面。

步骤 2：选择需要修改的站外推广活动，被选中的站外推广活动背景色变为黄色。单击"编辑"按钮，打开"站外推广"页面，如图 6-18 所示。选择推广商品和推广方式，设置投标价格。单击"保存"按钮,系统提示"添加成功!"。单击"确定"按钮,完成一条站外推广的修改。

重复执行步骤2,直到需要修改的站外推广活动修改完成。

(三) 删除站外推广

1. 批量删除

步骤1:单击系统窗口左侧的"工作流程"|"站外推广"项,打开"站外推广"页面。

步骤2:选择需要删除的商品站外推广媒体,被选中的商品站外推广媒体背景色变为黄色。单击"删除"按钮,系统提示"您确定要删除吗?",如图6-19所示。单击"确定"按钮,系统提示"删除成功!"。单击"确定"按钮,完成商品站外推广媒体批量删除操作。如果在单击"确定"按钮前还想修改媒体信息,则单击"取消"按钮,修改站外推广媒体方案。如果还需要进行商品站外推广媒体信息批量删除,可重复执行步骤2。

图6-18 修改站外推广　　　　图6-19 站外推广媒体批量删除提示

2. 逐条删除

步骤1:单击系统窗口左侧的"工作流程"|"站外推广"项,打开"站外推广"页面。

步骤2:选择需要删除的商品站外推广媒体,被选中的商品站外推广媒体背景色变为黄色,如图6-20所示。单击"删除"按钮,系统提示"删除成功!"。单击"确定"按钮,完成商品单条站外推广媒体的删除。

图6-20 单条站外推广媒体删除

重复执行步骤 2，直到需要删除的站外推广媒体删除完成。

（四）站外推广投标

步骤 1：单击系统窗口左侧的"工作流程"|"站外推广"项，打开"站外推广"页面。

步骤 2：单击"递交投标"按钮，系统提示"确定站外推广投标方案吗？每期只能投标一次！"，如图 6-21 所示。单击"确定"按钮，系统提示"站外推广投标保证金 15"（以项链为例）。单击"确定"按钮，完成商品站外推广媒体投标。

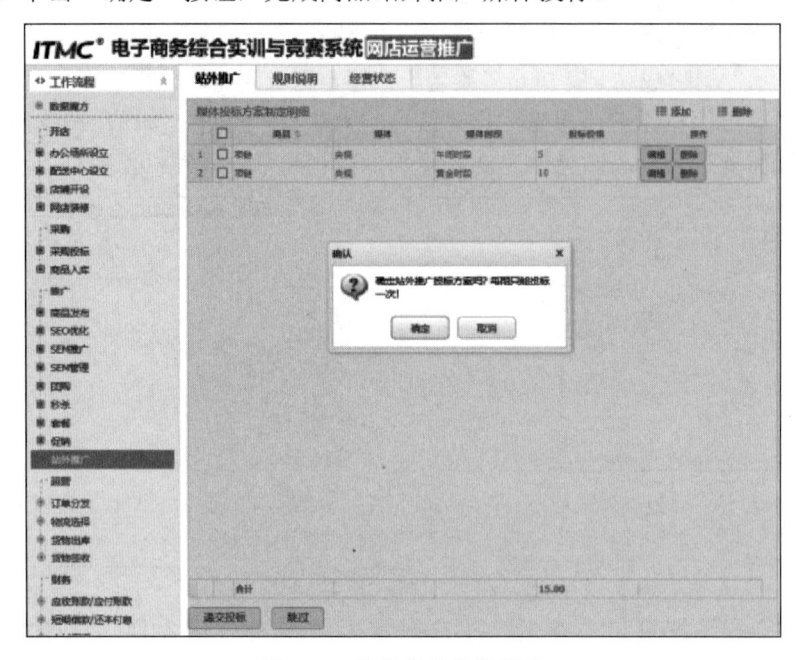

图 6-21 站外推广投标提示

（五）站外推广跳过

如果网店没有站外推广需求，卖家可以不制订站外推广投标方案，直接选择跳过。另外，在 B 店筹建完成之前，卖家必须在站外媒体推广阶段选择跳过。

步骤 1：单击系统窗口左侧的"工作流程"|"站外推广"项，打开"站外推广"页面。

步骤 2：单击"跳过"按钮，系统提示"确定站外推广投标方案吗？每期只能投标一次！"，如图 6-22 所示。单击"确定"按钮，系统提示"跳过站外推广招标成功！"。单击"确定"按钮，完成站外推广跳过操作。

从结束采购开始到结束站外推广有时间限制。在操作时要注意系统右上角的倒计时，尽量在规定的时间内完成这一阶段的所有操作。

图 6-22　站外推广跳过提示

四、实训成果

(一)营销活动策划

(1)根据经营需求,卖家组织针对某种商品的团购活动,将相关信息填入表 6-1。

表 6-1　团购活动计划

商品名称	活动目的		一口价	团购折扣	毛利
	赚钱	绩效			

(2)根据经营需求,卖家发布若干件折扣为五折的商品,用来吸引买家抢购,将相关信息填入表 6-2。

表 6-2　秒杀活动计划

商品名称	活动目的		一口价	五折	毛利
	赚钱	绩效			

(3) 根据经营需求，卖家对多种商品进行组合搭配销售，用来吸引买家抢购，将相关信息填入表 6-3。

表 6-3　套餐活动计划

套餐名称	商品	活动目的		一口价	套餐价	总价	毛利
		赚钱	绩效				

(4) 根据经营需求，卖家对某种或某几种商品进行满就送促销，用来吸引买家抢购，将相关信息填入表 6-4。

表 6-4　满就送促销活动计划

促销名称	活动目的		活动限制	商品范围	一口价	金额要求	优惠金额	毛利
	赚钱	绩效						

(5) 根据经营需求，卖家对某种或某几种商品进行多买折扣促销，用来吸引买家抢购，将相关信息填入表 6-5。

表 6-5　多买折扣促销活动计划

促销名称	活动目的		活动限制	商品范围	一口价	购买最少件数	享受折扣	毛利
	赚钱	绩效						

(6) 根据经营需求，卖家对某种或某几种商品进行购买第几件折扣促销，用来吸引买家抢购，将相关信息填入表 6-6。

表 6-6 购买第几件折扣促销活动计划

促销名称	活动目的		活动限制	商品范围	一口价	第几件	享受折扣	毛利
	赚钱	绩效						

（二）站外推广

（1）了解站外推广规则，将站外推广各渠道分析信息填入表 6-7。

表 6-7 站外推广渠道分析

媒体	投放时段	影响力度	关系值

（2）根据网店营销策略，选择合适的站外推广商品，制订投标价格，将相关信息填入表 6-8。

表 6-8 制订站外推广策略

商品名称	目标媒体	影响力度	投标价格
目标影响力度合计		/
投标预算		/	

五、实训评价

填写如表 6-9 所示的学生自评和教师评价表。

表 6-9 学生自评和教师评价表

评价内容	分值	学生自评	教师评价
能够根据网店运营需求，制订并实施可行的团购策略，增加网店的转化量	10		
能够根据网店运营需求，制订并实施可行的秒杀策略，增加网店的转化量	10		
能够根据网店运营需求，制订并实施可行的套餐策略，增加网店的转化量	10		
能够根据网店运营需求，制订并实施可行的促销策略，增加网店的转化量	30		
能够根据网店运营需求制订站外推广策略，提高网店的曝光率，获取站外付费流量	10		
能够归纳总结出各数据之间的内在联系	10		
信息收集、分析、总结提炼能力	10		
团队成员之间合作，共同完成任务	10		
总分	100		

六、所思所获

实训 7　订单管理

一、实训目的

本实训旨在使学生了解订单分发、物流选择、货物出库和货物签收等业务操作，为今后的继续学习奠定基础。

二、实训背景

站外推广结束后，小魏将本期获得的订单进行整理、分类后，根据订单中商品的到达城市，选择适当的配送中心，设置合适的物流方式，并根据商品到货期限和库存合理安排商品出库。当买家收到货后，小魏需要及时进行货物签收工作，确保资金及时回流。

三、实训步骤

（一）订单分发

订单分发是指网店根据到达城市，将订单进行整理、分类，选择适当的配送中心的过程。

1. 订单查询与统计

（1）订单查询。卖家可以根据商品类型、到达城市、物流方式和订单类型分类查询订单信息。以根据订单类型查询为例，操作步骤如下。

步骤1：单击系统窗口左侧的"工作流程"|"订单分发"项，打开"订单分发"页面。

步骤2：在"订单类型"下拉列表中选择正常购买、套餐订单、秒杀和团购 4 种中的一种，如图 7-1 所示。单击"查询"按钮，查看订单。

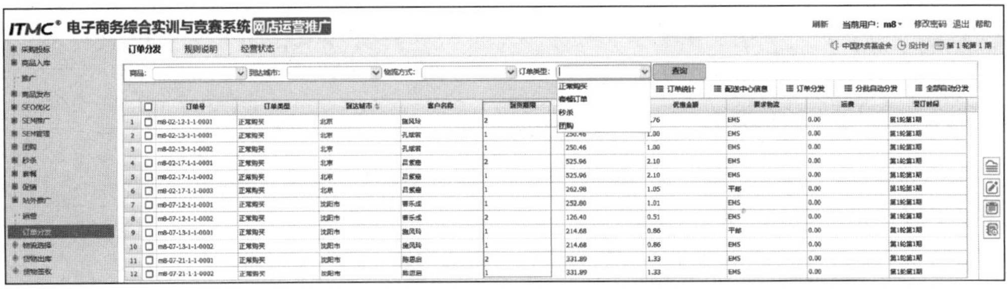

图 7-1　订单分发订单查询（排序前）

卖家可以单击到货期限、销售额、受订时间等内容进行排名查询，如图 7-2 所示；也可以双击某个订单，查看该订单的明细，如图 7-3 所示。

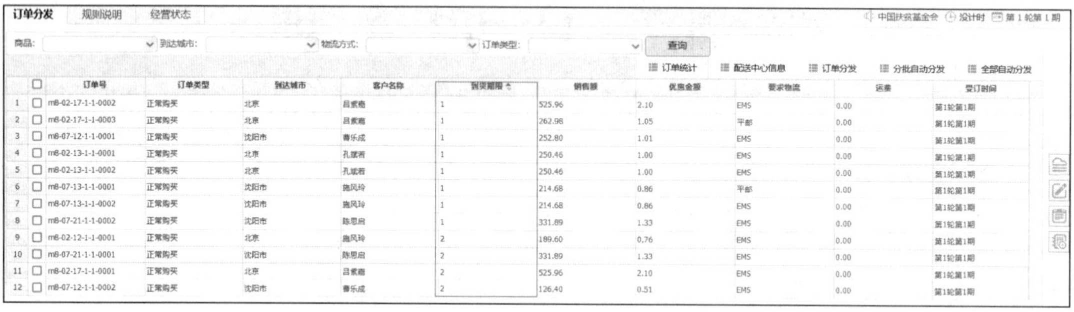

	订单号	订单类型	到达城市	客户名称	到货期限	销售额	优惠金额	要求物流	运费	受订时间
1	m8-02-17-1-1-0002	正常购买	北京	吕紫嫣	1	525.96	2.10	EMS	0.00	第1轮第1期
2	m8-02-17-1-1-0003	正常购买	北京	吕紫嫣	1	262.98	1.05	平邮	0.00	第1轮第1期
3	m8-07-12-1-1-0001	正常购买	沈阳市	曹乐成	1	252.80	1.01	EMS	0.00	第1轮第1期
4	m8-02-13-1-1-0001	正常购买	北京	孔斌若	1	250.46	1.00	EMS	0.00	第1轮第1期
5	m8-02-13-1-1-0002	正常购买	北京	孔斌若	1	250.46	1.00	EMS	0.00	第1轮第1期
6	m8-07-13-1-1-0001	正常购买	沈阳市	施风玲	1	214.68	0.86	平邮	0.00	第1轮第1期
7	m8-07-13-1-1-0002	正常购买	沈阳市	施风玲	1	214.68	0.86	EMS	0.00	第1轮第1期
8	m8-07-21-1-1-0002	正常购买	沈阳市	陈思启	1	331.89	1.33	EMS	0.00	第1轮第1期
9	m8-02-12-1-1-0001	正常购买	北京	施风玲	2	189.60	0.76	EMS	0.00	第1轮第1期
10	m8-07-21-1-1-0001	正常购买	沈阳市	陈思启	2	331.89	1.33	EMS	0.00	第1轮第1期
11	m8-02-17-1-1-0001	正常购买	北京	吕紫嫣	2	525.96	2.10	EMS	0.00	第1轮第1期
12	m8-07-12-1-1-0002	正常购买	沈阳市	曹乐成	2	126.40	0.51	EMS	0.00	第1轮第1期

图 7-2　订单分发订单查询（排序后）

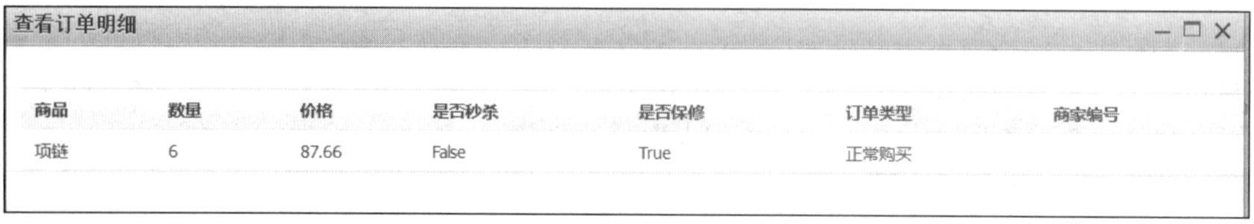

商品	数量	价格	是否秒杀	是否保修	订单类型	商家编号
项链	6	87.66	False	True	正常购买	

图 7-3　查看订单明细

（2）订单统计。

步骤 1：单击系统窗口左侧的“工作流程”|“订单分发”项，打开“订单分发”页面。

步骤 2：单击“订单统计”按钮，系统按照商品名和城市名称统计商品订单合计数量、平均价格和合计金额，如图 7-4 所示。这里只统计当期的订单数量。

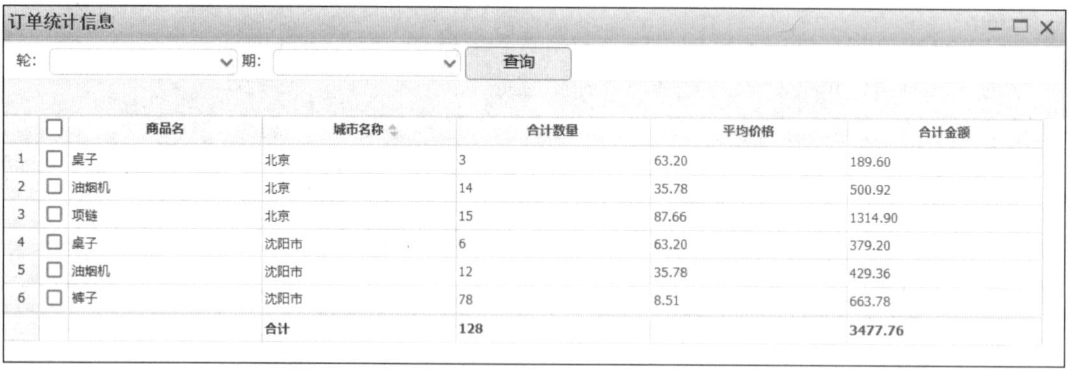

	商品名	城市名称	合计数量	平均价格	合计金额
1	桌子	北京	3	63.20	189.60
2	油烟机	北京	14	35.78	500.92
3	项链	北京	15	87.66	1314.90
4	桌子	沈阳市	6	63.20	379.20
5	油烟机	沈阳市	12	35.78	429.36
6	裤子	沈阳市	78	8.51	663.78
		合计	128		3477.76

图 7-4　订单统计信息

（3）订单手动统计。

步骤 1：单击系统窗口左侧的“工作流程”|“订单分发”项，打开“订单分发”页面。

步骤 2：在“商品”下拉列表中选择需要查询的商品（以项链为例）。单击“查询”

按钮，查看订单信息，可以查询到商品的到达城市、到货期限、销售额、优惠金额、要求物流和受订时间等信息，如图 7-5 所示。如果要查询商品的数量统计信息，则执行步骤 3。

图 7-5　按商品查询订单

步骤 3：双击订单，查看该订单的明细，查询订单商品数量。如果有多个订单，重复执行步骤 3，手动汇总订单商品数量。

2. 查看配送中心信息

步骤 1：单击系统窗口左侧的"工作流程"|"订单分发"项，打开"订单分发"页面。

步骤 2：单击"配送中心信息"按钮，打开"查看配送中心信息"页面，如图 7-6 所示。在该页面可以查询到目前网店只设立了一个沈阳市配送中心，还有配送中心内的商品和库存数量等信息。

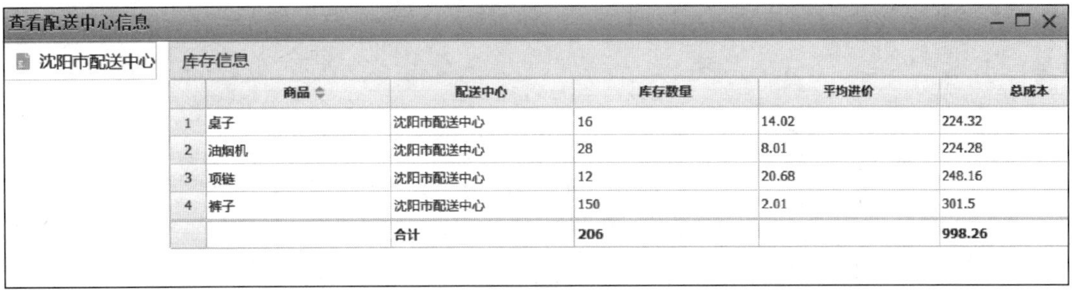

图 7-6　查看配送中心信息

3. 手动分发订单

步骤 1：单击系统窗口左侧的"工作流程"|"订单分发"项，打开"订单分发"页面。

步骤 2：选择需要分发的订单（选择一个订单或同种商品订单），被选中的订单背景色变为黄色。单击"订单分发"按钮，如图 7-7 所示，打开"配送中心信息列表"页面。单击要出库的配送中心（以沈阳市配送中心为例），如图 7-8 所示。单击"确定分发"按钮，系统提示"处理完成！"。单击"确定"按钮，返回"订单分发"页面。如果还需手动分发订单，重复执行步骤 2。

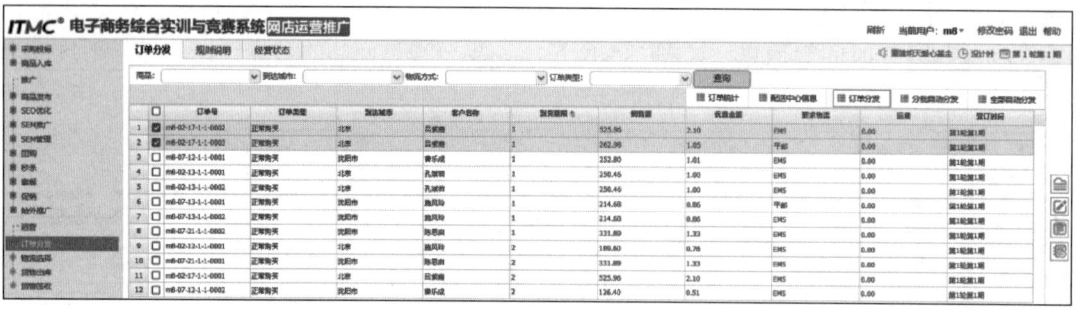

图 7-7　手动分发订单

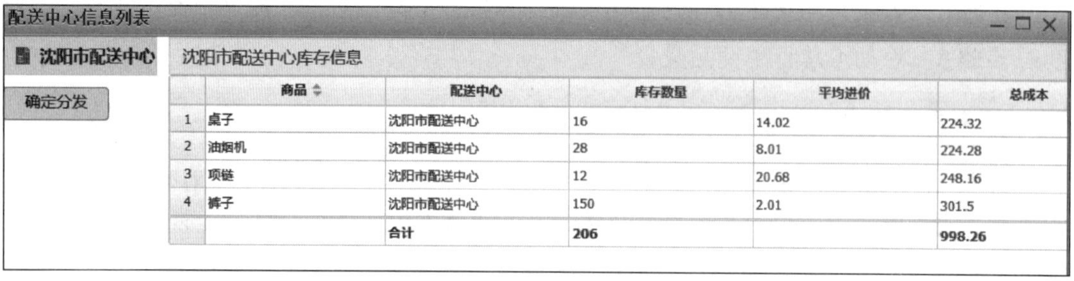

	商品	配送中心	库存数量	平均进价	总成本
1	桌子	沈阳市配送中心	16	14.02	224.32
2	油烟机	沈阳市配送中心	28	8.01	224.28
3	项链	沈阳市配送中心	12	20.68	248.16
4	裤子	沈阳市配送中心	150	2.01	301.5
		合计	206		998.26

图 7-8　配送中心信息列表

4. 自动分发订单

（1）分批自动分发。

步骤 1：单击系统窗口左侧的“工作流程”|“订单分发”项，打开“订单分发”页面。

步骤 2：选择需要分发的订单，被选中的订单背景色变为黄色，如图 7-9 所示。单击“分批自动分发”按钮，系统提示“处理成功！”。单击“确定”按钮，返回“订单分发”页面。如果还需分批自动分发订单，重复执行步骤 2。

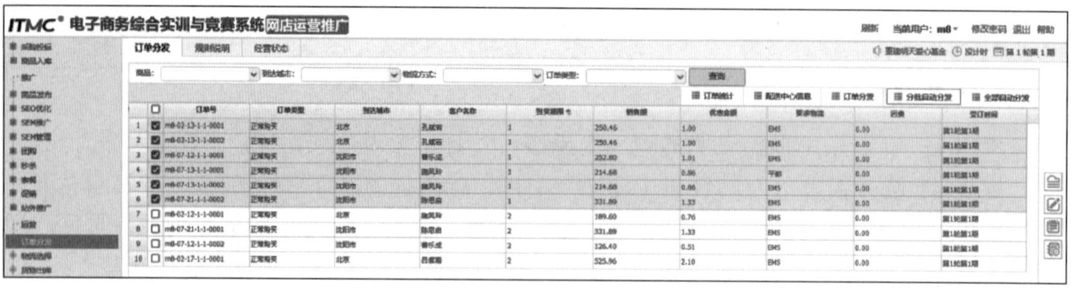

图 7-9　分批自动分发

（2）全部自动分发。

步骤 1：单击系统窗口左侧的“工作流程”|“订单分发”项，打开“订单分发”页面。

步骤 2：单击“全部自动分发”按钮，如图 7-10 所示，系统提示“您确定要把全部订单自动分发吗？"。单击"确定"按钮，系统提示"处理成功"，如图 7-11 所示。单击"确定"按钮，返回"订单分发"页面。

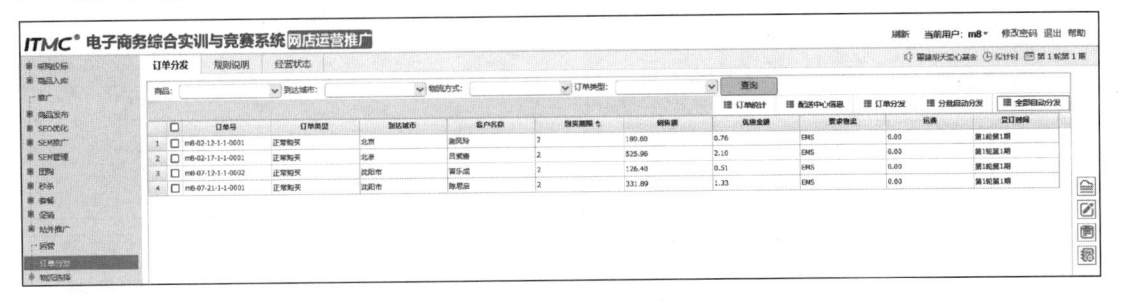

图 7-10 全部自动分发

图 7-11 全部自动分发提示

（二）物流选择

1. 订单查询与统计

（1）订单查询。卖家可以根据商品类型、到达城市和物流方式分类查询订单信息。以根据商品查询为例，操作步骤如下。

步骤 1：单击系统窗口左侧的"工作流程"|"物流选择"项，打开"物流选择"页面，如图 7-12 所示。

图 7-12 物流选择——订单查询（排序前）

步骤 2：在"商品"下拉列表中选择网店售卖商品中的一种，单击"查询"按钮，查看订单。

卖家可以单击到货期限、销售额、受订时间等内容进行排名查询，如图 7-13 所示；也可以双击某个订单，查看该订单的明细，如图 7-14 所示。

图 7-13　物流选择——订单查询（排序后）

图 7-14　查看订单明细

（2）订单统计。

步骤1：单击系统窗口左侧的"工作流程"|"物流选择"项，打开"物流选择"页面。

步骤2：单击"订单统计"按钮，系统按照商品名和城市名称统计商品订单合计数量、平均价格和合计金额，如图7-15所示。这里只统计当期的订单数量。

图 7-15　订单统计信息

（3）订单手动统计。

步骤1：单击系统窗口左侧的"工作流程"|"物流选择"项，打开"物流选择"页面。

步骤2：在"商品"下拉列表中选择需要查询的商品（以项链为例）。单击"查询"按钮，查看订单信息，可以查询到商品的到达城市、到货期限、销售额、优惠金额、要求物流和受订时间等信息，如图7-16所示。如果要查询商品的数量统计信息，则执行步骤3。

步骤3：双击订单，查看该订单的明细，查询订单商品数量。如果有多个订单，重复执行步骤3，手动汇总订单商品数量。

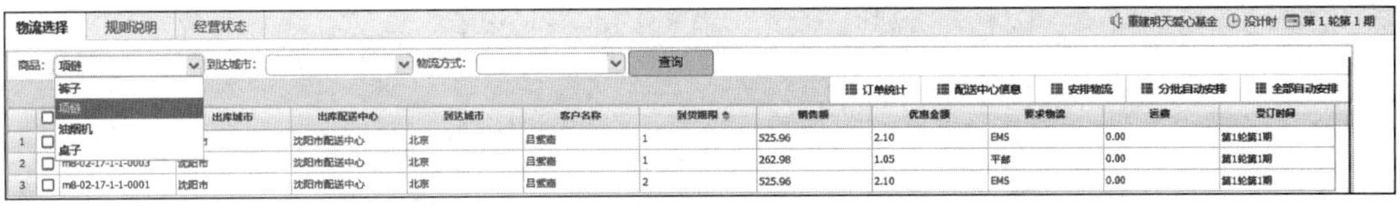

图 7-16　按商品查询订单

2. 查看配送中心信息

步骤 1：单击系统窗口左侧的“工作流程”|“物流选择”项，打开“物流选择”页面。

步骤 2：单击“配送中心信息”按钮，打开“查看配送中心信息”页面，如图 7-17 所示。在该页面可以查询到目前网店只设立了一个沈阳市配送中心，还有配送中心内的商品和库存数量等信息。

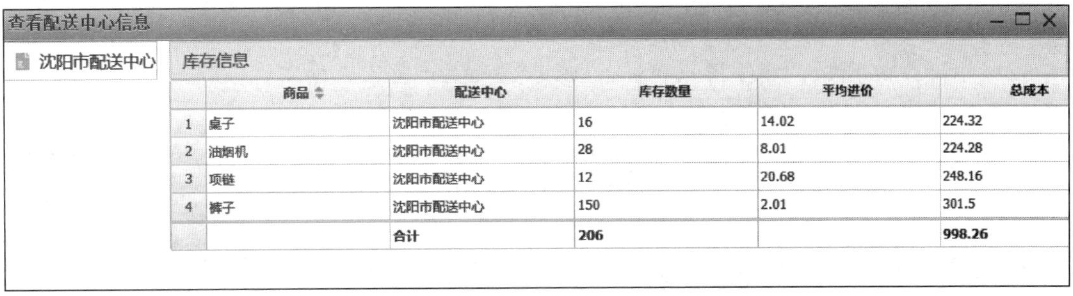

	商品	配送中心	库存数量	平均进价	总成本
1	桌子	沈阳市配送中心	16	14.02	224.32
2	油烟机	沈阳市配送中心	28	8.01	224.28
3	项链	沈阳市配送中心	12	20.68	248.16
4	裤子	沈阳市配送中心	150	2.01	301.5
		合计	206		998.26

图 7-17　查看配送中心信息

3. 手动安排物流

步骤 1：单击系统窗口左侧的“工作流程”|“物流选择”项，打开“物流选择”页面。

步骤 2：选择需要分发的订单（选择一个订单或同种商品订单），被选中的订单背景色变为黄色。单击“安排物流”按钮，如图 7-18 所示，系统打开“物流列表”页面，如图 7-19 所示。选择物流方式，单击“选择物流”按钮，返回“物流选择”页面。如果还需手动安排物流，重复执行步骤 2。在这里还可进行物流折扣和物流信息的查询。

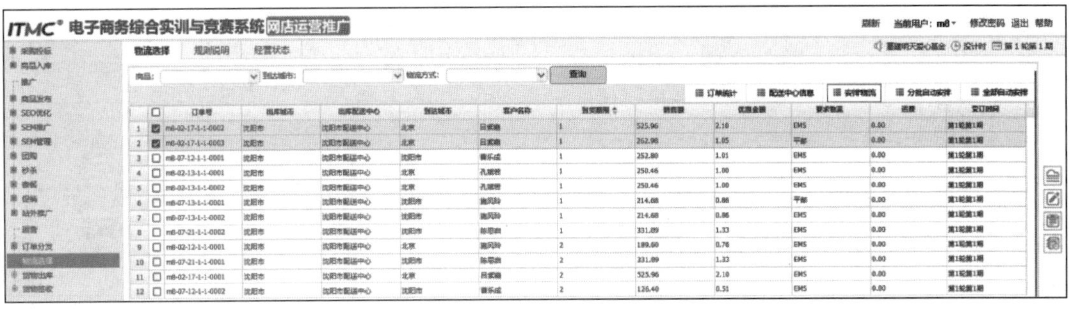

图 7-18　手动安排物流

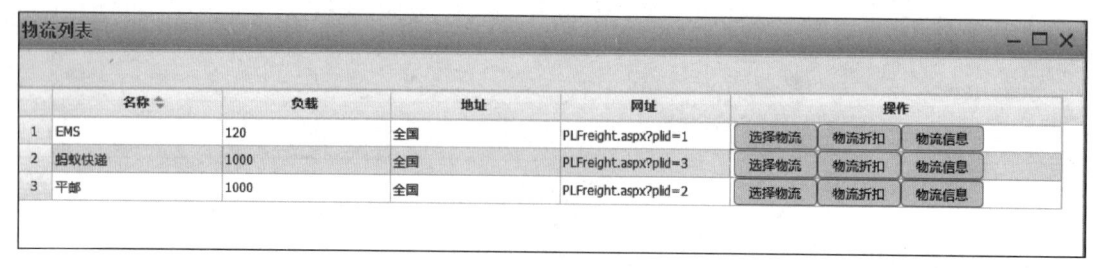

	名称	负载	地址	网址	操作
1	EMS	120	全国	PLFreight.aspx?plid=1	选择物流 物流折扣 物流信息
2	蚂蚁快递	1000	全国	PLFreight.aspx?plid=3	选择物流 物流折扣 物流信息
3	平邮	1000	全国	PLFreight.aspx?plid=2	选择物流 物流折扣 物流信息

图 7-19　物流列表

4. 自动安排物流

（1）分批自动安排。

步骤 1：单击系统窗口左侧的"工作流程"|"物流选择"项，打开"物流选择"页面。

步骤 2：选择需要分发的订单，被选中的订单背景色变为黄色。单击"分批自动安排"按钮，如图 7-20 所示，系统提示"处理成功"。单击"确定"按钮，返回"物流选择"页面。如果还需分批自动安排物流，重复执行步骤 2。

图 7-20　分批自动安排

（2）全部自动安排。

步骤 1：单击系统窗口左侧的"工作流程"|"物流选择"项，打开"物流选择"页面。

步骤 2：单击"全部自动安排"按钮，如图 7-21 所示，系统提示"您确定要把全部订单自动安排物流吗？"，如图 7-22 所示。单击"确定"按钮，系统提示"处理成功"。单击"确定"按钮，返回"物流选择"页面。

图 7-21　全部自动安排

订单管理 实训 7

图 7-22 全部自动安排提示

（三）货物出库

1. 订单查询与统计

（1）订单查询。卖家可以根据发货配送中心和到达城市查询订单信息。以根据到达城市查询为例，操作步骤如下。

步骤 1：单击系统窗口左侧的"工作流程"|"货物出库"项，打开"货物出库"页面。

步骤 2：在"商品"下拉列表中选择网店到达城市中的一个，单击"查询"按钮，查看订单，如图 7-23 所示。

图 7-23 货物出库订单查询（排序前）

卖家可以单击到货期限、销售额、受订时间等内容进行排名查询，如图 7-24 所示；也可以双击某个订单，查看该订单的明细，如图 7-25 所示。

图 7-24 货物出库订单查询（排序后）

图 7-25 查看订单明细

（2）订单统计。

步骤1：单击系统窗口左侧的"工作流程"|"货物出库"项，打开"货物出库"页面。

步骤2：单击"订单统计"按钮，系统按照商品名和城市名称统计商品订单合计数量、平均价格和合计金额，如图7-26所示。这里只统计当期的订单数量。

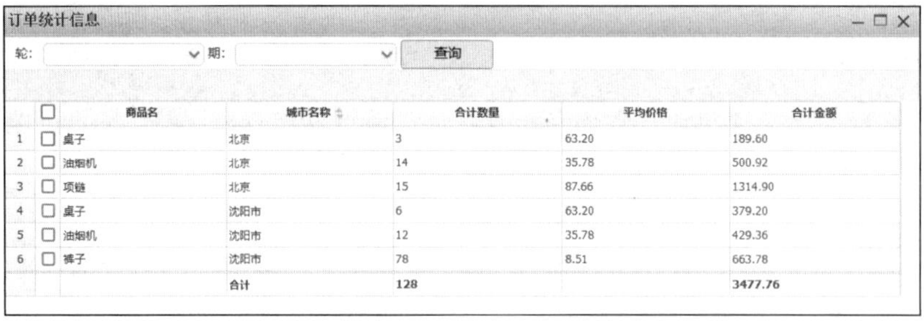

	商品名	城市名称	合计数量	平均价格	合计金额
1	桌子	北京	3	63.20	189.60
2	油烟机	北京	14	35.78	500.92
3	项链	北京	15	87.66	1314.90
4	桌子	沈阳市	6	63.20	379.20
5	油烟机	沈阳市	12	35.78	429.36
6	狮子	沈阳市	78	8.51	663.78
	合计		128		3477.76

图7-26　订单统计信息

（3）订单手动统计。

步骤1：单击系统窗口左侧的"工作流程"|"货物出库"项，打开"货物出库"页面。

步骤2：双击订单，查看该订单的明细，查询订单商品数量。如果有多个订单，重复执行步骤2，手动汇总订单商品数量。

2. 查看配送中心信息

步骤1：单击系统窗口左侧的"工作流程"|"货物出库"项，打开"货物出库"页面。

步骤2：单击"配送中心信息"按钮，打开"查看配送中心信息"页面，如图7-27所示。在该页面可以查询到目前网店只设立了一个沈阳市配送中心，还有配送中心内的商品和库存数量等信息。

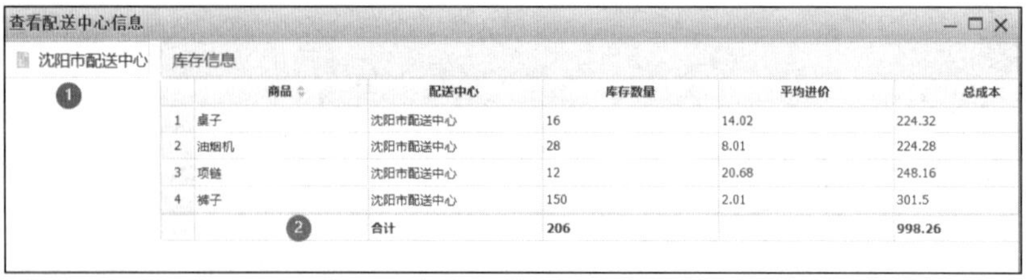

	商品	配送中心	库存数量	平均进价	总成本
1	桌子	沈阳市配送中心	16	14.02	224.32
2	油烟机	沈阳市配送中心	28	8.01	224.28
3	项链	沈阳市配送中心	12	20.68	248.16
4	狮子	沈阳市配送中心	150	2.01	301.5
	合计		206		998.26

图7-27　查看配送中心信息

3. 分批出库

步骤1：单击系统窗口左侧的"工作流程"|"货物出库"项，打开"货物出库"页面。

步骤2：选择需要出库的订单，被选中的订单背景色变为黄色。单击"分批出库"按钮，如图7-28所示，系统提示"您确定要出库吗?"。单击"确定"按钮，系统提示"订单出库成功！支付费用：34.94"，如图7-29所示。单击"确定"按钮，返回"货物出库"页面。如果还需分批出库订单，重复执行步骤2。

图7-28　分批出库

图7-29　分批出库提示

4. 全部出库

步骤1：单击系统窗口左侧的"工作流程"|"货物出库"项，打开"货物出库"页面。

步骤2：单击"全部出库"按钮，如图7-30所示，系统提示"您确定要把全部订单出库吗?"。单击"确定"按钮，系统提示"处理成功"，如图7-31所示。单击"确定"按钮，返回"货物出库"页面。

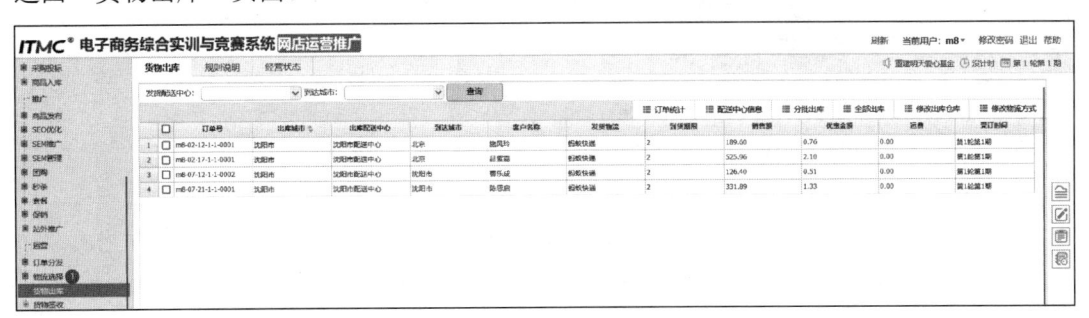

图7-30　全部出库

图7-31　全部出库提示

如果系统提示"订单：m8-02-17-1-1-0001 库存不足"，如图 7-32 所示，可以通过库存调拨，修改出库仓库，或者下期经营过程中补足欠货后，再进行出库操作。这些缺货的订单本期不能完成出库，有被退单的风险。如果系统提示"订单：m8-07-21-1-1-0001 资金不足！"，如图 7-32 所示，即网店资金不足以支付运费，那么欠费的订单不能完成出库，需要补足运费后重新出库。

图 7-32　库存不足或资金不足不能出库

5. 修改出库仓库

步骤 1：单击系统窗口左侧的"工作流程"|"货物出库"项，打开"货物出库"页面。

步骤 2：选择需要出库的订单，被选中的订单背景色变为黄色。单击"修改出库仓库"按钮，打开"配送中心信息列表"页面，如图 7-33 所示。

图 7-33　修改出库仓库

步骤 3：选择与步骤 2 中不同的配送中心（原来是沈阳市配送中心，现在改为石家庄配送中心），单击"确定分发"按钮，系统提示"处理完成"。单击"确定"按钮，返回"货物出库"页面。

6. 修改物流方式

步骤 1：单击系统窗口左侧的"工作流程"|"货物出库"项，打开"货物出库"页面。

步骤 2：选择需要物流方式的订单，被选中的订单背景色变为黄色。单击"修改物流方式"按钮，如图 7-34 所示，打开"物流列表"页面，如图 7-35 所示。

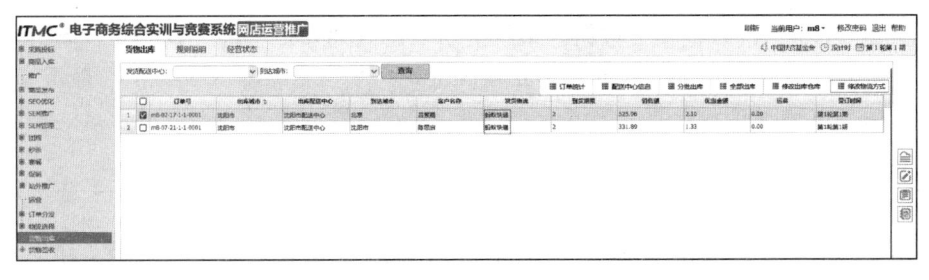

图 7-34　修改物流方式

图 7-35　物流列表

步骤 3：选择需要的物流方式，被选中的物流方式背景色变为黄色。单击"选择物流"按钮，修改完成，如图 7-36 所示。

图 7-36　修改物流方式成功

（四）货物签收

1. 确认签收

步骤 1：单击系统窗口左侧的"工作流程"|"货物签收"项，打开"货物签收"页面，如图 7-37 所示。

图 7-37　确认签收

步骤 2：单击"确认签收"按钮，系统提示"您确定要把全部签收吗?"。单击"确定"按钮，系统提示"订单到达签收成功；获得现金：****"，如图 7-38 所示。单击"确定"按钮，返回"货物签收"页面。

图 7-38　确认签收提示

2. 结束签收

步骤 1：单击系统窗口左侧的"工作流程"|"货物签收"项，打开"货物签收"页面。

步骤 2：单击"结束签收"按钮，如图 7-39 所示，系统提示"您确定要结束签收吗？结束签收后将不能再执行客户签收"。单击"确定"按钮，系统提示"签收成功！"，如图 7-40 所示。单击"确定"按钮，完成签收工作。

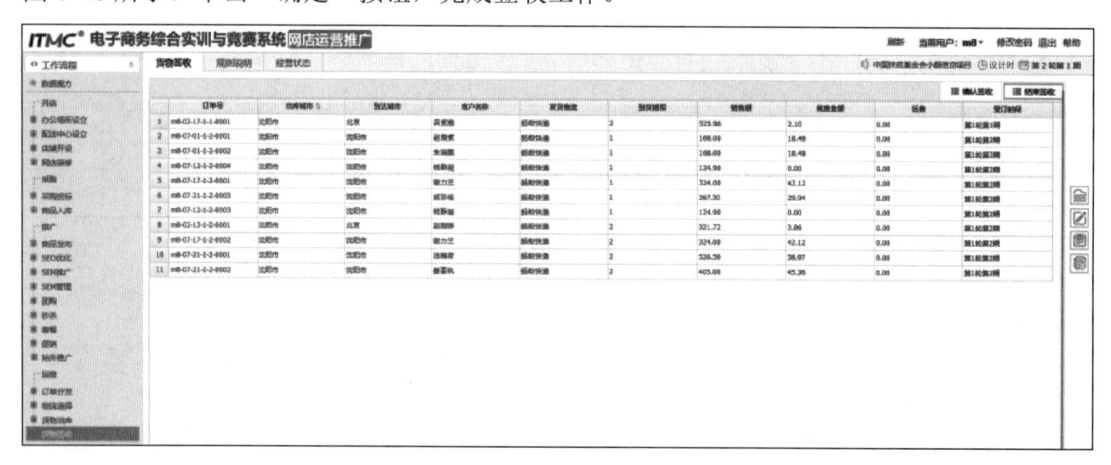

图 7-39　结束签收

图 7-40　结束签收提示

如果系统提示"未出库订单：****退货"，单击"确定"按钮，完成签收工作，说明卖家有退货产生。

卖家如果想跳过"确认签收"，直接进行"结束签收"操作，那么单击"结束签收"按钮，系统提示"订单到达签收成功；获得现金：****"。单击"确定"按钮，完成签收工作。

四、实训成果

（1）根据到货期限和库存选择订单分发方式，将相关信息填入表 7-1。

表 7-1　订单分发方式选择

分发方式		到货期限 1	到货期限 2	库存不足	库存充足
手动分发					
自动分发	分批自动分发				
	全部自动分发				

（2）根据到货期限和库存选择物流，将相关信息填入表 7-2。

表 7-2　物流选择

物流选择		到货期限 1	到货期限 2	库存不足	库存充足
手动安排物流					
自动安排物流	分批自动安排				
	全部自动安排				

（3）根据选择的物流方式，计算物流费用，根据到货期限安排货物出库，将相关信息填入表 7-3。

表 7-3　货物出库

发货城市	到达城市	距离	到货期限	物流方式	商品数量	单位运价	单位加价	物流折扣	运费	是否设为发货仓库
石家庄	太原	1	1	快递	5	1.8	/	/	1.8	是
广州	太原	5	1	快递	5	1.8	/	/	9	否

(4)根据出库情况，统计库存与欠货订单信息，将相关信息填入表 7-4。

表 7-4　货物出库

商品	库存城市	库存数量	未发货订单商品数量	合计	下期补货数量
项链	石家庄	1	4	-3	3

五、实训评价

填写如表 7-5 所示的学生自评和教师评价表。

表 7-5　学生自评和教师评价表

评价内容	分值	学生自评	教师评价
能够根据网店运营实际情况选择合适的订单分发方式	20		
能够根据订单的到达城市选择合适的配送中心发货	20		
能够根据订单的到货期限合理安排订单出库顺序	20		
能够及时进行货物签收	10		
能够归纳总结出各数据之间的内在联系	10		
信息收集、分析、总结提炼能力	10		
团队成员之间合作，共同完成任务	10		
总分	100		

六、所思所获

实训 8 财务结算

一、实训目的

本实训旨在使学生了解贷款还本付息、工资支付、相关费用支付（租赁费、维修费、售后服务费）和税费支付等业务操作，熟悉模拟工作流程，为今后的继续学习奠定基础。

二、实训背景

财务是经营网店必不可少的环节，网店无论是否获得盈利都需按时支付人员工资和各种相关费用。随着网店运营的开展，网店不可避免地会遇到资金问题，此时小魏需要根据网店实际情况采取适当的融资方式，处理好网店的财务问题。

三、实训步骤

（一）应收账款/应付账款

步骤：单击系统窗口左侧的"工作流程"|"应收账款/应付账款"项，打开"应收账款/应付账款"页面，如图 8-1 所示，即完成更新应收账款/应付账款操作。

图 8-1 应收账款/应付账款

（二）短期借款/还本付息

"短期借款/还本付息"操作是为了更新短期借款账期、还本付息或者获得新的贷款。"短期借款/还本付息"模块是网店每期均需完成的工作。

1. 还本付息

步骤1：单击系统窗口左侧的"工作流程"|"短期借款/还本付息"项，打开"短期借款/还本付息"页面，如图8-2所示。

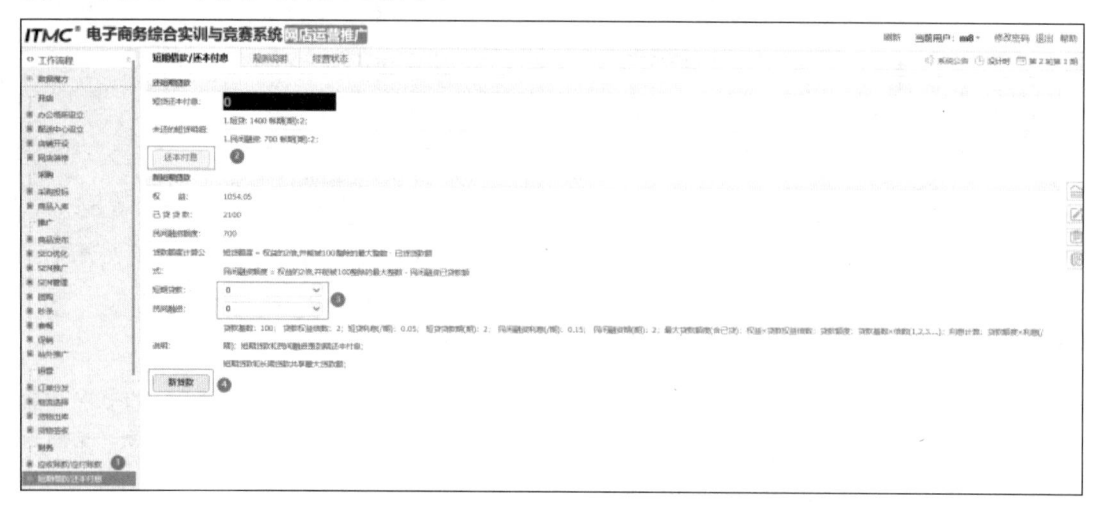

图8-2 短期借款/还本付息

步骤2：单击"还本付息"按钮，系统提示"短贷还本付息：****"。单击"确定"按钮，返回"短期借款/还本付息"页面。如果"还本付息"按钮呈灰色，说明没有短期借款，或者短期借款还没有到归还期。

如果当期需还本付息，只有完成支付后才能进行后续操作。当网店现有账户余额不足以完成还本付息时，网店将破产。

2. 申请新贷款

若短期借款未达到可申请的最高额度，网店在每期的任何时间均可以申请新贷款。

步骤1：单击系统窗口左侧的"工作流程"|"短期借款/还本付息"项，打开"短期借款/还本付息"页面。

如果借款当期存在还款金额，则需先还本付息后才可以继续申请贷款。

步骤2：在"短期贷款"或"民间融资"下拉列表中选择相应的数值，完成申请新贷款操作，如图8-3所示。如果下拉列表数值只有"0"，说明本期短期借款额度已用完。

（三）支付工资

步骤1：单击系统窗口左侧的"工作流程"|"支付工资"项，打开"支付工资"页面，如图8-4所示。

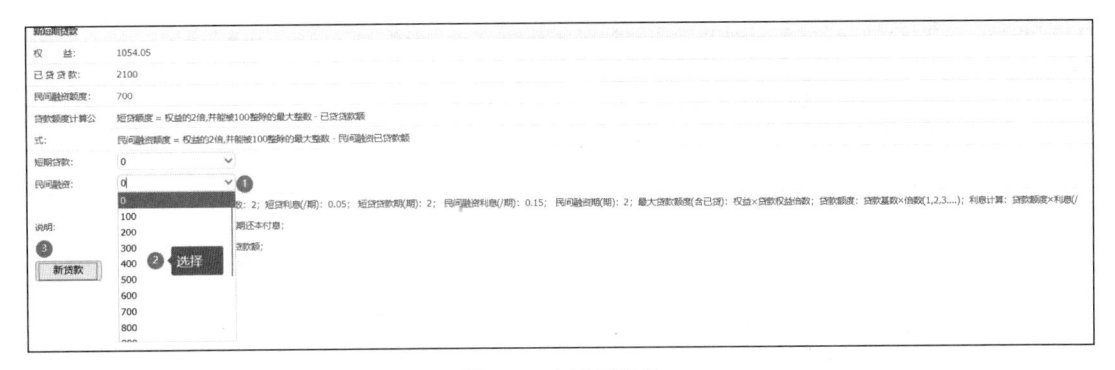

图 8-3　申请新贷款

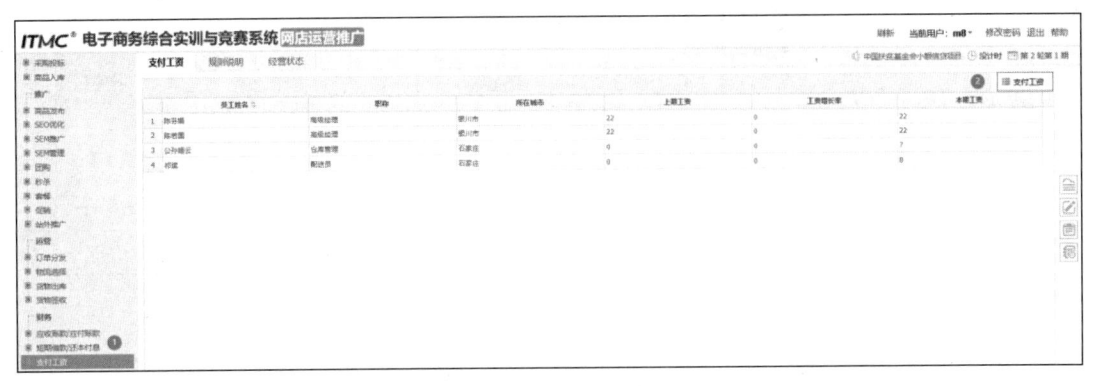

图 8-4　支付工资

步骤 2：单击"支付工资"按钮，系统提示"您确定要支付工资吗？"。单击"确定"按钮，系统提示"支付工资成功！"。单击"确定"按钮，完成工资支付。如果在支付工资的过程中，系统提示"现金不足！"，则需要卖家去融资，还不足的话，网店将破产。

（四）支付相关费用

步骤 1：单击系统窗口左侧的"工作流程"|"支付相关费用"项，打开"支付相关费用"页面，如图 8-5 所示。

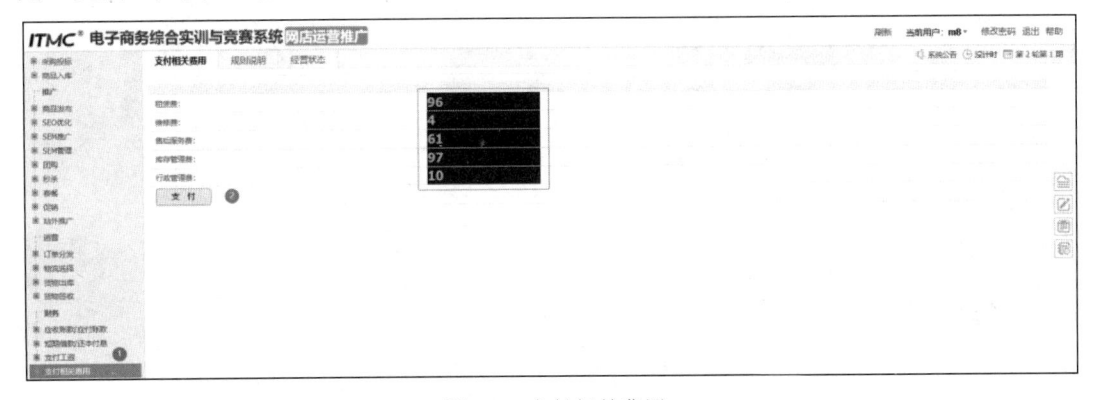

图 8-5　支付相关费用

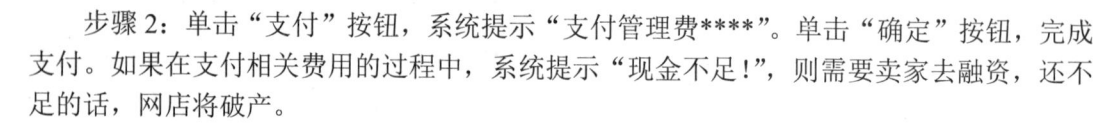

步骤 2：单击"支付"按钮，系统提示"支付管理费****"。单击"确定"按钮，完成支付。如果在支付相关费用的过程中，系统提示"现金不足！"，则需要卖家去融资，还不足的话，网店将破产。

（五）缴税

步骤 1：单击系统窗口左侧的"工作流程"|"交税"项，打开"交税"页面，如图 8-6 所示。

图 8-6　交税

步骤 2：单击"交税"按钮，系统提示"交税支付现金****"。单击"确定"按钮，完成支付。如果在缴税的过程中，系统提示"现金不足！"，则需要卖家去融资，还不足的话，网店将破产。

（六）长期借款/还本付息

1. 还本付息

步骤 1：单击系统窗口左侧的"工作流程"|"长期借款/还本付息"项，打开"长期借款/还本付息"页面，如图 8-7 所示。

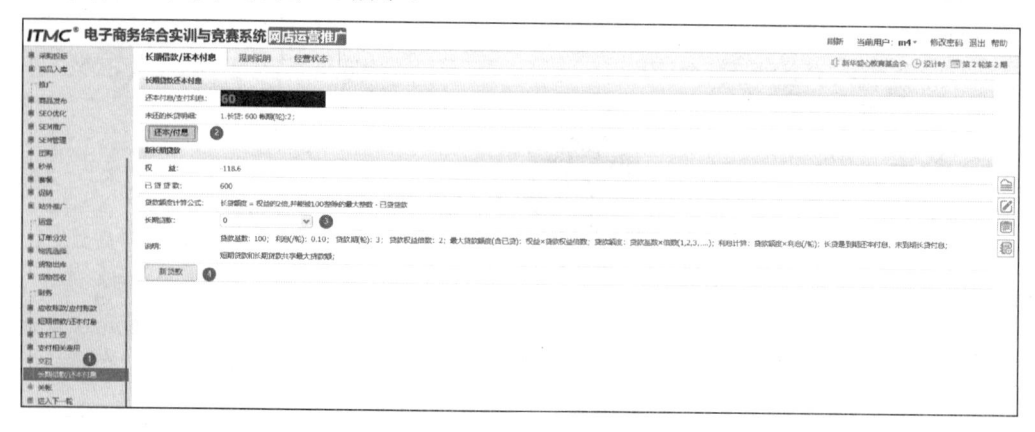

图 8-7　长期借款/还本付息

步骤 2：单击"还本/付息"按钮，系统提示"还本付息/支付利息****"。单击"确定"按钮，完成相关操作。如果"还本/付息"按钮呈灰色，说明没有长期借款，或者长期借款还没有到付息期。

如果当期需付息或还本，只有完成支付后才能进行后续操作。当网店现有账户余额不足以完成还本付息时，网店将破产。

2. 申请新贷款

若长期借款未达到可申请的最高额度，网店在每轮第 2 期的任何时间均可以申请新贷款。

步骤 1：单击系统窗口左侧的"工作流程"|"长期借款/还本付息"项，打开"长期借款/还本付息"页面，如图 8-7 所示。

如果借款当期存在还款金额，则需先还利息后才可以继续申请贷款。

步骤 2：在"长期贷款"下拉列表中选择相应的数值，完成申请新贷款操作。如果下拉列表数值只有"0"，说明本期长期借款额度已用完。

（七）财务关账

1. 关账

每轮经营结束后，在进入下一轮前均需关账处理。关账后，系统会自动提供资产负债表和利润表，并根据得分规则自动计算当轮得分。关账之后，除了"进入下一轮"，本期不能再进行其他操作。

步骤 1：单击系统窗口左侧的"工作流程"|"关账"项，打开"关账"页面，如图 8-8 所示。

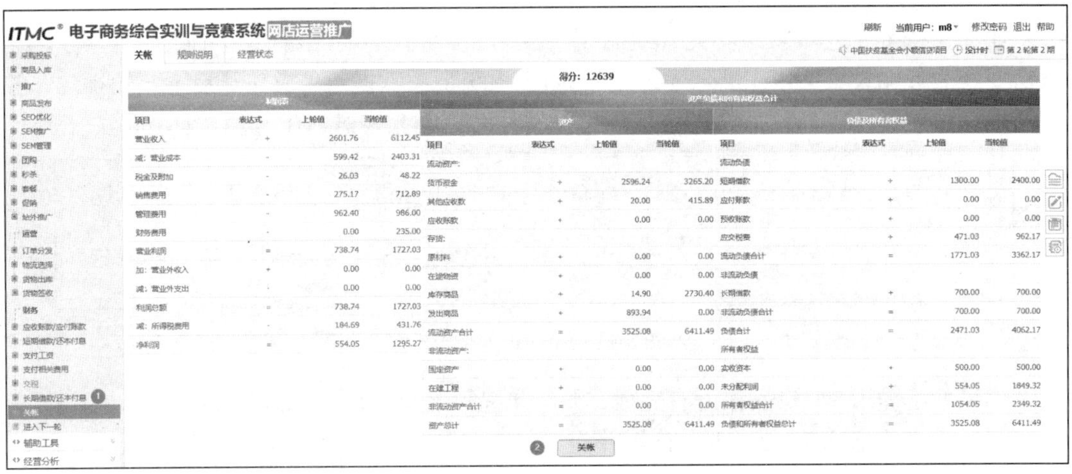

图 8-8 关账

步骤 2：单击"关账"按钮，如果系统提示"关账成功！"，单击"确定"按钮，完成关账操作。如果系统提示"****操作没有完成！不允许进行该操作！"，需要先完成相关操作后再进行关账。一般来说，"工作流程"下标记为灰色的选项说明任务未完成，需要先完成相关操作后再进行关账。

网店完成一期的经营后可进入下一期经营；完成两期的经营后，可关账后进入下一轮。

2. 进入下一期

进入下一期操作发生在每轮的第 1 期期末。

步骤：单击系统窗口左侧的"工作流程"|"进入下一期"项，系统提示"转入下一期成功"，如图 8-9 所示。单击"确定"按钮，进入下一期。

如果系统提示"****操作没有完成！不允许进行该操作！"，不能进入下一期，说明"工作流程"下有任务未完成，请先查看并完成标记为灰色的选项，再进行"进入下一期"操作。

3. 进入下一轮

进入下一轮操作发生在每轮的第 2 期期末。

步骤：单击系统窗口左侧的"工作流程"|"进入下一轮"项，系统提示"转入下一轮成功"，如图 8-10 所示。单击"确定"按钮，进入下一轮。

图 8-9　成功转入下一期　　　　　图 8-10　成功转入下一轮

如果系统提示"本班级不允许进入下一轮"，说明教师端还没有允许进入下一轮，这时需要在教师端设置"允许进入下一轮"。如果系统小喇叭提示"成功开启下一轮征途，各位小伙伴可以进入下一轮征途之旅！"，说明教师端已经允许进入下一轮，如图 8-11 所示。

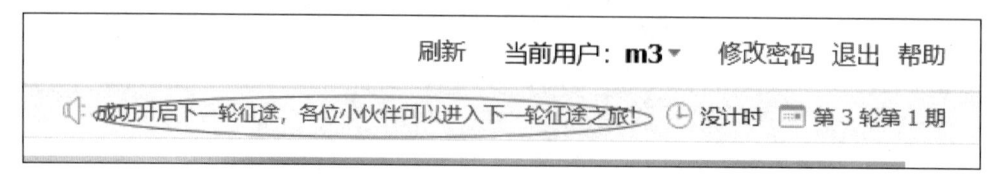

图 8-11　允许进入下一轮

如果系统提示"****操作没有完成！不允许进行该操作！"，不能进入下一轮，说明"工作流程"下有任务未完成，请先查看并完成标记为灰色的选项，再进行"进入下一轮"操作。

四、实训成果

（1）现金流是网店运营的可支配资金，请将对现金的控制情况填入表 8-1。
（2）分析网店盈利情况，并填入表 8-2。

表 8-1　现金控制表

账期	1-1	1-2	2-1	2-2	3-1	3-2	4-1	4-2	5-1	5-2
期初资金	500									
办公场所设立										/
配送中心设立										/
B 店筹建										/
网店装修										
采购投标										/
SEM 推广										/
站外推广										/
货物出库										/
货物签收										
短期借款										
支付工资										
支付相关费用										
缴税										
长期借款										

表 8-2　利润表

项目	表达式	1-2	2-2	3-2	4-2	5-2
营业收入	+					
营业成本	−					
税金及附加	−					
销售费用	−					
管理费用	−					
财务费用	−					
营业利润	=					
营业外收入	+	0	0	0	0	0
营业外支出	−	0	0	0	0	0
利润总额	=					
所得税费用	−					
净利润	=					

（3）根据网店经营数据，测算贷款额度，将相关信息填入表 8-3。

表 8-3　测算贷款额度

账期	实收资本	上轮净利润	上轮权益	贷款类型	已有贷款	剩余贷款
第1轮	500	0	500			
第2轮	/					
第3轮	/					
第4轮	/					
第5轮	/					

五、实训评价

填写如表 8-4 所示的学生自评和教师评价表。

表 8-4　学生自评和教师评价表

评价内容	分值	学生自评	教师评价
能够根据网店实际运营情况进行融资管理	20		
能够熟练掌握各种融资方式的还本付息方法	20		
能够合理安排资金支付每期的各项费用支出	30		
能够归纳总结出各数据之间的内在联系	10		
信息收集、分析、总结提炼能力	10		
团队成员之间合作，共同完成任务	10		
总分	100		

六、所思所获